U0451612

商务印书馆语言学出版基金
《中国语言学文库》第三辑

"的"的性质与功能

(增订本)

完 权 著

商务印书馆
2020年·北京

图书在版编目(CIP)数据

"的"的性质与功能/完权著.—增订本.—北京:商务印书馆,2018(2020.1 重印)
(中国语言学文库. 第三辑)
ISBN 978-7-100-16754-3

Ⅰ.①的… Ⅱ.①完… Ⅲ.①"的"字—研究 Ⅳ.①H146.2

中国版本图书馆 CIP 数据核字(2018)第 250208 号

权利保留,侵权必究。

"的"的性质与功能
(增订本)
完 权 著

商 务 印 书 馆 出 版
(北京王府井大街 36 号 邮政编码 100710)
商 务 印 书 馆 发 行
北京艺辉伊航图文有限公司印刷
ISBN 978 - 7 - 100 - 16754 - 3

2018 年 12 月第 1 版　　开本 880×1230　1/32
2020 年 1 月北京第 2 次印刷　印张 9⅛
定价:36.00 元

序

完权同志曾经是一名有经验的中学语文教师,他在南京大学获得硕士学位后到我这儿从事博士生的研究,初次交谈中发现他对认知语言学的新进展"入场理论"有很深入的了解也很感兴趣(见本书第一章和附录对这一理论的介绍),当我把我对"鸟之将死"中"之"的看法跟他交流时,他很快领会并且跟"入场理论"联系起来,于是有了我们合作的一篇文章《也谈"之字结构"和"之"字的功能》。后来他的博士学位论文就以"的"以及"的"和"之"的比较做主题。他是那种只需给他一个提示就能主动地运转起来并且运转得很好的人。

这本书虽然以他的博士学位论文为基础,但是又增加了许多新的内容,不少章节重新改写,这是因为在这期间他的研究工作又让他取得了不少新的认识。大致的轨迹是从"参照体—目标"这个初级认识阶段进入"认知入场"的认识阶段,现在又进入"社会认知和在线处理"这个新的认识阶段。研究的对象也从短语中的"的"扩展到句末的"的",从句子扩展到语篇。

完权对"的"的研究过程跟我近年来在"词类类型学"内对汉语词类系统(特别是名词和动词的关系)的重新探讨是同步进行的,互相都从对方获得启发,并产生观点共鸣的喜悦。这种共鸣特别体现在本书的最后两章。

2 "的"的性质与功能

  作为现代汉语最常用的虚词,"的"的性质的认定无疑关系到对汉语语法整个格局的认识。作者究竟对"的"的多种用法做出一个怎样的统一定性,就请读者自己通过阅读来找答案。希望这本书能对汉语语法研究的推进和语法理论的建设起到应有的作用。

沈家煊

2014 年 5 月 13 日

目 录

绪论 ·· 1

第一章　从参照体结构到认知入场 ·· 9
　1.1　"参照体—目标"结构式 ··· 9
　1.2　入场 ··· 12
　1.3　直指的主观性和入场元素的语法属性 ······························· 14
　1.4　主观识解 ··· 16
　1.5　类型和实例 ··· 18
　1.6　名词短语入场 ··· 20
　1.7　小句入场 ··· 23
　1.8　认知入场的个性 ··· 25

第二章　"的"的认知入场作用 ··· 27
　2.1　区别与描写之争 ··· 27
　2.2　走出术语的迷局 ··· 32
　2.3　"的"的认知入场作用 ··· 38
　2.4　答疑区别与描写之争 ··· 41
　2.5　名词语的认知入场和各类定语的关系 ····························· 46
　2.6　小结 ·· 48

第三章　从"复合词连续统"看"的"的隐现 ························· 49
　3.1　问题 ·· 49

3.2	继承	51
3.3	复合名词的在线整合	57
3.4	复合名词连续统	63
3.5	应用	66
3.6	小结	70

第四章 语篇中的"参照体—目标"结构式 …… 72
  4.1 材料与问题 …… 72
  4.2 定中关系是"参照体—目标"关系 …… 74
  4.3 "的"在"参照体—目标"结构式中提高指别度 …… 76
  4.4 "参照体—目标"关系链 …… 82
  4.5 余论与小结 …… 86

第五章 指示词定语漂移的篇章认知因素 …… 87
  5.1 问题 …… 87
  5.2 语篇 …… 89
  5.3 认知入场中的当前话语空间 …… 91
  5.4 分析 …… 94
  5.5 不是例外 …… 100
  5.6 小结 …… 102

第六章 事态句中的"的" …… 103
  6.1 事态句不是什么 …… 103
  6.2 事态句是什么 …… 110
  6.3 "的"的功能 …… 116
  6.4 结论 …… 123

第七章　从"词类功能专门化"看"的"和实词的关系 …… 124
- 7.1　问题 …… 124
- 7.2　跨语言的词类划分标准 …… 126
- 7.3　"的"和形容词的关系 …… 129
- 7.4　"的"和方式副词的关系 …… 132
- 7.5　余论:"的"的分合 …… 137

第八章　作为后置介词的"的" …… 138
- 8.1　中心语问题的症结 …… 138
- 8.2　"的"和-'s的差异 …… 146
- 8.3　"的"和of的共性 …… 148
- 8.4　语类理论新进展 …… 154
- 8.5　"的"满足中心语的语义要求 …… 156
- 8.6　后置介词方案 …… 161

第九章　从"的"到"之" …… 165
- 9.1　诸说检讨 …… 165
- 9.2　"之"和"之"字结构的性质 …… 172
- 9.3　"之"的作用:提高"指别度" …… 175
- 9.4　对文本做仔细的分析 …… 179
- 9.5　余论:再谈可及度 …… 186

第十章　"领格表受事"的认知动因 …… 191
- 10.1　经典评析 …… 191
- 10.2　归因辨析 …… 194
- 10.3　比较分析 …… 198

10.4 动因探析 ………………………………………… 204
10.5 结论和余论 ……………………………………… 212

结语 …………………………………………………… 213

参考文献 ……………………………………………… 217
附录：" 入场"的认知科学背景 ……………………… 251
后记 …………………………………………………… 263
专家评审意见 ……………………………………… 张敏 267
专家评审意见 ……………………………………… 袁毓林 278

绪　论

一、难题

"的"有什么样的性质和功能？

这是汉语语法的核心问题之一。正如朱德熙(1961等)和沈家煊(1995等)所做的研究，从"的"入手，往往能触及汉语语法体系的灵魂。但是，关于"的"的争论历时几十年，研究越深却问题越多。争议相对较少的说法是，"的"是结构助词。但这几乎没有什么信息量。因为助词(particle)是一个前理论的术语，难以确定词类属性的词都只好暂且归入助词①。就算认可助词在当前词类系统中的地位，这个"结构"又是什么"结构"呢？使用到"的"的结构种类太多了。况且，"的"是不是一个真正的词，都还是有争议的(刘丹青 2008b)。

即使抛开"的"的词类地位不谈，以语法标记(marker)这个用功能命名就事论事的笼统说法来看，"的"的名头也有很多：名词化(nominalising)标记，领格(genitive)标记，关系小句(relative)标记，副词化(adverbialising)标记，关联性(associative)标记，复杂状态结构(complex stative construction，方式或存在)标记(Ljungqvist 2007)。而且，以上这个列表还远非面面俱到，名目实在是纷繁复杂。

---

① 布龙菲尔德(Bloomfield 1933:199)认为汉语是典型的词类少的语言。他把汉语的虚词都叫作 particles，这个术语在他的体系中完全等同于语法标记(marker，高名凯翻译为"标词")，作用是标示短语的类型。而克里斯特尔(2000:258)给 particle 下的定义是："语法描写用来指具有语法功能的不变形词项，特别指那些不容易归入词类标准分类的词。"另请参看吕叔湘(1979:38)和邓思颖(2010:39)。

2 "的"的性质与功能

那么,"的"到底有什么样的性质和功能?

提出这个问题很简单,寥寥数字而已,可是要条分缕析的[①]说清楚却实属不易。几十年来,"的"的研究成果极丰富,但争论也极多,焦点主要集中在以下几个方面:

第一,"的"的分与合,怎么分(朱德熙 1961,1993)? 怎么合(黄国营 1982;陆丙甫 1992;袁毓林 2003a)? 能否统一为一个"的"(石毓智 2000;徐阳春等 2005)? 有没有"的$_4$"(方光焘 1962;朱德熙 1993)?

第二,"的"字定语的基本功能是区别(石毓智 2000,2002)还是描写(Lu 1999;陆丙甫 2003)?

第三,"的"的隐现取决于称谓性(陈琼瓒 1955),还是距离象似原则(张敏 1998),还是距离—标记对应律(陆丙甫 2004),还是内涵与外延(刘丹青 2008a),还是功能槽位(王远杰 2008a,2008b)?

第四,关于"的"字短语的中心语问题,以《当代语言学》为主要论坛的大讨论持续了数年,却依然不断有新论面世(司富珍 2004;周国光 2007;李艳惠 2008)。与此相关的是,"的"是不是名词化标记(项梦冰 1994;袁毓林 1995;沈家煊 2007a,2009a)?

第五,自指和转指的关系如何(朱德熙 1983;古川裕 1989;项梦冰 1994;袁毓林 1995,2003a;李立成 1999;沈家煊 1999c)?

[①] 本书实践吕叔湘、朱德熙二先生一贯主张"的"、"地"合用的原则,理由如下:结构助词"de"的汉字写法本无规范。1956 年制定的《暂拟汉语教学语法系统》,在颇具印欧语眼光的传统语法体系原则的基础上,主张"的"、"地"、"得"分用(张志公等 1956),其后借教学和编辑之力渐渐推广开来。但是,在吕叔湘先生的指导下,1984 年替代"暂拟系统"的《中学教学语法系统提要》转而主张"的"、"地"合用(人民教育出版社中学语文室 1984)。吕叔湘(1984)对此原则有过论述:"定语和状语的区别决定于被修饰词的词性,不决定于'的'和'地'。""如果一概写'的',那么遇到这个词的词性有争论(难于区分定语或状语)的时候,尽可让语法学者们争论下去,不至于给一般写文章的人造成困难。"朱德熙在《语法讲义》凡例中也申明"本书不区分'的'和'地',一律写'的'"。而且,根据认知语言学概括性(沈家煊 1999b,2005)的原则,尤其是汉语动词是名词的一个词类的包含模式(沈家煊 2007a)所做出的推论"汉语的状语是'动态定语'"(沈家煊 2014),"的"、"地"也以合用为宜。

第六,"的"在事态句"V 的 O"和"VO 的"中是时体助词吗?句尾"的"的作用又如何?"的"算不算语气词(方光焘 1962;宋玉柱 1981;马学良等 1982;李讷等 1998;杉村博文 1999;木村英树 2003;袁毓林 2003a)?

第七,伪定语和准定语问题(黄国营 1981;吕叔湘 1984b;沈家煊 2007b;黄正德 2010;邓思颖 2009,2010)。

争论看似纷繁复杂,但其实核心就是"的"的性质与功能。抓住这个要点,通盘考虑全部现象,而不受困于细枝末节,就能给出系统解答。能做到这一点的有朱德熙、沈家煊、陆丙甫、袁毓林诸家。

二、思路

和朱德熙(1961)把"的"一分为三的思路不同的是,我们在承认"的"有内部差异①的基础上更加看重它们的共性。这一思路实际上滥觞于吕叔湘(1942:1.62 节)。吕先生指出,"聪明的孩子""轻轻的说话"和"我认识的孩子"中的"的""在口语中只是同一个 de",因为"声音相同,作用相同,应该认为一个字"。时隔多年,黄国营(1982)和陆丙甫(1992)尝试合并"的₁"和"的₂"的探讨。其后,石毓智(2000)提出"的"的基本功能是从"一个认知域中确立出成员",并试图囊括句尾"的"的用法。袁毓林(1995,2003a)尝试以名词化功能来统一"的"的语法意义。木村英树(2003)提出"的"字句中"的"的语义功能是对行为动作加以区分性限制。陆丙甫(2003)提出"的"的基本功能是语义平面的描写性。徐阳春等(2005)则侧重于各种"的"字的语用功能的一致性,称之为"逆向凸显"。这些研究的目标都是要找到一个统一的"的"。并且实际上,朱德熙先生的遗作(朱德熙 1993)已经在思考"的₂"和"的₃"的合

---

① 在句法平面上存在三种不同语法性质的"的"自有其价值。

并了。

综合和分析并重,是认知语言学一贯的主张(沈家煊2005)。在探索一个统一的"的"的本质方面,值得继承的研究成果也很丰富。沈家煊(1995)发现"的"可以使得无界概念变成有界概念。沈家煊(1999c)使用了语法转喻的模式来解释"的"字转指的相关问题,认为"的"有把认知框架中的关系凸现出来的功能。沈家煊等(2000)运用了"参照体—目标"结构式解释了"N的V"结构的问题,而Langacker(1993)已经论证了"参照体—目标"能力是转喻的基础。认知语言学的相关研究已经对长期认知模式投入了足够的重视(如张敏1996,1998),并且也开始了对特定语境的研究(如沈家煊1999c),所取得的成果堪称从概念认知路径解决"的"字诸问题的典范。

秉承认知与功能学派的基本理念,本文继承以往从概念认知角度所得的经典研究成果。不同的是,本文将更加注重即时语言加工过程中和语境相关的社会认知因素,即认知的在线性和社会性。近几年,认知语言学迎来了从个体认知到社会认知的转向(social turn),认为在言语互动交际的运用过程中,语法逐渐浮现出来。在社会认知的视野中考察"的"的性质与功能可以突破以往偏重孤立句法结构或静态概念结构的理论框架的束缚。

Croft(2009)阐释了从个体概念认知路径走向社会认知路径需要遵从的四个主要原则:

第一,从一般认知能力到一般社会认知能力。心智中的语法结构和过程不仅是人类一般认知能力的实例,更是人类一般社会认知能力的实例,包括联合行为(joint action)、联合注意(joint attention)、人际协作(coordination)、社会规约(convention)等方面。

第二,从符号三角①到社会符号三角。不仅认为因为意义是符号性的,所以意义是语法的精髓;而且认为语法包含一个由形式、意义和对意义进行规约的言语社区的社会符号三角。

第三,从百科意义到共享意义,即不能仅仅认为意义是以普遍的百科知识为基础的,更准确的说法是,意义的基础是会话双方共享的所有知识和经验。

第四,从作为识解的意义到为交际而进行的识解(construal for communication),即不仅认为意义关涉概念化(识解),而且重在从以言语交际为目的的识解的角度去认识意义。

以上四个原则的核心要义就是,语言的功能是充当在社会互动交际中规约性的协作工具。

Tomasello(2008:327)通过研究灵长类(包括人类)的有意合作沟通的个体演化与群体演化发现:人类的各种沟通方式,包括语言,都是在合作互助活动的背景下演化出来的;只有在本身就带有意义的合作活动中,语言惯例才可能得以存在。简而言之,没有交际,便没有语言。所以,如果要研究语言,却不将交际双方的各种影响因素纳入考察范围,只能是管中窥豹,以偏概全。

语言研究离不开社会认知与有意合作,这一理念表现在具体的语法研究手段上,就是以用法为基础(usage-based,Bybee 2006),注重运用语篇语料分析社会认知因素,比如认知入场(grounding,Langacker 2008)、语境因素、联合注意、共享知识(shared knowledge)、交际识解、交互主观性、语言的在线产生等方面。

---

① 符号学家 Peirce 认为一个有效符号的基本成分包括代表项(representament)、指涉对象(object)和解释项(interpretant),三者合一构成了不可分割的符号化过程。语义学家 Ogden 和 Rechards 则从语言是一种符号的认识出发,提出语义三角理论,认为符号、意义和客观事物之间处于一种相互制约、相互作用的关系之中。

要从社会认知路径解决"的"的问题,必须重视语篇材料①。其主要原因,不只是理论上的诉求,也是着眼于语言事实——"的"不仅作用于词汇层面,更作用于篇章层面。"的"的既有研究成果对篇章材料的利用并不是很多,一方面是因为词汇和句内层面的研究还有很多工作必须要做,另一方面也是因为没有足够的理论支撑。而现在,情况有了很大改观。关于前者,可资利用的成果已有很多;关于后者,认知语法中新近从参照体—目标结构的相关研究发展而来的认知入场理论正是适用于语篇和语境分析的理论工具。我们的研究将引入这个理论,考虑认知入场的过程以及注意力在其中的作用,重视对即时语言处理过程的在线认知分析,区分言者和听者不同的认知过程,对"的"的性质和功能做出深入的观察和思考。

值得说明的是,本书对汉语事实的观察,是以汉语词类包含模式(沈家煊 2007a,2009a,2009b,2010a,2010b,2011a,2011b,2012a,2012b,2012c,2012d,2012e,2013)为立足点。该理论主张,汉语里的名词和动词不是像印欧语那样是两个分立的类,而是名词包含动词,也就是说,汉语的动词其实都具有名词的本性,它是名词这个大类里面的一个特殊次类。由此来看以往习见的语言事实,就可以取得一些新的观点。比如,"这本书的出版"和"这本书的内容","鸟之将死"和"鸟之双翼"都可以看作本质上一致的结构,那么以往所谓各种"的"和各种"之"其实都具有一个统一的功能,而不必管这个所指对象是事物还是事件。

---

① 使用的语料库主要有:北京大学 CCL 语料库,国家语委平衡语料库,传媒语言语料库,台湾"中研院"平衡语料库,英国利兹大学在线汉语语料库,由北大现代汉语语料库补充而来的 CoCo 语料库,朱冠明教授特别提供的朱氏语料库,人民日报图文数据库,光明网全文检索(包括《光明日报》、《中华读书报》、《文摘报》、《信息化周刊》、《生活时报》、《博览群书》、《书摘》等书刊 1998 年起所有在线内容),另外也使用了由百度、谷歌搜索得来的网页材料。网页上得来的语料往往芜杂不纯,不过本书所选的例句一般都征询过合格性。

总的来说，本课题研究是以问题为导向的，只要是适用的方法都可拿来，并无拘泥。因此，研究所涉及的理论工具包括认知语法、功能语法、篇章语法、语用学，也包括类型学甚至形式句法的某些方法。不过，"的"字结构是参照体—目标结构式，这是我们所有理论推导的出发点。而本书的主旨是，从这个观点出发，针对不同的论题，选取相应的研究方法，尝试在尽量通盘考虑的视角上考察这些问题，系统回答"的"字研究中的种种问题。

三、解题

本书各章的内容和整体的逻辑结构如下：

第一章比较全面的介绍认知语法的参照体—目标结构式理论和入场理论。不过，本章仅意在提供理论框架，而二者在"的"字问题上的具体应用则主要留待后文各章，以免于理论与事实脱节。

第二章探讨关于名词短语中的"的"的区别与描写之争。从认知入场的概念出发，提出一个统一"的"的区别性与描写性的解释。第三章讨论的范围超出短语，联系到词和短语所处的句子，从概念整合的在线性的角度分析"的"的隐现动因。第四章和第五章更进一步，使用参照体—目标关系链和认知入场的当前话语空间这两种即时语言分析模式，考察篇章中"的"的隐现和位置问题。这四章都是在现代汉语"的"的典型使用环境——名词短语中，探讨"的"的性质和功能，讨论的范围由短语逐渐扩大到篇章。

第六章在前文的基础之上，把思路扩大到"事态句"中的"的"，即前人所说的"时体标记"或"语气词"的"的"上，试图在更大的范围内寻找"的"的共性。第七章从类型学的角度谈"的"的词类定位问题。第八章尝试把从功能认知的角度得出的结论应用到生成语法的体系中，探索

"的"带来的"中心语问题",确定名词短语中"的"的词类性质。此三章试图探索各种"的"的功能统一性。

第九章研究"之字结构"中"之"的性质和功能,意在从"的"和"之"的对比中拓展前文的讨论,并进一步阐释参照体—目标结构式理论中的一个关键概念"可及度"。

第十章研究"的"字的一种特殊用法——"领格表受事"。以往研究认为"的"有些和常见功能不一样的特殊用法,"领格表受事"就是其中之一,甚至被称作"伪定语"。而本章意在论证这种现象其实并不那么特殊,领属结构也有能力表达非领属义,一般"领属结构"和"领格表受事"具有认知和语法上的一致性,在语义上是连续性的包含关系,其中的"的"都有"提高指别度"的功能。[①]

最后是结论与展望。

附录是介绍"入场"概念赖以存在的认知科学哲学大背景。

主体各章初稿都曾作为单篇发表过,编入本书后为了整体协调均做了一定程度的增删修订。

---

① 第十章为本次增订新增。

第一章 从参照体结构到认知入场[①]

1.1 "参照体—目标"结构式

"参照体"和"目标"最初是一对日常生活中的概念。通过"参照体"的帮助而到达某个"目标",是人们常用的认知策略。比如告诉某人去某个他不认识的地方:

(1)同时小声把吴胖子的地址告诉她,让去吴胖子家。"就在这院里,拐个弯儿见垃圾站一直往下扎。"(王朔《玩儿的就是心跳》)

在这个例子里,言者让听者去"吴胖子家",而听者并不认识。怎么办呢?要帮助听者顺利到达这个"目标",就可以借用"垃圾站"这个容易发现的"参照体"。在这个指引地址的认知活动中,"参照体"和"目标"都处于同一个地域范围"这院里"。"垃圾站"在"这院里"比较好找,并且和"吴胖子家"有密切联系(一直往下扎),因此适合充当帮助识别目标的参照体。这个地理路径的传达可以图示如下:

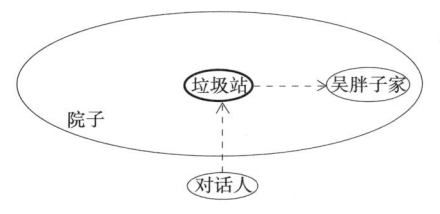

图 1-1 地理路径中的参照体和目标

[①] 本章的大部分内容以《入场理论:认知语法的新进展》为题发表于《外国语》2009 年第 6 期。

这种认知策略极为常见,再普通不过了,以至于我们常常忽略了它的存在。如果抬头仰望星空,看到北斗七星,从形象中比较长而显著的勺柄末端的摇光开始,经过开阳、玉衡、天权、天玑、天璇,直到勺子口的天枢,实际上就是经过了一系列的参照体和目标,这北斗七星就是认知域。如果再以整个北斗七星为参照体,顺着勺口从天璇到天枢的方向大约五倍距离,就找到了北极星。这时的认知域扩大到整个天顶。如果不是抬眼远望,而是闭目冥想,那么这种物理上的空间就转化为心理空间,一颗星一颗星依然有其认知的范域和距离。

背诵字母表时,每一个字母都会唤起我们对下一个字母的注意,然而我们一般不会意识到这些字母其实就是参照体——不过是背诵字母而已。但是,如果要求你不按字母表的顺序把这 26 个字母每个一次且不重复的说一遍,对大多数人来说,就成了一个艰巨的任务。看来,离开参照体的帮助去找寻目标真是太不容易了,哪怕仅仅是 26 个字母!

大象无形。这种认知策略极为基础而重要,已经深入到人类认知机制的低层中,成为一种意象图式(image schema, Johnson 1987; Lakoff 1987)。它对于人类认知和语言的重要性如同容器—内容,来源—路径—目标,部分—整体,中心—外围等图式一样(Langacker 1993)。

参照体—目标图式还可以用于介绍人物:

(2)"你认识机械系的王平吗?就是跟你先生一届的那个上海人?"(白帆《那方方的博士帽》)

言者想知道听者是否认识言谈的目标"王平",就借助听者的"先生"这个和"王平"有联系的参照体。这样一个借助"参照体"达及"目标"的认知方式,表现在语言形式上,就是采用了"的"字结构"跟你先生一届的那个上海人"。因而可以说,"的"字结构是一种"参照体—目标"

结构式①（参看第三章 3.5.3 小节和第四章 4.2 小节）。

跟指示地理路径类似，心理上也有达及指称目标（target）的路径。我们想要指称的事物就是一个指称目标。要在目标域（dominion）中确认一个目标，也就是要经由一定的心理路径（mental path）建立与一个目标的心理联系，我们往往同样也要借助于一个参照体（reference point，Langacker 1993）。这个心理过程可图示如下。

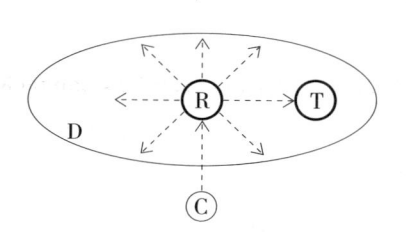

C = 概念化主体（conceptualizer）
R = 参照体
T = 目标
D = 目标域
---> = 心理路径

（Langacker 2008：84）

图 1-2　心理路径中的参照体和目标

参照体起到引导注意力到达目标上的作用，因而参照体必须具有相当程度的认知显著性，表现为相对于目标而言，具有较高的信息度、凸显度和可及度（沈家煊等 2000）。并且，参照体和目标需要在同一个认知域中有密切联系。好比在例（1）中，言者不能以院子外面的大楼为参照体。二者的心理路径也不能太遥远，过远了就无法达及。二者心理路径的远近也可以使用可及度来表达（参看第九章 9.5 小节）。

当听说双方的注意力都聚焦到同一个目标上的时候，就形成了联合注意（joint attention），参与构成言语沟通的共同场景（common ground），交际目的便可以达成（Tomasello 2008：78）。因此"参照体—目标"结构式促进言语交际顺利进行的作用巨大。

---

① Langacker（1993）的术语是参照点结构（reference point construction）和目标（target），Talmy（2000）的术语是参照体（reference object）和目标（target），沈家煊等（2000）的术语是"参照体—目标"构式。这三套术语没有实质上的差别，我们采用汉语学界习见的后者，只是为区别于构式语法的术语"构式"而增一字称"结构式"，也表明这个术语既适用于认知结构也适用于语言结构。

从听说双方的言语交际着眼,抓住联合注意的达成和言语场景的共同构建这两个关键,认知语法发展出了一整套认知入场理论。

1.2 入场

入场①(grounding)及其相关术语,早在 Langacker(1987,1991a)中就广泛使用,但散布于多处,并不引人注目。随着研究的进展(Langacker 1991a:ch.12,1999:ch.7,2002a,2002b,2008:ch.9),Langacker 和其他学者(Brisard 2002;Östman *et al*.2005;Mortelmans 2006)把它发展成在认知语法体系中纲举目张的核心概念。Radden *et al*.(2007)是第一部以认知语法为框架的单一语言语法教材,全书四编里最主要的两编就分别讨论事物和情境的入场。认知语法的这套入场理论所关注的是在特定语境里语言实际运用时言语在线产生过程中的认知因素对语法的塑造。

Ground 这个术语,在认知语法中有两个义项(Evans 2007:97—98)。一个是学界所熟知的与凸像(figure)相对的"背衬",另一个就是入场理论中的"认知场景"。认知场景包括言语事件中的所有话段,参与者(言者和听者)及其互动,言谈的时间和即时的物理语境,也就是整个言语场景(situation of speech,沈家煊 2001)。

一个骨干小句(skeletal clause),比如"girl like boy",所勾勒(profile)的关系普遍存在于大量相异的情境中,其区别不仅在细节上,更在于和言谈情境的关系上。它必须进入认知场景,即入场后才能成为实

---

① 木村英树(2008)把 grounding 翻译成"接地"。该术语在认知科学的其他分支如人工智能和科技哲学中也是一个新兴的重要概念(参看附录),国内也有译为"接地"的。但该译名系模仿物理学(电学)中的翻译法,并不能反映认知科学中该术语的实质。考虑到当前研究尚处于起步阶段,本书改译为"入场"。这是采纳业师沈家煊先生的意见,特此致谢!另有学者译作"情境植入"(牛保义 2013)。

际话语，比如：*the girl likes that boy*；*this girl may like some boy*；*each girl likes a boy*；*a girl will like the boy*；*every girl should like some boy*；*no girl liked any boy*。这些已入场(grounded)的小句的区别在于，言者和听者根据当前语境中的互动对名词所指做出的识别不同，对所勾勒的过程做出时间及现实性相关地位的估价也不同。入场不是一个语法范畴，而是一种语义功能，把概念组织起来，使名词短语或定式小句得以合格。每种语言都有某些外显的元素具体发挥入场功能。

把名词转为完整名词短语(full nominal)或者把动词转为定式小句(finite clause)时必有的语法要素就是入场要素(grounding element)或入场表述(grounding predication)。入场要素在空间和时间中安放由词汇核心标示并描写的事物或过程，具体化了名词短语所勾勒的事物及定式小句所勾勒的过程所对应的认知场景，指出一个区域，建立心理联系，把注意力导向于此，在其中寻找意指对象(intended referent)，使话语的参与者根据推测识别出一个具体的实例(token)。话语的参与者需要诉诸某种认知能力，特别是对共享背景知识的假设，以判定注意哪个维度，及如何确切地挑出意指的指称实例。这叫作指称配位(reference of coordination, Langacker 1991a:91)。入场元素本质上是语法性的，在语义上常常是抽象的、图式化的，具有相对性或拓扑学的本质。入场元素也可能是隐含的(covert)零形式；或者是内在的(intrinsic)，如人称代词和专名；或者是间接的(indirect)，如领属关系。

通过名词短语入场(nominal grounding)(e.g. *the*，*this*，*some*，*a*，*each*，*no*，*any*)言者把听者的注意力指引到有意向(intended)的指称事物上。而小句入场(clausal grounding)(e.g. *-s*，*-ed*，*may*，*will*，*should*)则根据言者当前的现实概念设置受到勾勒的关系。物体基本的倾向是具有持续性。在讨论世界时，对物体认识上首要关注的不是存在而是识别。所以名词短语入场的中心在于把注意力指向合格候选者中的特定所指。而事件的本质是发生,谈到一个事件时,首当其冲的问题是存在,而不是确认。所以小句入场主要关注的是由事件实际或潜在的发生所决定的地位。

入场要素自然分为"有定"和"量化"两组。名词短语的有定入场元素是定冠词(*the*)和指示代词(*this*,*that* 及其复数)。定式小句的有定性由没有情态动词的小句显示,并有近指/远指的对比,表现了现在时和过去时原型的对立($\emptyset$/-*ed*)。量化名词入场表述包括 $\emptyset$、*sm*(*some* 的语音弱化形式)、*a*(e.g.*She drank* {$\emptyset$/*sm*/*a*} *beer*)以及各种量化词。小句量化入场成分是情态动词,有近距离基式(*may*,*will*,etc.)和远距离变式(*might*,*would*)的对比,还有 *must*。

表 1-1　英语中的名词短语入场和定式小句入场

	有定	量化
名词短语	*th* ＋近/远(-*is*,-*at*,…)	$\emptyset$,*sm*,*a*,*some*,*most*,…
定式小句	$\emptyset$ ＋近/远($\emptyset$,-*ed*,…)	*may*,*will*,… ＋ 近/远

1.3　直指的主观性和入场元素的语法属性

入场功能的本质,是处理认知场景和所指事物或过程之间的关系,呈现语法中的直指(deixis)。所有在语法上得到精心对待的名词短语和定式小句,都必须用某种方法直指,在具体认知场景中识别名词短语或小句中的实体。这涉及事物的可及性(accessibility)和过程的存在与否((non)existence)或实现度(degree of reality),其本质更多的是主观性的。

直指,涉及指称(reference)和识别(identification),是为了入场而做出的心理关注。直指性语法表达在评估指称对象时,需要考虑到话语参与者的所有知识,而不是聚焦于把所指直接和外在世界中的等价物联系起来的所谓客观属性。解释入场表达需要参照参与者的知识系统。入场元素本质上是直指的,但不是所有直指表达在对名词短语和定式小句的构成中都发挥入场功能。例如,副词 now 是直指的,因为它对说话的时间做出了指称,但是一个小句却并不因为它的出现而得到有定性。它只是作为不定成分的补足语部分而出现,如:She would really like to be here now。

入场元素有五个和主观性有关的语法属性。

一、入场元素不是非时间表达(atemporal expression)。典型的非时间表达都可以在动词 be 后面充当小句的词汇核心,而相应的入场元素则不能:

(3)a. That they will ultimately prevail is **possible** (*may).

b. The culprit is **known** to us and **near** me (*this).

二、很多入场元素可以代替名词短语或小句。This、all、most、some、each、any 及指示代词可以单独作为完整名词短语,具有可能的回指形式(e.g. This bothers him a lot)。情态动词可以单独用作定式小句:She may; They must; You should。

三、尽管入场元素把受到勾勒的事物或过程和认知场景联系起来,但其本身并不明显指称认知场景。比如,指示代词 this 把它所指向的事物描绘为接近于说话人,却把说话人付诸隐含,并不直接外显的提及说话人;但像 near me 这样的非入场表达特别提及了说话人。可以说 this person,但不能说 *the person this me(cf. the person near me)。入场元素 -ed 和非入场短语 before now 大致相当,但也不明显提及说话时间。认知场景隐蔽于概念底层,而不被推到台前作为受到聚焦的概念客体。

四、入场元素只把由真实言语事件定义的认知场景当作参照点。试看 Jennifer noticed that this wall needs a new coat of paint 中,受到调用成为参照点的是言者及其说话时间,而不是 Jennifer 及其视角。

句中的墙必须接近于真正的言者(而不是 Jennifer 现在的位置)。

五、入场元素必须能构成名词短语或定式小句。只要把指示代词这个入场元素加在名词(如 *dog*)上就可以被派生出完整名词短语(如 *this dog*),但其替代语(如 *near me and known to us*)则不能,*dog near me and known to us* 不是一个完整名词短语,依然需要入场。

1.4 主观识解

入场反映了概念化主体(conceptualizer)与概念化客体(conceptualized)的不对称。

如图 1-3 所示,主体 S 从事概念化活动,指引注意力,但并不表达其本身。在意识的全部范围内,S 只注意台上(onstage)的某一区域(region),并把概念客体 O 挑出来作为注意焦点。当 S 的功能仅限于用作主体时,对它的识解主观性程度最高,是一个隐含的概念化存在。而当 O 被清晰的观察,并根据环境及观察者界定时,它受到最高程度的客观识解。概念化主体言者和听众(addressee)造就并理解表达的互动过程,组成了认知场景,受到主观识解。表达所勾勒的凸像(profile)作为台上区域的焦点客体,受到客观识解。尽管入场元素必然以某种形式调用认知场景,但它们对认知场景的识解却是最主观的,这可以解释其语法属性。

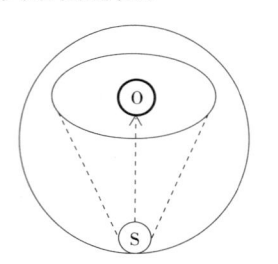

S = 概念化主体
O = 概念化客体
◯ = 意识的全部范围
◯ = 台上的区域
→ = 注意的指向
(Langacker 2008:260)

图 1-3 主观识解和客观识解

属性一、二的基础是，入场元素仅勾勒已入场的实体，而不是它和主观识解的认知场景之间的入场关系(Rg)，如图 1-4 所示。入场元素使用最大主观性识解入场本身。凸像受到高度客观识解，因为它被描绘成在台上区域内的注意力焦点。相关表达的射体(trajector)和陆标(landmark)是其凸像范围内的焦点，也是高度凸显和客观识解的。

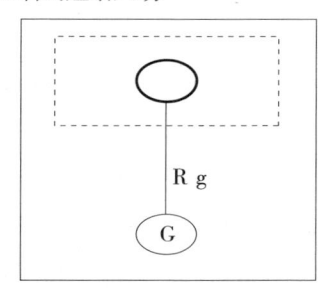

a. 名词短语入场　　　　　　　　b. 小句入场

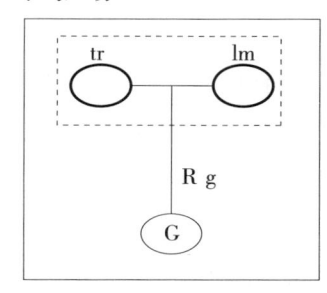

图 1-4　名词短语入场和定式小句入场

属性三也由认知场景的主观性导致。主观识解的实体常常被隐含，因为如果被明确提及就变得客观化了。因此下面两个句子的语义是有区别的。(4a)以比较中性的方式描写场景，S 显现为客体的一部分"*me*"；(4b)被识解为从其中言者的观察位置描画一个场景，S 完全隐退，主观性高。认知场景不可能同时既被显性提及又被最大程度的主观识解。

(4) a. Mulroney was sitting across the table from me.
　　b. Mulroney was sitting across the table.

再看属性四。入场关系由言者和言语事件所支撑，甚至在描写其他人思想的定式小句时也是用别人所想来表征他自己的概念，从自己的观察位置识解。如果面对一个涉及多种视角的复杂情景，言者和听者想要建立起连贯的视野，那么最简单的方法就是：以自己的观察位置为准，对每一个已勾勒过程及其参与者的基本认知地位做出评估，在固定的参照系中看待每个突显实体;如果发生了视角切换,则需要保持追踪,这是因为,由言语行为的"此时此地"所定义的直指中心只能有一个。

1.5 类型和实例

名词短语或定式小句在勾勒事物或过程的类型(type)中得到入场的实例(instance/token)。入场就是在类型中拿出(take)一个实例,以便谈论指称地位明确的人和事。名词短语或小句表达的出发点是词汇性的名词或动词,把被指称的事物或过程的类型具体化。词汇的首要功能是分类性的,依据当前认可的既定关系和实体的范畴提供一个成熟的图式用于理解世界。而名词短语或定式小句的首要功能是指称性的,根据在某个认知场景中的认知地位,把注意力指向事物或过程的特定实例。入场功能使心理达及特定个体成为可能。型例之分给名词与动词和名词短语与定式小句的语法区别提供了语义基础。例示(instantiation)本质上是一个心理操作,把类型概念转换为实例概念,而不在于勾勒和详细程度。

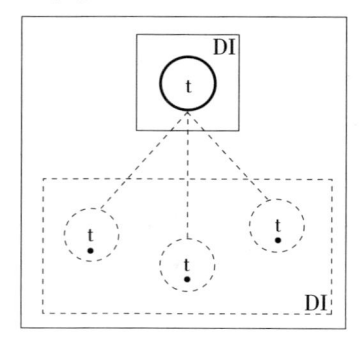

a. 型概念   b. 例概念

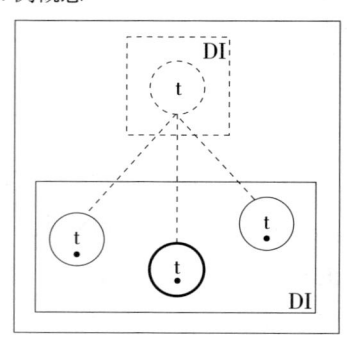

图 1-5 型例之别

图中 DI 指的是例示域（domain of instantiation），例示域中认知对象的有界或无界，决定了名词的"可数/集合"或动词的"完整体/非完整体"的范畴化。动词的例示域是时间，名词的是空间。一个实例在例示域中占有一个特别的处所，以区别于其他实例。不过这并不意味着言者知道这个处所或者它在原则上可以被客观决定。实例是构想中的实例，可以也可以不表征真实客体或事件。类型来自于对实例的抽象。型例之别的根本在于前者抑制了受到勾勒的实体占据一个特定的区别性位置。

语言在概念层次上指称实体，在话语层次上指称世界。勾勒这个术语，是专门为概念层次上的指称而采用的。名词短语勾勒已入场实例，这是关乎话语层次的；对名词短语做语言学描写主要关注的是话语层面上的指称。话语指称不限于真正存在于真实的、想象的或可能的世界中的实体。不管谈论什么，我们指称的实体一般都仅是虚拟的。

(5) a. If she had a Porsche she would learn to drive.

b. A hub is part of a wheel.

(5a)中指称的 *Porsche* 现实中并不存在，只属于假想中的情境。(5b)是类属表达，不涉及任何特定的 *hub* 或 *wheel*。名词短语所指不过是想象出来为客体做普遍特征描写的虚拟情景中的元素。此类名词短语常被描写为"无指"，但尽管这些名词短语确实缺少在世界上的指称，它们无疑是在话语层面上建立了指称，可以充当回指代词的先行词：

(6) a. If she had a **Porsche** she would drive **it** to church.

b. A **hub** lies at the center of the **wheel** **it** is part of.

这些名词短语确实是指称性的，因为它们在其所指的类型中拿出了一个已入场的实例，其特殊性在于勾勒的实例是虚拟的。类型的实例能够既是真实的也是虚拟的，而类型本质上是虚拟的。这个区别决定于实例所占据的心理空间（mental space）。(6a)例调用了一个心理空间，表征真实世界如何从一个假想的反事实情境中演化而来。受限于这个非真实场景，*Porsche* 的所指只能是虚拟的。定式小句也可以勾勒一个已入场的虚拟的过程实例。

1.6 名词短语入场

1.6.1 入场策略

入场元素勾勒已入场的事物而不是关系。非入场量化词可以和 be 结合形成小句谓语，勾勒非过程性的关系，而量化入场元素不能出现在这个结构中。

(7) a. The problems we face are {three / few / many / several / numerous}.

b. *The politicians who can be bought are {all / most / some / no / every / each / any}.

入场量化词、冠词和指示代词相互排斥，这反映了它们的入场功能羡余且语义不兼容，而入场元素和非入场量化词则可以组合。

(8) a. *that every dog; *an any lawyer; *those most politicians; *the all computers

b. those three cats; the many teachers I have known; all seven hummingbirds

入场元素处于名词短语的边缘(*the* (*three* (*broken* (*chairs*))))，象似性的反映了它的概念地位是最外在的，仅表示名词短语所指是话语指称。入场的名词短语表示已经正确（或错误）的指别了一个事物，交谈双方把注意力都指向到了意念中的同一实体上。

名词短语达成指称的策略有很多，专名是其一，更重要的是描写策略(descriptive strategy)和直指策略(deictic strategy)。前者即在任何详细程度上描写其所指。后者在话语语境中用相对的手段识别确认所指，比如人称或指示代词，根据不同语境指称不同个体，指引对话人的注意力在一系列潜在候选者中找到一个特定的事物，这类似于常常伴随着指示词的指点动作：I want this [☞]。由于描写仅仅是分类性的，而用言语指示又不够精确，这两种策略常常需要结合起来。另一个是量化策略(quantificational strategy)，使用入场量化词在类型中挑出实例作为话语所指，其所指总是虚拟的，非入场的 seven parrots 或 several angels 可能指的是真正的个体，而入场的 every parrot 和 most angels 仅仅标示虚拟的实体。

1.6.2 有定性和入场

入场是名词短语有定性的概念基础。英语中有定入场元素是指示代词和定冠词，特别是指示代词承担见证名词短语入场的动态互动本质的功能。言者把听者的注意力指引到一个在话语语境中的特定所指之上，促成瞬时交互主观性的意识状态，这时谈话人(自己知道)共享了这个指称焦点。

话语中正在进行的语流可称为当前话语空间(current discourse space, CDS)，是所有在一个给定时间由言者和听者共享的话语基础。

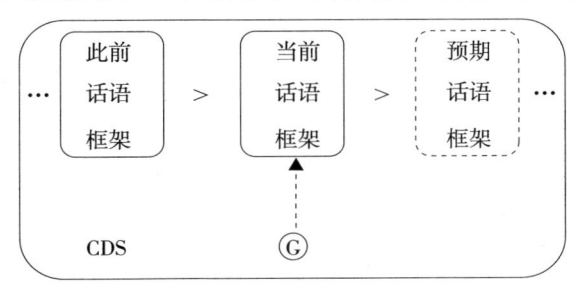

图 1-6 当前话语空间

当前话语空间包含广阔的既有背景知识,并随着话语的推进不断更新;既和长期记忆中的认知模式相联系,又具有在线产生的性质。在某一点上,CDS 的某些部分被调用,在话语此阶段的关注区域内组成一个话语框架(discourse frame),为诠释下一话段提供基础。当一段话语展开时,对话双方互动形成一系列话语框架,每一个框架都是对前者的更新。此前(previous)话语框架被调用,并在更新后得到当前话语框架;当前(current)话语框架不断得到更新,并传递给预期(anticipated)话语框架。这是一个不断运动变化的过程。在其中,当前话语框架是认知入场的关键。

所有指示代词都能和指点手势一起使用,借助身势语挑出所指。这个手势有直接的语力:表达了言者把听者的注意力集中到所指点的实体之上的意向。如果进行良好,结果就形成协同心理指称(coordinated mental reference)。指示代词的协同心理指称用法有同样的指引力,指引搜索出意向中的所指(Kirsner 1993:81—114)。*The* 中和了指示代词的远近之分,也代表了指引力度的弱化,表明仅在心理上把类型标示出来就足以达成协同心理指称。很多语言缺少定冠词,而是广泛使用指示代词来代替。名词也能不需要任何入场元素就出现,达成有定指称。使用定冠词或不定冠词,都可以达成确定的话语所指,可以使用回指代词指称:

(9) In the room were a puppy and three kittens. The puppy was shaking, so she picked it up. / A kitten was shaking, so she picked it up.

定冠词默认的所指是类型中的真实实例,而不定冠词默认的期待是虚拟的。伴有入场量化词的所指总是虚拟的,比如 *no house*,*each president* 或者 *any salesman* 不能表示真实实例。只有伴有不定冠词才有可能是真实的,比如 *the puppy* 的默认所指是真实的生物。

不定冠词和入场量化词之间的界线并不清晰,关键在于是否潜在的标示一个类型的真实实例,因为入场量化词总是具有虚拟的所指。它们可宽泛的分为两个类别:比例(proportional)量化词(*all*, *most*, *some*, *no*)和实例代表(representative instance)量化词(*every*, *each*, *any*)。比例量化词可以和集合名词共现:

(10) a. {All / Most / Some / No} whiskey is beneficial for your health.

b. {All / Most / Some / No} alcoholic beverages are beneficial for your health.

实例代表量化词用于单数可数名词,甚至当用于说明关于所有类型的实例时:

(11) {Every / Each / Any} culture can teach us something of value.

1.7 小句入场

1.7.1 现实

我们每个人都发展出自己对现实的概念,尽管从来不绝对一致,但通常具有足够的共同点以确保互动成功。现实就是可以被抽取出来作为入场小句的内容的所有一切,包括物理上发生的事件以及社会和心理现象,还有其他概念化主体的存在。概念化主体当前接受的成形(established)的知识是构想中的(conceived)现实。小句入场表示根据一个现实的概念勾勒的事件状态。如果有人说 *Jill is pregnant*,就是表示她的怀孕是他现实概念的一部分。只有在此语境中,由小句入场调用的现实概念才和真正的言者现实概念充分一致。

英语小句入场系统的核心是时态和情态动词,包括两个基本时态"现在时"、"过去时"和五个基本情态动词"*may*,*can*,*will*,*shall*,*must*"。传统上情态动词、时态、完成体、进行体和被动式组成了英语的助动词系统,却并没有结构或功能动因可以解释这种组配。看来,更基础的分野不在于此,而在于入场元素(时态与情态)和别的元素的差异中。如图所示:

入场要素	已入场结构			
时态 情态	完成 have + -ed	进行 be + -ing	过去 be + -ed	词汇动词(V)
	助动词系统(AUX)			"主要"动词

图 1-7 入场元素和已入场结构的差异

这个分组得到意义、语义功能和语法行为的支持。语义上,时态和情态动词有相关的认识价值,调用认知场景,共同实现入场功能。从语法上来讲,时态和情态动词在定式小句中都是必有的,而完成体、进行体和被动式是可选的。而且,这后三者可以出现在非定式小句中,时态和情态动词则不可以。

> (12) a. I would prefer for my proposals to have already been being discussed for a while.
> b. He resents having been being criticized for so long.
> c. *I would really like her to {examines / examined / will examine} my proposals.
> d. *He really dislikes {criticizesing / criticizinged / mighting criticize} others.

1.7.2 时态和情态

时态通常被认为是标示一个事件在时间上相对于言谈时间的处

所,而情态关乎发生的可能性。然而,英语却表明这个区别不是非常明确。英语使用情态动词 *will* 表示将来时。因为在一个既定时刻,现实中被称为过去的那部分是确定的,现在也已然是确定的,而未来有待确定,它们在认知中的地位不一样。英语也使用"时态"表达认识判断:在 *it may rain* 和 *it might rain* 之间的差异不在于事件发生的时间,而只是言者对其可能性的估价。

英语小句入场系统包括两个二元对立。每组中都有一个零形式,而另一个是外显的标记。这个系统是象似性的。零形式成员标示认知即时性,或对概念化主体的接近性;而外显标记标示更大的认知距离。在时态中,现在时一般是无标记的,而过去时是有标记的。它们的语义对立,和指示代词的远近距离非常类似,关乎受到勾勒的过程在概念化主体的认知上是即时的还是非即时的。情态也一样。一个小句,如果不用情态动词加以标示,那么它的概念化主体受到勾勒的过程就具有现实性,亦即属于构想中的现实的一部分。情态动词则把它放在了构想现实的外面,即非现实(irreality)指称的区域中。

1.8 认知入场的个性

尽管入场是普遍性的功能,但每种语言的入场方式却是有个性的。英语中大部分入场元素具有外显形式,组成一个可明确识别的,高度界定的集合。不过这并不普遍,甚至可能不典型。每种语言都有自己的入场元素系统。这种系统提供了一套方便的手段。它以某种方式标示出,一个受到勾勒的事物或过程相对于认知场景在认知中的地位,正确与否由规约决定。尽管英语使用零形式入场表达最大外延,某些其他语言却使用定冠词,如法语:*Elle aime le vin* "She likes wine"。德语中的情态动词的语法化程度不及英语高,Langacker(1991b:335)据此认为它们还没有获得入场元素的地位,但是它们具有时态、人称和语气的屈折,本身是入场的。英语小句入场很少把射体具体化(仅仅在 be 的各种形式上有所区分),但在 Luiseño 语(一种北美印第安语)中,小句入场由动词形态和一个紧随在首词或句首短语之后的附缀共同表达(注意词对词释义中的粗体部分):

(13) a. *Waxaam＝chamil*   *'owo'a-quṣ.*
    昨天＝2 复:过去时 工作—过去时:持续体
    我们昨天在工作。
  b. *Noo＝nupo*   *'exngay*   *'owo'a-an.*
    我＝1 单:将来时 明天 工作—将来时
    我明天将会工作

(Langacker 2008:298)

    如果人类的认知是相通的,语言有共性,那么汉语也应该有自己的具有共性和个性的入场系统。自朱德熙先生提出词组本位说,"在汉语里,词组和句子的构造原则基本一致"这个观点就一直占据主导地位。入场理论无疑对如何深入理解"基本"提供了指南。由"这本书的出版"引发的中心语问题的讨论至今仍在延续。从入场的角度来看,英语中"This book publish"不是一个入场的形式,但汉语中"这本书出版"在一定的语境中可以是一个入场的形式。这说明汉语更多的是使用隐含的和非强制性的入场元素。"这本书的出版"是一个已入场的名词短语,基于汉语认知入场系统的研究可望给出有价值的答案。

第二章 "的"的认知入场作用[①]

2.1 区别与描写之争

关于"的"的基本功能,历来有区别和描写两说。尽管尚未取得共识,但双方都相信"的"的诸多用法背后有统一的解释,这也是本文的基本信念。

2.1.1 追问"区别"说

(1)* 好好衣服　　　　好好的衣服
　　好好一件衣服　　* 一件的衣服

"区别"说的代表石毓智(2000)根据以上用例提出,个体量词和"的"共用不相容,故可据个体量词指示一类事物的成员数的用法推断"的"具有类似的功能:从"一个认知域中确立出成员"。石毓智(2002)更论证了量词、指示代词和结构助词的共性。此说的问题有:

一、刘丹青(2008a)发现一些非临时量词和个体量词也带"的"的例子,如"108 只的白鹭鸶"和"七八棵十来棵的橘子树"[②]。

[①] 本章初稿以《超越区别与描写之争:"的"的认知入场作用》为题发表于《世界汉语教学》2012 年第 2 期。《人大复印资料·语言文字学》2012 年第 7 期转载。

[②] 感谢《世界汉语教学》匿名审稿人指出,这样的用例也是有条件的。比如:"* 那农场饲养了 108 只的白鹭鸶"、"* 他吃了十来个的馒头"。原因不在于是否处于宾语的定语位置上,比如:"城头巷三号的主人朱老太爷,大概也是个喜欢吃橘子的,那边便种了七八棵十来棵的橘子树。"(俞平伯《打橘子》)而在于数字是否是言者着意提供的信息。

二、王冬梅(2009)提出在"好好(的)一件衣服"、"一大批(的)货物"中"的"和数量短语共现却并未不相容。"一件衣服"比"衣服"的区别性强,而"红红的花"却比"红花"描写性强,那么,个体量词和"的"的用法倒正相反。

三、论证中并未说清在"X 的 Y"中,"X"和"Y"到底哪个是认知域。文中说,"每个 N 都代表一个认知域,以'A+的'标准从中确立出成员",即"X 的 Y"是在"Y"这个认知域中确立出具有"X 的"特征的成员,那么"X 的"是特征,"Y"是认知域。然而该文又说:"'彩色'等自身所指的是一种性质,它可以用来描写①各种事物,……那么要用这个性质指代某一类事物,实际上就是从这个'性质'认知域中划分成员。"由此看来,在"X 的"中,"X"又成了认知域,而"X 的"是确立出来的成员。这显然自相矛盾。

四、"从一个认知域中确立出成员"的逻辑前提是首先要存在一个认知域"Y",但是"X 的"却可以单用,并不需要"Y"。一个可能回答是"Y"被省略了。然而,早就有学者指出"Y"常常并不明确,甚至无法补出,亦即"Y"并不存在。比如:

(2)真有你的[?]。(吕叔湘,1962)

(3)他和骆驼都是逃出来的[?]。(朱德熙,1966)

(4)你不能走了就算完事的[?]。(赵元任,1979:153)

(5)您歇着您的[?]吧。(黄国营,1982)

(6)走他的[?],只当我没有过这么个丫头。(黄国营,1982)

(7)木匠用的[?]是自己的心思,自己的力气,一点儿也不靠傍别人。(裘荣棠,1992)

五、结论经不起检验。"别"的词汇意义已经表达了区别,却非得带

---

① 石文这里自然的使用了"描写"一词,实际上是下意识的反映了区别和描写确有联系。

上区别性标记"的"(陆丙甫 2003);典型的确立成员的指别性词语"这、那",却偏偏不能带"的"(王冬梅 2009)。

所以,只看到量词、指示代词和结构助词的共性并不够,仍需追问的是:这是为什么?

2.1.2 扬弃"描写"说

描写说的代表陆丙甫(2003)提出"的"在语义平面是描写性标记;在语境中派生出区别及指称功能。因为对事物进行描写,能够帮助指称这个事物(朱德熙 1956)。该文注意到描写和指别的相关性,是个进步。但遗憾的是未能贯穿全文,比如文中认为区别性越强越不能用"的"而描写性越强越倾向于用"的",实际上又把二者对立起来。理论上的不自洽带来了一些问题:

一、关于"的"的分合。陆丙甫(1992)支持合并副词词尾"的$_1$"和状态形容词词尾"的$_2$"。更进一步,陆丙甫(2003)推导的出发点则是"的$_1$""的$_2$"和名词化标记"的$_3$"合并后的"的",并提出合并的原因之一是区别性的"底"(的$_3$)的区别功能弱化(不能再出现在指别词后,"这的"渐渐消失),由此得出"的"是描写性标记的论断。

朱德熙(1961)把"的"分为三个,但后来的观点有了发展,普通话中状态形容词做定语时后附的不只是描写性的"的$_2$"而是"的$_2$+的$_3$"(朱德熙 1993)。这种合并的实质是"的$_3$"兼并了"的$_2$"。该文在方言材料中发现状态形容词做定语也要名词化,各方言区都有加合"R+的$_2$+的$_3$+N"和置换"R+的$_3$+N"两种方式。比如:

(8) a. 大大地个目珠,高高地个鼻头(福建浦城南浦话,加合式)

  b. 大大个目珠,高高个鼻头(福建浦城南浦话,置换式)

近代汉语中也有大量的例子,说明做定语的状态形容词可以采用

加合式,如"恁地底事";也可以采用置换式,后附"底"(的$_3$):

(9)作么生是你明明底事?(《景德传灯录》,转引自吕叔湘1943)

"回到北京话"一节虽因朱先生的仙逝而付诸阙如,但根据其他部分的论述可知,汉语普通话其实是采用置换式。因此,"底"的功能变化不是区别性弱化,而是兼容了描写性。如果把区别性和描写性看成对立的一组概念,那么描写性的增强就意味着区别性的减弱。可是,如果区别性和描写性并不对立呢?

二、关于"标记性"。根据 Croft(1990)、沈家煊(1999a)、克里斯特尔(2000)、石定栩(2006)以及 Waugh & Lafford(2006)等的论述,语言中的标记现象是指一个范畴内部存在的某种不对称现象。例如就"数"范畴而言,英语中的复数是有标记的,单数是无标记的。复数 boys 来自于单数 boy 加上复数标记-s。由此可知,如果"的"是描写性标记,那么对于"X 的"而言,"X 的"是描写性的,而"X"是非描写性的。并且,如果认为描写性和区别性是一组对立概念的话,那么"X"便是区别性的。由此可以发现陆文中的推理问题[①]。比如:"指别性定语是典型的纯区别性定语,它们从来不带'的'。"

(10)什么/这/那(*的)人

这就好比说"boy 是典型的单数,它从来不带-s",显然令人费解。事实上 boy 是单数,带复数标记-s 之后,就成了复数 boys。如果"的"

---

① 陆丙甫先生在《语言类型及其功能基础》(稿)中提出应区分"标示性标志"和"启动性标志"("标志"指狭义的作为"形式标记"的标记,沈家煊 1999a),"-s"是启动性标志,"的"基本是个标示性标志,但在"历史地"中,有启动描写性的功能。这种区分是一个创见,但问题是"启动"说明原来没有某功能,"标示"说明原来就有某功能,两者二元对立,因此不能说"的"有时是标示性标志,有时又是启动性标志。相比较而言,"区别"和"描写"就不是二元对立的关系。本书审稿人也指出,如果把标志广义地理解为一种标识(flag),比如"连(小学生都懂)、是(明天出发)",具有可选性。但是,对"的"而言,可选性的"的",用与不用,结构大不相同,参看下一章。而且不仅面临可选性的问题,还面临强制性的问题,有的"的"非用不可,参看本书第八章 8.1.8 小节。

是描写性标记,并且指别和描写是一组对立的范畴,那么指别性词语加上描写性标记,就应该变成了描写性定语。但事实并非如此。

再如:"量词'张'变成'大张'后,因为增加了描写性形容词素'大',当然就具有了比较强的描写性,因此就可以带'的'。"

(11)三张(*的)纸,三大张(的)纸。

说"X"已经具有了某种语法标记所标记的属性就可以使用这种标记,就好比说"*people* 已经具有了复数性,那么就可以加上复数标记-*s*"。*peoples* 指人们是不成立的[①]。

三、关于论据。陆丙甫(2003:24)说到描写性和区别性相对立的表现之一是"漂漂亮亮的"等状态形容词"反映说话者的主观感情色彩,难以被听话人作为区别的标准,所以就不能代替名词"。可是,吕叔湘(1962:注 4)即已发现下列用例:

(12)走近细看,头发,头发,这毛蓬蓬的全是头发呀。(林斤澜《发绳》)

(13)这地,俩牲口也拉不动犁杖。怕得使三个,还得是棒棒的。(林斤澜《春雷》)

(14)我不要这种脏不拉叽的,给我两个干干净净的。

吕文同时也指出这种情况不多,且多伴随指示词或数量词。如今也有伴随"什么"的用例:

(15)你别把什么脏兮兮的都往家拿。(网上用例)

(16)什么烂七八糟的,我看你是荷尔蒙过剩。(网上用例)

其他学者也发现另一些类型的用例:

(17)那块黄澄澄的准是金子。(朱德熙 1980)

(18)那些红通通的就是他从陕西运来的苹果。(姚振武

---

① 可以指多个民族,不过这是另外的词汇意义了。

1996)

(19)我很喜欢毛毛熊,昨天又买了个很大的。(陈玉洁2009)

总之,很遗憾,该文没有坚持描写和区别相统一的原则,但问题的根源却在于术语。

2.2 走出术语的迷局

2.2.1 区别性、描写性

吕叔湘(1943)说:"唐宋时代,区别性(qualitative)加语之后用底,描写性(descriptive)加语之后用地。"接着说"区别性"是"区别属性""举实质"的意思,是属性定语,如(20);而"描写性"是"道形貌",是对重叠、双声、叠韵等词汇的语义概括,如(21):

(20)a.我底学问如此。(《象山先生集》)

b.真实底事作么生?(《景德传灯录》)

(21)a.悄满眼汪汪地泪。(《晁元礼词补遗》)

b.人死后浑如悠悠地逝水。(《董解元西厢记》)

所以吕文只考察"底"和"地"前词语词汇意义的区别,并不考察"X底"和"X地"的区别以及包含"底/地"在内的整个定语的功能。"X"无论是否在"底/地"前做定语(我/眼汪汪),无论是否有"底/地"(我底学问/我学问),其意义类别都一样。如果由此把定语分为区别和描写两种,就是忽视了"的"的存在,混淆了"X"和"X 的"的句法差异。

朱德熙(1956)认为形容词可分成限制性(即区别性,张敏 1998)和描写性两类,这种意义分化又对应于形容词的结构分类:简单形容词是区别性的,而复杂形式的形容词是描写性的。可见,朱文把这两个术语用于形容词分类上,而不是对定语分类。所以陆丙甫(1988)发现两种形容词充当加"的"的组合性定语的功能并无明显区分,这并不奇怪:

(22) 白的那一只鸽子　　雪白雪白的那一只鸽子

　　　那白的一只鸽子　　那雪白雪白的一只鸽子

　　　那一只白的鸽子　　那一只雪白雪白的鸽子

这意味着在加"的"的组合性定语中,起决定作用的不是形容词的意义,而是"的"。

既然在二位先生那里这对术语并不针对"的",那么要使用它们研究"的",就必须重新定义。但如果仍在词汇语义的层次上使用"区别"和"描写"①这两个术语,就会遇到一个难题:同一个修饰语,有时是区别性的(粉红的裙子),有时是描写性的(粉红的桃花)(范继淹 1979)。看来,"的"和所附实词词汇语义上的"区别"与"描写"关系不大。②

2.2.2　限制性、非限制性;内涵性、外延性

刘月华(1984)的"限制性"是用在确定指称的意义上,所以黏合式定语被朱德熙归入限制性定语,却被刘月华归入描写性定语。张敏(1998)对此有很好的评述,他和陆丙甫(2008)都认为"限制性""没有明确所限制的对象(外延、内涵皆可),因此也有缺陷"。

陆丙甫(1988)提出用外延性和内涵性来代替区别和描写,这得到张敏(1998)等的支持。有的定语修饰中心语的内涵,而有的定语限定中心语的外延,这个区分看似明确,但实际上二者并不可能截然分清。

---

①　对"描写性"等术语在各家定义中的差异,石定栩(2010)有比较全面的述评。
②　"的"附着于实词而不是虚词,所以"*这的"当然不可接受,指示词"这"并没有实在的词汇语义,它的区别性是在现场直指的语用行为中表现出来的语法意义。代词"这儿""这样"都能带"的"。详后。

比如,"勤劳勇敢的中国人"中"勤劳勇敢的"就有内涵和外延两解(唐正大 2005)①;"这样的人"中"这样的"是修饰内涵还是限定外延也很难说清。内涵外延跟定语语义有关,而跟"的"的作用无关,所以此说对辨识"的"的功能也无用武之地。最后,陆丙甫(2003)又回到区别和描写上来。

陈玉洁(2009)看到了陆丙甫(2003)术语使用的问题,提出应把"区别"和"描写"留在语义层面,这是对的。但她使用 Givón(2001)定义的"限制性"和"非限制性":"限制性修饰语缩小所指的范围,……而非限制性修饰语用更多特征来丰富对所指的描写,并不缩小所指的范围",实际上又和外延与内涵差不多了。而且,在只考虑形容词定语的情况下把区别性和分类性等同起来,导致其结论适用范围不广,比如不能说"这/那本书"和"一本书"也是分类性的。分类性是规约的结果,而区别性虽然可能成为规约的条件,却未必就是。而且,"分类性""命名性"和"称谓性"等其实仅适用于复合名词,其中不用"的"。

石定栩(2010)认为,"定语一定会改变中心语所表示事物的范围,也因此一定是限制性的。"但并没有进一步解释为何如此,而是以集合论的观点来看待"X 的 Y"中"X 的"对"Y"的限制作用。此说并未超出石毓智(2000)的论述范围和深度,其实也不能回答这个问题:"木头房子"和"木头的房子"中,"木头"和"木头的"都缩小了"房子"的范围,那就都是限制性的,那么其中"的"的作用是什么?

张卫国(1996)提出定语语序可以是:[区别性定语][描写性定语][限定性定语]中心词。但即使在此意义上,区别性定语和描写性定语也都是"一般要用助词'的'",也就是说两种定语都会不用"的",如例

---

① 相似的例子还有"吃螃蟹的毛利人"。这两个例子还见于刘丹青(2008a)和陈玉洁(2009)。这三篇文章使用这两个例子,本来意在说明汉语限制性和非限制性关系从句在句法上完全合一。

(23),或者用"的",如例(24):

(23)客厅里那台_{区别}声音悦耳的进口_{描写}爱华牌台式迷你型_{限定}音响。

(24)客厅里的那台声音悦耳的进口的爱华牌台式迷你型音响。

而此文所谓限定性定语中也可以加上"的",可见此说对寻找统一的"的"也并不适用:

(25)爱华牌的台式的迷你型的音响。

2.2.3 述谓性

张敏(1998:243)另辟蹊径,论证"的"具有述谓性(predicative nature):"DdN 结构[1]实际上包含着对 D 概念和 N 概念的逻辑—语义关系的一个含义微弱的断定,如'N 是 D 的'或'N 是与 D 有关的'。"DdN 结构陈述一个属性命题;述谓作用即对新信息的陈述,负载新信息的成分 Dd 自然具有述谓性;"强调""注重"意味也是 Dd 述谓性的反映。DdN 包含一个被陈述、被断定的属性命题。比如"这座金的山"包含着"这座山是金的"这个属性命题。但问题是,有一些"X 的 Y"转换成"Y 是 X 的"后不自然:

(26)辅导的材料　　? 材料是辅导的
　　 开车的技术　　? 技术是开车的
　　 出国旅游的计划　? 计划是出国旅游的

可能是意识到了这点,该文提供了备用变换式"Y 是与 X 有关

---

[1] 张敏(1998)将不带 de 的定中构造记为 DN,将带 de 者记为 DdN。N 指中心语名词,D 指定语,它既可理解为"定语"的汉语拼音缩写,也可理解为英语"Determiner(限定语)"的缩写。Seiler(1978)所定义的 Determiner 比被略写为 Det 的 Determiner(通常包括冠词、逻辑量词和指示代词)更广。

的",上面这三例就自然了:

(27) 辅导的材料　　　　材料是关于辅导的
　　 开车的技术　　　　技术是关于开车的
　　 出国旅游的计划　　计划是关于出国旅游的

但是,按下葫芦起来瓢,原本使用"Y 是 X 的"可行的例子,使用备用式却不自然了:

(28) 木头的桌子　　　　? 桌子是关于木头的
　　 大的树　　　　　　? 树是关于大的
　　 漂漂亮亮的衣服　　? 衣服是关于漂漂亮亮的
　　 这样的书　　　　　? 书是关于这样的

还有一个类型学的证据也不利于此说。有的语言在要表达属性概念却没有适合的形容词可用时采取的策略是:陈述时,用动词形式表达属性概念;修饰时,则采用名词形式来表达。荷兰语就是这样(张伯江 2013)。这说明跨语言的看,"X 的"的对应物并非述谓性的。

2.2.4　重新定义"描写性"

有一种测试对各种"X 的 Y"基本适用:

(29) 问:你 V 什么样儿的 Y?
　　 答:X 的(Y)。(*X。)

a. 问:你种什么样儿的树?　　　　答:大的。
b. 问:你买什么样儿的房子?　　　答:安静的。
c. 问:你喜欢什么样儿的衣服?　　答:漂漂亮亮的。
d. 问:你喜欢什么样儿的风格?　　答:西式的。
e. 问:你买什么样儿的桌子?　　　答:木头的。
f. 问:你用什么样儿的电脑?　　　答:这样的。
g. 问:你喜欢什么样儿的笑容?　　答:你的。

h. 问:你看什么样儿的材料？　　　答:辅导的。
i. 问:你学什么样儿的技术？　　　答:开车的。
j. 问:你爱吃什么样儿的菜？　　　答:妈妈做的。
k. 问:你脸上有个什么样儿的疙瘩？　答:蚊子咬的。
l. 问:你做什么样儿的计划？　　　答:出国旅游的。

"什么样儿的"是从各种"X 的 Y"中"X 的"提取出来的"公因式"，包括：单音节形容词（a），双音节形容词（b），状态形容词（c），非谓形容词（d），名词（短语）（e），代词（f、g），动词（短语）（h、i），关系小句（j），乃至于非典型关系从句（k）和同位语小句（l）。"什么样儿的"和"什么"不同。如果问"你想要学习什么技术？"回答"开车"自然。而问"什么样儿的"，则以"开车的"来回答比较自然。这说明"的"字定语在本质上不是进行陈述或断言，而是描述"Y"的特征"X"。

不管词汇意义中有没有描写性，都可以用于这个测试的回答。① 这说明描述"什么样儿的"，是在语用行为的意义上，而不是在词汇语义的意义上，和"X"是否在词汇意义上具有描写性或者具有何种程度的描写性无关。"的"的作用并不受制于"的"前词语在词汇意义上的描写性强弱与否。描写性强可以，比如"大大的房子"；描写性弱也可以，比如，"大的房子"；没有描写性也可以，比如"木头的房子"。回答必须要有"的"。有"的"的时候，一般认为语义上描写性弱的性质形容词"大"也可以用于描述；没有"的"，语义上描写性强的状态形容词"大大"也不能用于描述。

词汇意义上的描写性和区别性都管不住所有用例，所以，如果还是要使用"描写性"这个术语的话，应当重述为：在坚持标记论原则的基础上，对"X 的 Y"而言，"的"表示"X 的"对"Y"进行特征描写，"的"是标

---

① 有些回答会显得有些新异，却也并非绝对不能接受。这有原型性方面的因素，即有些表达常常作为一种描述，而有些表达不常用作描述。

记这种描写关系的标志。

至于什么是"描写",关联理论的定义可以采纳:描写是言辞的用法之一,如果一段话所表达的思想是被言者当作对事态(state of affairs)的真实描述,那么这段话就是用作描写(Sperber & Wilson 1995:259)。

"的"的这种"描写性"首先是处于认知和语用层面的,因为这是由言语交际的功能所决定的。但是在必用"的"的用例(比如定语小句)中,这种"描写性"也是句法层面的,因为这时具有了句法强制性;而同样是这些用例,其中的认知和语用因素也依然存在且丝毫不会减少。

2.3 "的"的认知入场作用

朱德熙(1956)提出描写可以帮助指称,却并未展开论述。陆丙甫(2003)部分运用这个观点,也没有做出解释。石毓智(2002)发现量词、指示代词和结构助词的共同点,但认为属汉语特性;实际上这是人类共同认知能力带来的语言共性。下面我们尝试使用在第一章引入的认知入场(cognitive grounding)理论对以上观点做出通盘解释。下文将首先简要概述并以汉语实例做出阐释。

2.3.1 认知入场

该理论的基础是认知科学对符号认知的共识。自然语言是符号系统,要让它承载意义,就需要让符号和现实的认知场景相联系,这个过程叫认知入场。[①] 心理词库中的语言符号,除了专有名词外,每个词表征一个型概念(type)。但在实际对话中,调用型概念本身并不足以表

[①] 关于认知入场的研究在一般认知科学哲学中的发展,可以参看附录《"入场"的认知科学背景》。

征认知场景中的具体实体。只有达成语言符号的认知入场,把名词转为完整名词短语(full nominal)或把动词转为定式小句才能和认知场景联系起来。达成认知入场依靠语法上的入场要素(grounding element),标示型概念和认知场景中某实体的关系,指引听者的注意力达及言者所意指(intended referent)的实例(token/instance)上。名词短语的入场,表示交谈双方共同指别①了某事物,双方语言系统中的型概念在主观认定的认知场景中的相同实例上达成指称协同(reference of coordination,Langacker 1991b:91),最终使得听者理解言者想要传达的意义。

2.3.2 描写入场依靠"的"

对交际中的名词而言,要考虑的是它们所表征的事物是否预先存在(preexistence)和相对凸显,会话双方就需要把意指对象(intended target)从潜在的竞争者中分离出来。为此,名词短语的认知入场策略主要有:直指(deictic)、量化和描写。②

一个名词短语在特定语境中一定会有其指称对象。哪怕是光杆名词,一般认为是表征一个型概念,只要做到认知入场,对话人在实际话语情景中就能识别出确切的指称对象:

(30)(看! ☞)糖葫芦。

这句话中所指得以明确,不仅靠其词汇意义,还靠身势语调动听话人的注意力,当听说双方都注意了那个目标后,"糖葫芦"这个型概念才进入具体的认知场景,交际目的才能达成。手势有直接的语力,带有指

---

① 指别,兼及指称(reference)和识别(identification)这两个认知语用过程。陆丙甫(2003)也使用指别性这个术语,不过他是用以涵盖"指称性"和"区别性"。

② 对认知语法入场理论的全面介绍,请参看第一章。关于认知心理学和心理语言学对认知入场的研究,可以参看 Fischer,Martin & Rolf A.Zwaan(2008)。

引听者把注意力集中到目标体上的特别意向。①

名词短语入场的实质就是直指,把所指事物和所处的认知场景联系起来。而直指,传统上被认为基本上涉及指称(reference)和识别(identification)两个过程。(Brisard 2002)所以言者可以使用直指策略,用身势语的言语对应物指示词来引导入场:

(31)那个糖葫芦。

或者借助某种基本认知能力调动听者的注意力以达到指别的效果,比如人对事物数量的认识是简单而直接的,量化策略就成为达成入场的一个手段:

(32)一个糖葫芦。

或者借助人通过参照体识别目标体的认知能力,使用描写策略:

(33)又大又甜的糖葫芦。

入场是一种过程,允许听说双方把对指称对象的关注加诸某个参照物之上。Brisard(2002)描写入场的本质是,借助特征描写引导听者的注意力指向由光杆名词表征的目标体,达到的效果和直指是同样的。"的"表示此前的特征描写"又大又甜"被确立为参照体,言者认为这对听者而言是显著可感的,可以据此搜索其意指的目标体。

综上所述,石毓智(2002)所论证的量词、指示代词和结构助词的共性,其实就是它们共同的认知入场功能的反映。

2.3.3 描写入场的效果

描写性和指别性统一于"的",是因为"一个实体越是内在描述另一实体的特征,就越有可能被用作参照体"(Langacker 1993)。换句话

---

① 名词短语的入场策略还有专有名词和身势语。身势语的认知入场作用等同于有声语言中的入场要素,在认知上受到同样的动力系统的控制。对此有认知心理学的证明,参看 Gentilucci *et al.*(2008)。

讲,所谓修饰,就是通过描述属性向人介绍某事物(张伯江 2013)。人都是通过抓住特征来认识事物的,注意力总是聚焦于显著特征上。比如简笔画,两只长耳朵,就可以代表兔子;一个长尾巴,就可以代表松鼠。反映在语言中,对特征的描写就能成为识别事物的参照体;而通过参照体识别认知场景中的某个目标体(沈家煊、王冬梅 2000),也就成为表征目标体的型概念达成认知入场的一种方式。

Langacker(1993)还指出,理解人通过参照体认识目标体的认知能力有两个角度,一是使用可以作为参照体的实体激发适当的激活区,一是通过勾勒(profile)对话双方所感兴趣的客体来聚焦注意力。这是一个硬币的两面。所以"的"具有提高参照体指别度的功能,最终提高了目标体的指别度,这也就是通过标记描写关系而达成认知入场。这就是状态形容词后面需要"的",并且在做定语时"的$_3$"能够兼并"的$_2$"的认知基础。

2.4 答疑区别与描写之争

语法上的区别手段(直指、量化)和描写手段都是为了达成名词短语的认知入场,所以,区别性和描写性既不能互相代替,也不能代替最终的认知入场。从入场出发,可以解释区别和描写之争中的相互质疑,下面择其要者简要作答。

2.4.1 入场策略的综合使用

王冬梅(2009)质疑区别说:"好好的一件衣服"中为什么"的"和数量短语可以共现?

入场理论的回答是:描写和指别是一体的,基本问题是认知入场,描写只是入场的手段之一。当言者认为指别度够高的时候,可以只使用一种入场策略,甚至不使用语法的入场手段,如例(30)。而当言者认为指别度还不够高的时候,就可以综合使用多种入场策略。"的"后附于"好好"用以描写入场,数量词"一件"用以量化入场,两者目的协调,都是为了使型概念"衣服"在认知场景中实例化。"好好的一件衣服"和"一件好好的衣服"都行。

区别说和描写说都没有很好的解释"X的"为什么可以代替"Y",尤其没有解释好"真有你的",如例(2)—(7)这种很难补出"Y"的情况。对于"的"字结构的转指,迄今最好的解释是转喻说(沈家煊1999c),而转喻的认知基础是人的参照体认知能力(Langacker 1993),这也正是描写入场的认知基础。以入场说发展转喻说可以是:意指对象在可及度和可辨性足够高的情况下可以省略不说,不影响"X的"转喻"Y","Y"能够顺利进入认知场景;甚至,"Y"不必有词汇表征,人类语言系统不能表征的概念其实非常多,交际中听说双方可以得意无言,意会即可,比如"真有你的"。

状态形容词可代替名词,但多伴随指示词或数量词(吕叔湘1962),如"一件好好的"。在本文看来,这是因为状态形容词对特征的描写具有较高的言者主观性(参看沈家煊2002:392),在"Y"省略的情况下,状态形容词作为一种入场手段还不是非常能够帮助听者识别出目标体,所以需要再辅以比较客观的直指或者量化入场手段。

2.4.2 入场手段的临时替代

"好好(的)一件衣服"中为什么可以省略"的"?

刘丹青(2008a:11)指出现代汉语中存在一些兼用定语标记,比如"小王那技术""他这本书""厚厚三本书""王平他爹"。以入场说看来,这些例子表明各种入场元素都能充当定语标记,但现代汉语普通话中"的"地位显赫(刘丹青2011),挤压了指示词和数量词成为定语标记的空间。当它们和"的"同现的时候,就只是纯粹的直指、量化入场元素;没有"的"的时候,它们作为定语标记的可能性便浮现出来。可以预测,在定语标记是指示词或量词的方言里,"的"的对应词可能会相对低调甚至没有。

能使用这些兼用定语标记的例子,定中两个成分在一般语境中不能组合成复合名词①,比如"*小王技术""*他书""*厚厚书"。"王平爹"相对而言是个特例,因为"爹"正好是个表示人际关系的一价名词;"*王平包"就不行。因为定中之间不能组成复合名词,所以需要定语标记,如果此时"的"又缺席,直指和量化成分就只好挺身而出了。来自指示词的兼用定语标记需要定语是可指称的对象(小王、他),不能是状态形容词(*厚厚那书),说明它还是使用直指策略入场。状词做定语适用的兼用定语标记是数量词,是因为状词和数量词都是有界性成分,二者相匹配(沈家煊 1995),而指示词就起不到这个作用了;这说明数量词在充当兼用定语标记时还是使用量化策略入场。

该文还发现,同一性定语和中心语间如果有指量成分,就不能再带上"的"。原文用例如下:

(34)张明获胜的消息　　　　病从口入的说法
　　 张明获胜这条消息　　　　病从口入这个说法
　　*张明获胜的这条消息　　*病从口入的这个说法

"这是因为,当这类带补足语的核心名词前出现指示词时,前面的补足语在句法上已不再是定语,而是同位语了,所以不能再带'的'。"(刘丹青 2008a)以入场说更进一步解释,是因为"这"是直指入场元素,指向的是前面的话语"张明获胜"和"病从口入",而不是"张明获胜的"和"病从口入的"。

---

① 参看第三章。从赵元任(Chao 1968)起,就有把更多现象纳入复合名词范畴来考察的研究,典型的观点是张敏(1996,1998)提出的汉语复合名词假说。

有的时候,兼用定语标记并不能发挥作用,如:

(35)＊厚三本书　　　　　　＊木头那张桌子

"厚"和"木头"这种恒定属性充当的定语,要不就作为分类的标准直接和中心语直接组合成复合名词(厚书、木头桌子),要不就成为特征描写由专用的描写入场标记"的"引导中心语入场(厚的书、木头的桌子),兼用定语标记是不能发挥描写入场功能的。这说明这些兼用定语标记还是比较实在的直指、量化成分。

2.4.3　入场元素的羡余冲突

区别说和描写说都没有解释好这两种例子:这/那(＊的)衣服;一件(＊的)衣服。以入场说看来,这是直指入场元素"这/那"或量化入场元素"一个"和描写入场元素"的"功能羡余相冲突所致。

先看"这/那",它们除了单独做主语是指示代词外,主要是指示形容词,只指不代。

(36)这是鲁迅的书。

这书是鲁迅的。

＊鲁迅的书是这。

陆丙甫(2003)认为"＊这/那的衣服"错在"这/那"不具有描写性。可是"我的书"中的"我"同样不具有描写性,却依然可以加上"的"。在本文看来,指示形容词"这/那"用于在一定的认知情景中直指某个说话人的意指对象,使型概念在认知场景中实例化,"这衣服"成立。而"的"作为描写入场元素,不应该后附于另一种入场元素"这/那",它们只指不代的词汇语义不能满足"的"的要求。而可指可代的"这样"能满足描写入场的要求,不过也必须加上"的":

(37)问:你想要找什么样的人?

答:这样的。

*这。/*这的。/*这样。

再看个体量词,"的"前同样不能是量化入场元素,两者功能羡余,比如:

(38) 一个(*的)人
　　 一个个(的)人

汉语数量词相结合共同发挥量化作用,而汉语量词本质上不是量化成分,是分类词,依然保留一些实在的意义。"一个个"之所以能成立,是因为重叠是构成状词(摹状词)的手段(沈家煊 2011b),重叠后就具有了实在的词汇语义,可用于描写入场。相对较高的数量也具有实在的词汇语义。刘丹青(2008a:10)指出"数量短语带'的'后,就不再是数量短语,而是描写性定语"。以入场说来解读这一结论就是,数量词直接加中心语(108 只白鹭鸶)是采用量化入场策略,而数量词加"的"再加中心语(108 只的白鹭鸶)是采用描写入场策略。

2.4.4　认知入场前的型概念

吕叔湘(1979:24)观察到"大树"和"大的树""语法上是很有分别的"。因为"大"的词汇语义不变,所以这个分别显然和词汇意义的区别性或描写性无关。朱德熙(1982)区分黏合式和组合式偏正结构的意义,在本文看来,就是区分是否入场。黏合式的"大树"是未入场的型概念,而组合式的"大的树"是已入场的概念实例。型概念可以由单词表征("大"),也可以由复合词表征("大树"),型概念的词汇表征的内部不能使用"的"。以往讨论中用过的命名性、分类性等术语,都仅适用于分析入场前型概念的词汇特征。

区别性定语倾向居前而描写性定语倾向居后说难以解释由名词、区别词充当属性定语的情况,如"木头*(的)那张桌子"等(刘丹青 2008a),其原因不仅跟定语语序有关,也涉及复合名词中的概念整合。

再如,"*大大糖葫芦"不成立,既是因为"大大"没有运用任何一种入场策略,无法使"糖葫芦"入场;也是因为"大大"本身就是临时组合,并不直接来自于词库,难以和"糖葫芦"发生概念整合。本章仅讨论认知入场中的问题("大的树"),与概念整合相关的用例("大树")在下一章专论。

2.5 名词语的认知入场和各类定语的关系

前人对于定语的分类有充分的研究可资借鉴。陈琼瓒(1955)、陆丙甫(1993:40)把不带"的"的定语称为"称谓性定语",而带"的"的则为非称谓性定语。陆丙甫(1989)、刘丹青(2008a)论述了定语在所修饰的概念上有内涵、外延之分。张卫国(1996)、王远杰(2008a,2008b)在语法形式上区别出定位、定量、定类三类定语槽位。

这些分类方法都有可取之处。根据前文的论述,名词语①的认知入场和各类定语的大致对应关系可如下图所示:

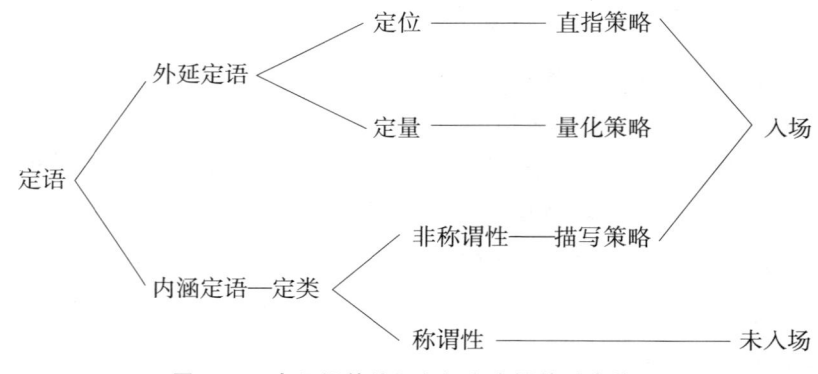

```
                    ┌─ 定位 ─────── 直指策略 ─┐
        ┌ 外延定语 ─┤                         │
定语 ───┤           └─ 定量 ─────── 量化策略 ─┤─ 入场
        │                                     │
        │             ┌─ 非称谓性 ── 描写策略 ─┘
        └ 内涵定语—定类┤
                      └─ 称谓性 ─────────────── 未入场
```

图 2-1 名词语的认知入场和定语的对应关系

根据刘丹青(2008a)的论述,"外延定语由指称和/或量化成分充

---

① 在不强调词和短语之别时,名词性短语简称"名词语"或 NP。(刘丹青 2008a)

当,用来给名词语赋以指称、量化属性,表明它在真实世界或可能世界中的具体所指范围,即在不改变内涵的情况下指明其外延";"内涵定语由实词性/开放性语类充当,是给整个名词语增加词汇性语义要素(即内涵)的定语","在汉语中,所有的内涵定语都可以带'的'"。综合陈琼瓒(1955)、陆丙甫(1988,1989)等的论述,内涵定语不带"的"修饰中心语的名词语具有称谓性,内涵定语带"的"修饰中心语的名词语具有非称谓性。本文认为,具有称谓性的名词语(除专有名词外)是未入场的型概念,没有具体场景中的指称属性。使用各种入场策略达成认知入场的名词语,是型概念的例化,在不同的认知场景中具有不同的指称属性。

这里附带谈一谈"有界—无界"与"认知入场"的关系。二者有联系有区别。"有界—无界"的对立是人类"一般认知机制"(general cognitive mechanisms)的一部分,是人类最基本的认知概念之一(沈家煊1995)。对"有界—无界"的分析着眼于概念本身的特性,可以应用于型例认知域,也可以应用于其他认知域。"认知入场"是型概念转化为概念实例的动态过程。它们的联系在于,以这个转化过程为认知域,入场前的概念是无界的,入场后的概念是有界的。其中的共同点在于,入场前的概念是型概念,型概念是无界的;入场后的概念是概念实例,概念实例是有界的[①]。从无界向有界的转化,是概念在认知入场过程中的主要特征。二者的区别是,不管有没有入场,都可以对一个概念在不同的认知域中进行"有界—无界"的分析。"有界—无界"的分析是针对某个概念而言,认知入场则是针对整个概念体系对认知场景的关系而言。

[①] 人类对事物的认识一般是从具体到概括的。具体的就是例,概括的就是型。例化,是判断有界或无界的认知语义特征之一。例化,其实正是一种离散的手段。型,是在认知过程中发现共性的结果,凸显的是连续性特征;例,是在认知过程中发现个性的结果,凸显的是离散性特征。相对而言,型是无界的,例是有界的,但具体的分析一定要放在特定的认知域中。

2.6 小结

　　区别说称"的"从"认知域中确立出成员";而描写说则认为"的"在语义平面是描写性的,在语境中派生出区别及指称功能。区别说忽视区别和描写的联系,描写说承认二者有联系却仍把二者对立。在词汇意义上使用术语区别和描写,不利于说清"的"的功能。引入认知语法的入场理论可以发现,区别和描写都是为了达成认知入场。"描写性"可以在认知语用层面上重新定义。"的"使用描写入场策略达成明确指称的目的。"的"前成分本身不一定需要有很强的词汇描写性,甚至不需要有词汇描写性,它们加上"的"以后就可以对中心语的特征做出描写,明确指称对象,以达到型概念在认知场景中实例化亦即认知入场的目的。此说可以解答区别和描写之争中的一些悬疑。

第三章 从"复合词连续统"看"的"的隐现[①]

3.1 问题

3.1.1 缘起

沈家煊(1995)用"有界—无界"理论解释"的"字的同一性,认为"的"跟数量词相似,具有使"无界"概念变为"有界"概念的功能。而徐阳春等(2005)质疑"有界—无界"的解释力,其理由是:"漂亮衣服"可以说"漂亮"和"衣服"都是无界的,所以可以搭配,但据此则无法解释"漂亮的衣服"也是合格的说法。还有,"北大学生"和"北大的学生"是平行格式,不能说"北大"和"学生"既是有界的又是无界的。

如何看待这一质疑?问题的关键在于,应该怎样认识"的"的隐现的实质,尤其是在语境中"的"的隐现的实质。

3.1.2 思路

吕叔湘等(1980/1999:157)把"的"的隐现分为三种情况:一、意义已经专门化的,不用"的"字,例如,数学教员、工业城市等;二、修饰语和中心名词经常组合的,"的"字结构不用,例如:历史(的)经验、幸福(的)家庭、驾驶(的)技术等;三、修饰语和中心语不经常组合的,要用"的",

---

[①] 本章初稿发表于《语法研究和探索》(十七),商务印书馆2014年版。

例如:血的教训、化肥的消息、科学的春天等。

根据这一思路,"的"的隐现问题实际上包含有以下三个方面:

一、为什么有些组合里绝对不能添加"的"?

二、为什么有些组合里绝对不能没有"的"?

三、为什么有些组合里的"的"可有可无?有"的"无"的"有什么不同?

本章研究的主要是第三个问题,兼及其他两个。

3.1.3 研究对象

本章的主要研究对象,按传统的说法大致包括这几类:自由组合的主从关系复合词(赵元任 1979),短语词(吕叔湘 1979),黏合式偏正结构(朱德熙 1982),带内涵定语的偏正结构(陆丙甫 1988,1989)。当然,这些术语覆盖的范围基本上是相互重叠交叉的。

本章不考虑带有指代词和量词的组合。赵元任(1979)把"这三间房"之类的也称为复合词(D-M 复合词)。而本章在前一章研究的基础上认为,指示和量化成分,在认知上的作用主要是把型概念引入特定的认知场景而实例化,简而言之是"认知入场"(grounding)(Langacker 1991a,2008;沈家煊 2001),这和"的"的作用是异曲同工的,因此按照本书的理论框架,此类组合归为短语。

本章的研究范围不涉及同位结构,即在句中处于同一个句法位置的同义复指的名名组合,中间不能插入"的",如"滨海城市大连""我的朋友江一"等。有兴趣的读者可参看刘探宙(2017)。

此外,多项组合、韵律因素、专有名词[①]等因素也不是本章的重点,

[①] 赵元任(1979)第六章第七节"复杂的复合词"中论及各种"复杂的复合词"。其中有大量的专有名词,比如:"国语统一筹备委员会";但也有的不是专有名词而是类名,比如:"白皮鞋""红漆水磨石大圆桌"。

有的就暂且忽略了。

3.2 继承

3.2.1 复合词观

关于汉语复合词，早期的研究可以王力(1953)为代表。他认为"铁路"等"既不是纯粹的单词，又不是两个词，自然应该是复合词了。"这是使用排除法从反面来说，却不是直接的定性。时至今日，说"铁路"是一个词，不会有什么异议。他所使用的"复合词"这个术语，今天一般则换成"合成词"。本文所观察的对象远远超出这个范围。

本章所谓的"复合词"，包括"大树""远房亲戚""漂亮衣服""北大学生"等类型。现在这似乎还不是主流观点，但却逐渐为越来越多的学者所支持。

这种复合词观可能滥觞于朱德熙(1951/1999)，他把下面 b 句修改成了 a 句，原因是"'农民革命'可以认为是一个单词，应该放在一起"。

(1) a. 历史上多少次光荣的农民革命都失败了。

　　b.*历史上多少次农民的光荣革命都失败了。

朱德熙(1956)再次提出"白纸"类有"单词化倾向"。范继淹(1958)通过详细的论证，得出了 AN 是"单一的名词性成分"而 AdN 是两个句法单位的结论。

赵元任(1979)的"复合词"一章范围非常广，不限于名词性复合词。在全书的表 7"类似 word 的各种单位综合表"中，由语素组合而成的多音节的自由的句法词中属于复合词的有三类：一、不加分析复合词，如"豆腐、目的、规范"；二、复合词(与前者的界限是游动的(shifting))，如"图书馆"；三、临时词(意义多数是可以从组成的成分推知的，在词汇中没有地位),如"五片、三万、每本、他们"。

就主从复合词和主从短语的区分,赵元任(1979:190)指出,能否插入"的"是"辨别复合词和短语的最重要的测验"。因此,不能插入"的"的组合是不能转化为短语的复合词;不能没有"的"的组合是不能转化为复合词的短语;"的"可自由隐现的组合在插入"的"后是短语,而在删除"的"后是复合词。对其内部组成,赵先生还有更为精密的分析:组合中只要有一个是黏着成分,"结果当然是复合词",如"国际法、保险箱"。如果两部分都是自由成分而中心词为轻声,也是复合词,如"大人、元宝胡同"。(本章将这两类称之为合成词,详后。)而由自由成分组成而没有轻声的,这类例子很多,赵元任又分为两类。一类是"油纸、城墙、汤勺儿、保险公司",不管意义有没有专门化,"一概认为是复合词"。这一类内部其实还有差异。另一类是"好书、酸苹果",赵先生认为"显然是形名短语"。然而,恰恰是这一类,吕先生有不同的看法。

吕叔湘(1979:23—25)指出"大树"和"大的树"在"语法上是很有分别的",建议把"大树"这种介于词和短语之间的组合叫作"复合词"或"短语词"。吕先生提出"短语词"这个新名词,而不是"词短语",说明他其实是把这一类组合的性质视作更接近于"词",而不是"短语"。

朱德熙(1982:148—149)做了系统性的研究,从形式特征入手,划分出黏合式偏正结构(名词、区别词和性质形容词等[①]不带"的"的定语)和组合式偏正结构(定语带"的"或为指示词、指量短语、数量短语)两大类,认为"黏合式偏正结构的功能相当于一个单个的名词,凡是单个的名词能出现的地方,它也能出现。"这其实是按结构主义的分布原则进一步证实了黏合结构具有复合词的性质。

生成学派也有持有相似观点的学者。汤志真(Tang 1990)使用

[①] 应该再加上直接修饰名词的动词定语。郭锐(2002)的统计表明,31%的动词可以直接修饰名词。用例可参看李晋霞(2008)。

"X-bar"理论得出明确结论,汉语 AN 是复合词而不是名词短语。她比较了下面这组例句:

(2)a.那一个大饼　　　a'.那一个大的饼
　　b.*那一个很大饼　　b'.那一个很大的饼
　　c.*大那一个饼　　　c'.大的那一个饼

例(2)中的"大饼"是复合词,所以"大"是"形容词零杠"(A),"大"不可以被程度副词修饰,也不可变换位置。而其中的"大的"是"形容词双杠"(AP),因此不受这样的限制。汤志真(Tang 1983)还曾提出另一个证据,不含复合词的例句是有歧义的,而含有复合词的例句是没有歧义的。所以,例(3a)有歧义,可以分化为例(3b)和例(3c)这两个使用复合词的无歧义短语。歧义测试说明复合词在概念上是整一的。

(3)a.好的学生的宿舍
　　b.好的【学生宿舍】
　　c.【好学生】的宿舍

张敏(1996,1998:358)明确提出"汉语复合名词假说":汉语里以名词为中心语的构造,若其修饰语是后面不带"的"的名词、区别词、形容词或动词,或其修饰语不含指示成分及数量结构,则这个构造是一个名词性复合词(nominal compound)。其论证是"从认知的角度分析的结果是,它在意义上也相当于一个单个名词"。在我们看来,这个假说排除了使用"的"以描写策略入场的名词语,也排除了采用直指和量化入场策略的名词语,那么剩下的不含"的"的"内涵定语+中心语"组合,正是尚未认知入场的型概念。

刘丹青(2008a)发现了支持复合词说的另一个证据:"a.鱼塘守护人员 b.守护鱼塘*(的)人员。无'的',其受事定语前置于动词;定语同于小句之 VO 必须用'的'"。据此可以判定:"称谓性定语,可带而未带'的',构成复合词或'短语词'"。

3.2.2 申论

这里可以再提出一个句法上的证据。Lieber et al.(2009:11)提出鉴定复合词的句法标准是不可分离性(inseparability),具体表现为复合词只能整体被修饰,它的前一组件(component)[①]不可单独被修饰。这个特点实际上范继淹(1958)和吕叔湘(1979:34)已经观察到了。范继淹(1958)对 AN 组合做出了非常详细的结构分析,在我们看来都是不可分离性的具体证明。概括如下:AN 里的 A 不受程度、指代和否定副词修饰,不能重叠;AN 里的 N 不受数量词和指代词的限制,不能省略;AN 作为整体可受修饰,也可以修饰别的 N 或 AN。虽然该文的研究对象仅限于 AN 组合,但这些特点,实际上 NN、VN 组合同样也具备。

(4) 大树　　　　这样的【大树】　　*【这样的大】树
　　漂亮姑娘　　特别的【漂亮姑娘】　*【特别的漂亮】姑娘
　　北大学生　　有名的【北大学生】　*【有名的北大】学生
　　学生宿舍　　很好的【学生宿舍】　*【很好的学生】宿舍
　　学习文件　　周三的【学习文件】　*【周三的学习】文件
　　参考资料　　有益的【参考资料】　*【有益的参考】资料

跨语言的看,不可分离性还具有另外一个表现:复合词和短语的不同在于,它的后一个组件不能由代词形式替换。比如,在英语中不能使用"one"替换复合词中居后的名词(Bauer 1998:77)。汉语中也是一样,代词不能充当复合词中居后的核心;如果代词要充当中心语,定语后面必须有"的":

(5) 普通的我　　*普通我　　昨日的你　　*昨日你

[①] 我们采用 Langacker(1987:156)的术语 component(组件)而不采用传统的结构主义术语"成分"(constituent)的原因是,认知语言学对语言结构组成的理念不同于结构主义"砖块"(building-block)式结构观。

第三章 从"复合词连续统"看"的"的隐现

寂静的这里 *寂静这里 红的那个 *红那个

还可以再提供一个句法—语义界面的依据。Bolinger（1967）指出，cold cream、narrow miss、maritime law、military base 等形名复合词中的形容词不可以采用比较级。范继淹（1958）也早就发现，汉语形名复合词中的形容词不可受到程度副词修饰。这也是"大树"等是复合词的证据。

还可以提供另外一个语用上的证据，可以证明没有"的"的组合是一个完整的独立的句法单位：复合词可用于借代，因为它表征的是一个整体概念。比如，某人以眼睛大为特征，大家便称之为"大眼睛"。我们可以说"大眼睛来了"，但是不能说"*大的眼睛来了"。而且，复合词表征的是未入场的型概念。此例即是在一定人际交往范围内"大眼睛"成为专有名词而入场。它也可以采用其他入场策略，比如加指示词直指入场"这个大眼睛是好人"，而"*这个大的眼睛是好人"则是错误的。类似的例子还有"导演是大胡子"。

跨语言的看，所有语言的复合词都有在语音上区别于句法上的短语的识别标准（Lieber *et al*.2009：11；Bauer 2009：345），比如重音格式或元音和谐等等。按赵元任（1979：182）提出的语音标准，一个复合词的主要重音落在最后一个非轻声的音节上。不仅"大树""大眼睛""漂亮姑娘""北大学生""远房亲戚""我们学校""中国财政改革"等符合这个标准，需要语境才成立的"娜拉妈妈""张三儿子"等也符合这个标准。

另一个比较明显的语音标志之一可以是停顿。停顿，是赵元任（1979：97）最为看重的成词标准。他提出"把句法词定义为最小的停顿群"。"一个|远房的|从湖北来的|亲戚"可以在"|"处（特别是"的"后面）有一个自然的停顿，甚至在实际的言谈中因为思考遣词造句而停顿较长的时间；也可以是"一个|从湖北来的|远房的|亲戚"；也可以是"一个|从湖北来的|远房亲戚"，其中"远房亲戚"是复合词；但是像这样的

停顿则是不适宜的:"一个|从湖北来的|远房|亲戚"。这和词的中间也不能停顿是一样的。其共同的象似性动因就是,概念上的整体有在语音表征上保持整一的需要。

还有一个有趣的例子,电视剧《人间正道是沧桑》中有一句台词:"这是山西的核桃大枣"。说的时候"核桃大枣"四个字是连在一起的,主要重音落在"枣"上,而不是"核桃"与"大枣"中略有停顿并各自有重音。一看画面,才知道原来不是两样东西,就是一样"枣"。

对复合词说从历时变化的角度进行论证的有董秀芳(2008),该文认为"蘑菇云""鹅毛大雪"之类是词汇性的形式。

类似的复合词观还见于 Li & Thompson(1981:119),Sproat & Shih(1988,1991),黄居仁(Huang 1989),Chappell & Thompson(1992),McCawley(1992),陆丙甫(1993),Sackmann(1996),端木三(Duanmu 1998),Simpson(2001),Rijkhoff(2002:135),董秀芳(2004:42)。以上诸说,从不同的角度入手得出了同一个结论:黏合式定中结构是名词性复合词。

3.2.3 答疑

也有提出异议的。Paul(2005)从黄正德(Huang 1984)提出的"词汇整一假设"(lexical integrity hypothesis,即词内结构在短语层次上不可见)出发,认为以下例子说明了"茶花"是词而"黄衬衫"是短语。

(6)* 阿美不喜欢茶花,红的还可以。

(7)我觉得黄衬衫比红的好看。

然而问题在于,"词汇整一假设"本身就排除了词与短语的中间类型的存在,这使得讨论尚未开始,结论就已框定,不利于打开思路。不过这种对比确实存在,但这只能说明"茶花"类是词汇化复合词(合成词),而"黄衬衫"是松散的语境自由复合词。这两个概念容后详论。

对此说存有疑虑的观点还可能认为,"大树""漂亮姑娘""北大学生""学生宿舍""鹅毛大雪"等更像短语的原因在于,它们的组件都是可以单用的合格的词。其实此种疑虑,大可不必。英语的复合词也有拼写在一起(如 wheelchair 或者 cherry-jeans)和分开拼写(如 cherry jeans)的(Ungerer et al. 2006:271)。看起来像一个词还是两个词并不能成为判断是不是复合词的标准。因为这只是正字法的需要,而不是语言学的分析。

在语法层级的连续统中,复合词当然是处于词和短语之间,和二者都有相似性,但是关键在于复合词作为一个整体的本质属性和哪个更相似。我们考察整体属性,是本着认知语言学分析与综合并重的理念(沈家煊 1999b,2005)。这个本质,就是在认知上是否入场。复合名词和普通名词表达的都是型概念,入句时需要外加一个使得整个复合词实例化的入场操作。而在复合词中间加上了"的",则是对复合词的核心做了实例化的入场操作。也就是说,"大树"是未入场的型概念,"这棵大树"则是入场后的概念实例;"树"是未入场的型概念,"大的树"则是入场后的概念实例[①]。

3.3 复合名词的在线整合

3.3.1 语境依赖复合词

以往文献中讨论的黏合式偏正结构的复合词,通常是具有独立指称能力的,可以称之为语境自由复合词(context-free compound)

[①] 概念实例在不同的具体语境中也会有定指性的差异。型和例的差异,主要体现在有没有出现在具体语境中。简而言之,通用的语文词典都是面向型概念,其中不会解释含有"的"的概念实例。

(Štekauer 2005,2009)。而本文认为,那些独立指称需要有"的"的偏正短语,入句后事实上已经省略了"的",也成为复合词。比如:

(8)<u>李平儿子</u>的考试成绩一塌糊涂。

(9)越想越窝囊,党给我的钱,经<u>领导手</u>就少了一大半。(www.xici.net)

(10)今年一反<u>以往沉寂</u>的下沙区块,看重品质的黄金区。(sh.soufun.com)

这些复合词依赖于语境而存在,脱离语境则不可接受,可以称之为语境依赖复合词(context-dependent compound)。其中有一些必须依赖特定的语境才能成立,可以称之为特设复合词(ad hoc compound)(Ungerer 2007),比如"以往沉寂"。把这些不常见的不能独立指称的黏合式偏正结构也称为复合词,是因为它们和"大树"这类语境自由复合词有共同的认知基础,都是由概念整合而在线产生的。前述语音上要保持连贯这一标准,也适用于这些语境依赖复合词,比如"李平儿子的|考试"就比较自然,而"李平|儿子的考试"或"李平|儿子的|考试"就不够自然。

3.3.2 概念整合产生复合词

汉语构词以复合为主,这是公认的事实。赵元任(Chao 1968)中以专章论述,尤其显示出复合的重要性。不过,如果说"小明妈妈"这样的称呼和"邓小平理论"这样的专名是复合词,可接受的程度还算比较高,因为称谓性是明显的;而要说"大树""漂亮姑娘""北大学生"是复合词,可能对有些人而言就比较难以接受了,因为它们看起来并不是直接存放在词库中的。其实,各种复合词构成的认知基础都是概念整合(conceptual integration 或 conceptual blending)(Ungerer 2007;Heyvaert 2009),表征的都是整合概念。只不过有些类型的复合词表现出的言语在线产生的特性比较明显罢了。

　　沈家煊(2006)成功论证了复合不仅是汉语构词的重要方式,也是汉语造句的重要方式,从"概念整合"的角度看,两者本质上是一致的。推而广之,"大树""北大学生"的复合词的构成方式也是如此。它们是介于构词和造句之间的,在线产生的,即时语言处理性质强的复合词。

　　概念整合的程度体现在词汇化的程度上。概念整合的程度越高,单词性越强;概念整合的程度越低,复合词的组合性(compositionality)越强。亦即单词性和组合性成反比。英语中有单词性强的复合词,如 sheepdog;也有组合性强的复合词,如 apple pie(Lieber 2009:9)。汉语也是如此。

　　概念整合并非不受控制,也是会受到一定条件的限制。所有复合词都必须符合概念整合的要求才能成立。概念不是单枪匹马就直接整合起来的,概念整合只是一个方便的说法,准确的说,是心理空间(mental space)的整合。所谓心理空间,是我们在思考和说话时即时构建的一小包概念(Fauconnier et al.2002:40)。心理空间的整合,首先需要两个参与整合的输入概念空间存在某种"重要联系"(vital relations),包括身份联系(identity)、变化联系(change)、时间联系(time)、空间联系(space)、因果联系(cause-effect)、零整联系(part-whole)等(Fauconnier et al.2000,2002:80—111)。这种对应关系体现在一个"概括空间"(generic space)中。借助这个概括空间,两个输入概念空间相互能够形成跨域投射,并从输入空间选择性投射到"整合空间"(blended space)中,亦即各自只选取一部分参与整合。在整合过程中,还可能有一些其他的限制,包括拓扑原则(typology principle)、融合(integration)原则、递归(recursion)原则、解包(unpacking)原则、关联(relevance)原则等等,处于中心地位的则是人类尺度(human scale)原则(Fauconnier et al.2002:325—334)。尽管存在这些限制,但概念整合的可能性还是巨大的。句子中的词语,只要符合以上原则中的任意一条,就可以被"看作一个整体"。

3.3.3 概念整合的在线性

概念整合的重要特性就是鲜活性(live)或在线性(online)。在线产生(online produce)的,或句法上即时语言处理的结果仅存储于短期记忆中,随着造句的心理过程开始而开始,随其结束而结束,并不是固定存储于长期记忆中的概念范畴。

根据 Fauconnier 等的(Fauconnier et al.2002)的论述,概念整合理论(blending theory)从在线认知的视角考察言语交际过程,以及语言使用者心理空间中处理言语的能力。心理空间指的是语言使用者打包在短期记忆中的所知所想,在听说的过程中构成,可以却未必和长期记忆中的认知图式(schema)相联系(Fauconnier 2007:351)。心理空间关涉个体在特定语境中为了特定目的实施的概念化过程,两个或更多的心理空间可能在同一个浮现(emergent)结构中整合。在线的概念整合不仅在即时语言处理中发挥作用,也是长期记忆中的概念化过程的基础,包括隐喻、转喻等等。

概念整合不是两个单独的概念的整合,而是两个代表性概念后面的两个心理空间的整合。因此,只要语境中有足够的信息体现出"重要联系",整合概念就自然可以出现。比如"领导"和"手"本来关系并不紧密,所以不能用于语境自由的独立指称。"领导手"在脱离语境时看起来不成话。但只要语境提供的信息能够建立一个"概括空间",就足以形成在线的概念整合。比如前文例(9),复录如下:

(11)越想越窝囊,给我的钱,经<u>领导手</u>就少了一大半。(www.xici.net)

在"领导克扣钱粮,经手不穷"这个理想认知模式形成的概括空间中,两者的重要联系凸现出来,发生概念整合便成为可能,"领导手"在这个句子中就可以显得很自然。

注重概念整合的在线性,注重语境对这类复合词的合格性的决定作用,可以解决单单从长期的静态的概念认知的角度出发不能解决的问题。张敏(1998)从象似性原则中的距离准则出发解释"的"的隐现,在脱离语境的情况下看,基本上是有解释力的。但是,语言事实中也会出现一些反例。比如,张敏(1998:281)提出"D 在汉语里必须能感知为 N 的一个相对稳固的品质而非临时的状态",并举出朱德熙(1956)的对比对为例。可是,在语料中也有:

(12)年终聚餐同事们的那点"<u>小报复</u>"。(天津网数字报刊 2011-01-27)

(13)林默开的方子很苦很苦,不过林默此时有些<u>小报复</u>后的欣慰。(17k 小说网《月上人》)

例(12)是题目(单以"小报复"为题的例子更多),例(13)是文章最末的一句。这两处都是语境中事件整体感最强,宜于概念整合的地方。在长期的概念认知体系中不作为"报复"的固定属性的"小",在这个语境中在线性的取得了"重要联系"。张著中认为不能成立的"脏糖"、"厚雪"、"短沉默"也有不少实际用例。

语境对这类复合词的合格性的决定作用可以再举一例。陆丙甫(2008)说"贵的狗"不能省略为"贵狗"。可是在语料中确有用例。网络小说《奚游记》第三十七章的题目就是"贵狗",题目当然是独立的。再看其文中的含义,指的就是"金贵的狗"。此例确为合格的独立指称无疑。又如:

(14)你是爱狗还是为了养<u>贵狗</u>来炫耀以此证明你有钱?(时空论坛)

陆文主张不能省略的原因是短语("贵的狗")和复合词("贵狗")之间没有"句法上的转换关系"。而本文认为,只要概念整合允许,复合词就可以成立,复合词未必是由"句法上有转换关系"的短语省略"的"而来。尽管有些复合词用例不多,只能算是特设复合词,但这正是语言创新形式的增长点。① 当促成概念整合的语境越来越成为常规语境②的时候,复合词的在线性就越来越不明显。

还需要说明的是,尽管语料中有些用例,比如从"毛泽东同志的思想"到"毛泽东思想",从"邓小平同志的理论"到"邓小平理论",可以观察到一定的历史演变过程,但是复合词的生成其实并不依赖于历时的变化,像"尿布蛋糕"(用尿布做成蛋糕形状的庆生礼物)这样的新产品和"最美警察"③这种称号甫一出现即定名如此,此前并没有诸如"尿布做的蛋糕""最美丽的警察"这样的说法。在概念整合形成复合词的过程中,在线性才是本质属性。

3.3.4 概念整合的优势句法环境

在某些句法环境中,概念整合更有可能发生,或者说,说话人更有可能把某些原来分而视之的实体当作一个整体来看待。比如多项定语中在前面的定语,对此 3.5.2 小节将详述。再如介词的宾语位置:

---

① 感谢《语法研究和探索》匿名审稿人进一步指出,甚至认为只要说话人(社群)认为 X 可以作为划分 Y 的一种重要的标准,或者 X 可以作为提示、激活 Y 的一种重要的线索或参照,那么"X+的+Y"都可以说成"X+Y"。例如:皮鞋酸奶、头发酱油、地沟油炸鸡、三聚氰胺奶粉。

② 概念整合产生的浮现意义可能因不同言谈参与者心目中的常规语境而不同。有个笑话:"某大爷在银行开户,在<u>证件类型</u>那一栏难住了。他对着身份证反复看了好久之后,在空格里写:长方形。""证件类型"在表格设计者和这位大爷的心目中有不同的常规语境,"证件""类型"激发不同言语使用者的不同整合空间,这是导致误解的主要因素。

③ 尽管"的"的隐没会受到韵律因素的影响,比如一般不说"热肉""冷鱼",但是在"狗吃热肉——又爱又怕"这样的歇后语里,和"女人破门而入,发现桌上摆的只是几碗干饭,几片冷鱼"。(CCL 语料库)这样的对举句式中,韵律因素的影响就比较大;但是,在"最美警察"这个例子上,四字格的韵律要求却不一定是最大的,因为还有"最腰粗女星"这样的例子。

(15) 这种宇宙观把世界一切事物,一切事物的形态和种类,都看成是永远彼此孤立和永远不变化的。(毛泽东《矛盾论》)

介词宾语的定语:

(16) 我拿了 3 根小棒,妈妈拿了 7 根小棒,我的小棒的数量比妈妈小棒的数量少。(某小学数学作业)

定语中的对举结构:

(17) 中国银行与外国银行的盈利模式都有哪些区别,听他们讲得我迷糊了。(网上用例)

这些位置都不是主要论元位置。

3.4 复合名词连续统

3.4.1 整合差异导致复合词连续统

如果前面的论述可以成立,那么偏正关系的词到短语之间就存在这样一个整合度由高到低的连续统一体:词汇化复合词(Lexicalized compounds, Jones 1988; Meyer 1993。即赵元任(1979)所谓的 decompound)＞固定的语境自由复合词＞松散的语境自由复合词(context-free compound[①], Štekauer 2005, 2009)＞入句的语境依赖复合词(context-dependent compound, Meyer 1993)＞特设的语境依赖复合词(ad hoc compound, Ungerer 2007)＞必须使用"的"的短语。各种整合程度不一的复合词都是概念整合的产物。如下所示:

---

① Meyer(1993)也称之为语境独立复合词(context-independent)。本章考虑到术语以从正面命名为好,故而舍弃有否定前缀的 independent。

复合名词连续统：

	整合度高，单词性强：词汇化复合词（合成词）	大车
	语境自由复合词：固定	侦察小组
	松散	漂亮姑娘
	语境依赖复合词：入句	领导手
	特设	以往沉寂
	整合度低，组合性强：必须使用"的" 短语	胖嘟嘟的手

所表征的概念整合度最高的是公认的合成词，比如"大车""金笔"之类。合成词是词汇化的复合词（lexicalized compound），表征稳定的概念，进入心理词库，贮存在长期记忆里。合成词因其概念整合程度最高而不能插入"的"。概念整合度稍弱一些的，是中间不能插入"的"的固定复合词，比如"侦察小组""石油工人"之类。它们和合成词的区别在于意义专门化的程度比较低。整合度再弱一些的，就是中间可以插入"的"的松散复合词，比如"大（的）树""北大（的）学生"之类。不过，这一类在加上"的"后就不是复合词而是短语了，它们省略"的"后也可以用于独立指称，即不需要与其他短语组合，也不需要与具体语境相联系。固定复合词和松散复合词都是语境自由复合词，可用于独立指称。松散的语境自由复合词及后面两类基本上对应于赵元任所谓的"临时词"（transient words 过渡词，Bloomfield 1933:173,200）。整合度更弱一些的，就是一般不能没有"的"，在入句后才能省略"的"字的复合词，比如"领导手"等。整合度最弱的是只有在特定的语境中才能省略"的"字的特设复合词，比如"以往沉寂"等。这一类最能体现概念整合的在线产生性。入句复合词和特设复合词都是语境依赖复合词。它们的形成需要依赖于语境的在线概念化（context-dependent online conceptualization）过程，其表现之一就是，它们一般在上下文中有相应的加上"的"的短语。（详见第四章）

3.4.2 整合程度的游移

"游移"(shift)这个概念取自于赵元任(Chao 1968:188)。下文旨在从语境和在线性的角度阐释这一点。

固定的语境自由复合词中间也不能插入"的"。按 Benczes(2006)的分类,这部分结构形式比较稳定的复合词可以分为以隐喻为基础的复合词和以转喻为基础的复合词,也有两者兼用的。

(18) 蘑菇(*的)云　　　　鹅毛(*的)大雪
　　 牛毛(*的)细雨　　　樱桃(*的)小嘴
(19) 政治(*的)老师　　　石油(*的)工人
　　 工业(*的)城市　　　咳嗽(*的)糖浆
　　 过桥(*的)米线　　　傣妹(*的)火锅
　　 装配(*的)车间　　　侦察(*的)小组

对这一类复合词的解读一般符合最常见的语境,亦即理想认知模型(ICM)。如果换一个语境,提供了在文本局部更为强劲的认知模型,那么复合词的意义也可能变化。"蘑菇云"未必不可以指蘑菇种植场的一大片场地上密密麻麻的蘑菇,"鹅毛大雪"未必不可以指羽绒服生产厂家制绒车间里飘扬的鹅毛。政治老师也有可能是热衷于谈论政治话题的数学老师,学生宿舍也许可以是学生建的宿舍,如果学生是学建筑的话,这可以是他的毕业设计。这时,它们的词汇化程度就会降低,中间可以插入作用在句法层面的附缀"的":"蘑菇的云、鹅毛的大雪、政治的老师、学生的宿舍"。这些都说明在线的概念整合深受语境的影响。

同理,合成词一旦用于表达特定场景中的意义,那么它们就成了语境自由复合词,比如"大车"在表达"大型的车"的时候。

这种整合程度的游移还会带来语音上的变化。比如,"中国银行"通常是指六大银行之一的那一家,这时重音在后面的中心成分上。可是也有这样的例子：

(20) 中国银行与外国银行的盈利模式都有哪些区别，听他们讲得我迷糊了。话说中国银行的暴利源于垄断，而这个垄断又表现在哪呢?!（下面的分析只有专业人士知道）。其中有一个表现就是中国的银行既可以做储蓄业务又可以做投资业务，而西方国家的必须是分开的，要么只能做储蓄，要么只能做投资。而中国的银行这两种业务都可以同时做，问题就出现了。（网上用例）

这时的重音就要落在前面了。

对于"的"字可有可无的组合而言，无"的"的时候是概念整合而成的复合词，有"的"的时候是作为参照体—目标结构的短语。

(21) 陈茂自己也笑，他脱下酒渍斑斑的布衫，放到鼻子下嗅。（苏童《罂粟之家》）

(22) 于是就看见带着笑涡的苍白的圆脸，苍白的瘦的臂膊，布的有条纹的衫子，玄色的裙。（鲁迅《伤逝》）

"布衫"也可以拆成"布的衫"。例(21)中的"酒渍斑斑"是充当参照点的显著特征，而例(22)中"布"才是显著的。造句时使用复合词还是短语形式，或者说是基于概念整合还是参照体—目标结构，由话语在线产生的具体需要而决定。

3.5　应用

3.5.1　辨明结构层次

以往虽然认同此种复合词观的学者并不少，但却常常没有能够一以贯之，特别是仍然把整个复合词的定语和复合词内的定语放在同一个层次上来比较，这是一种较为普遍的看法。对我们的观点有启发的是，陆丙甫(1988)指出"一朵真的假花"中"真"和"假"不在一个层次上，现在看来，确属真知灼见。现在我们可以更进一步指出，"假花"是复合词，表征型概念，由"真的"描写入场。再举一例来看：

(23) a. 我那件昨天下午买的很厚的棉麻衬衫。

b. 我那件昨天下午买的很厚的棉麻的衬衫。

一般都把 a 句中"很厚的"和"棉麻"都当作"衬衫"的定语。实际上，如果坚持认为"棉麻衬衫"是复合词的话，那么，"很厚的"只能是"棉麻衬衫"的定语，"棉麻"才是"衬衫"的词内修饰语，广义而言，也可以称作定语。在研究 a、b 两例有什么不同的时候，必须考虑到两者的结构层次以及认知入场的状态的差异。在说 a 例的时候，说话人估计听话人心目中熟悉"棉麻衬衫"这种产品，所以就选择了这个概念为认知入场的起始点。而在说 b 句的时候，说话人估计听话人心目中对"棉麻衬衫"未必熟悉，但是至少熟悉"衬衫"，所以就选择以"衬衫"为起始点。

"棉麻衬衫"中"棉麻"确实是在给"衬衫"分类，但是并不能先验的认定"棉麻"这个词出现在名词短语中的时候就只能是用作"分类"的定语，"棉麻的那件我昨天下午买的衬衫"中的"棉麻"就不是为了分类而出现，是为了定位。那么"棉麻的衬衫"中的"棉麻的"同样也不是为了分类。选择哪个形式由话语在线产生的具体需要而决定。

3.5.2 "尽前省略"的认知解释

对于多项定语，研究语序的较多，研究"的"字位置选择的较少。刘丹青(2008a:11)提出"尽前省略"说，这是符合语言事实的。比如：

(24) 很多人听说过云南大理蝴蝶泉的蝴蝶会。（吕叔湘改写的《澜沧江边的蝴蝶会》）

(25) 人们在西郊动物园出租汽车站棚下的一条长凳上，坐着等车。（何为《临江楼记》）

"云南大理蝴蝶泉""西郊动物园出租汽车站棚下"的中间都可以添加"的"而意思不变。对这一现象的解释,崔应贤(2002)认为是"为了结构上的简约紧凑"。然而,这个解释还不够充分,因为如果仅仅就是为了简约的话,"云南的大理的蝴蝶泉的蝴蝶会"也可以省略为"云南的大理蝴蝶泉蝴蝶会",同样都是只留下一个"的",但这却是不能接受的。徐阳春(2008)提出该结构入句后"如果作为一个整体看待","的"可以隐去,只可惜他没有继续解释为什么要作为一个整体看待。我们觉得这组例子反映了概念整合的一个重要动因,融合原则(Fauconnier *et al*.2002:328),或称为完型(gestalt)原则(Ungerer *et al*. 2006:265—266):整合所建立的新生结构是一个融合体,应该尽可能具有"概念"完型[①]的特征,亦即整体概念化并易于处理成一个单位的特征,这些特征可以帮助巩固和记忆。以实例来说,"大理的蝴蝶泉的蝴蝶会"固然也正确,但这是一个链式的参照体—目标结构(类似于本书第一章 1.1 节中所举的北斗七星的例子,参看第四章),对于目标体的最终识别而言,认知过程就不如"大理蝴蝶泉"融合成一个整体之后的单层次的参照体—目标结构简明。

图 3-1 "大理的蝴蝶泉的蝴蝶会"的识别

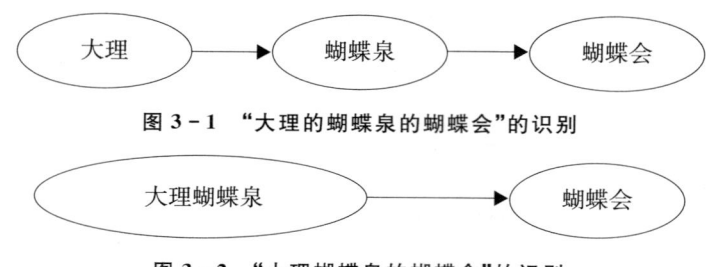

图 3-2 "大理蝴蝶泉的蝴蝶会"的识别

---

① 格式塔(完形)心理学的"好形状"原则可以提供一个可能的认知解释。格式塔心理学区分完好图形(指简单、对称、容易辨认的图形,但格式塔心理学中至今仍未对此做出严格的科学定义)和不完好图形,认为完整和闭合倾向是人类经验到有意义的知觉场的组织原则之一(库尔特·考夫卡,1935/1997:译序 14)。"完型",也可称作"完好图式(well-formed schema)"。另参看沈家煊(1999c)。

最终的识别对象是目标体,所以"的"一般应保留在目标体之前。这就是对"尽前省略"原则的认知解释。

3.5.3 话语框架中参照体和目标体的蜕变

一个概念如果不是经过陈述,而是直接以论元身份出现的话①,常用的格式是在前一个话语框架中采用参照体—目标结构式"X 的 Y"引入"Y",再次用到时,便以整合概念的面目"XY"出现。比如:

(26)但是,光是明确学习的目的性还不够,还要端正<u>学习的态度</u>。……因此,我要求自己,也希望雨隆同志端正<u>学习态度</u>。(《一篇谈语文学习的发言稿》)

这是吕叔湘(1965:316)修改的一篇作文原稿。吕先生的修改字斟句酌,十分仔细,但此处则保留了"学习的态度"与"学习态度"的顺序。这个顺序很好的表现了随着话语框架的推进,参照体与目标体的整合与蜕变。

随着话语框架的推进,一个凸显的参照体引入一个目标体后,可以共同充当新的参照体引入新的目标体。比如:

(27)在宪政国家,任何①<u>权力</u>都必须来自于宪法,连最高的立法权力也不例外。立法必须符合宪法,而行政权力必须符合宪法与合宪的法律。因此,②<u>总统的权力</u>可能有两个来源。如果存在着合宪的立法授权,那么你可以从普通法律中找到③<u>总统权力</u>的依据。如果没有立法授权,④<u>总统的权力</u>只有直接来自宪法。美国宪法虽然为⑤<u>总统权力</u>规定了极大的空间,但这些权力却与本案无关。……其中杰克逊法官的赞同意见把⑥<u>总统权力</u>的范围分

---

① 不过,一个对于受众的世界知识(world knowledge)而言完全陌生的概念,倒可能首先直接以"XY"的整合形式出现,然后再进行陈述说明。这样的用例在专业教科书中比较常见。

为三种不同情形：……（张千帆《宪法学导论》）

在本段第一句，所谈论的指称对象是"权力"，所以第二句当指称对象发生变化，使用"总统的权力"比"总统权力"具有更高的指别度。而后文③⑤⑥三处需要引入新的目标体的时候，则采用整合的形式"总统权力"以充当参照体。不整体充当参照体的时候，④处还是采用高指别度的形式"总统的权力"。

3.5.4 回到缘起

如果承认"的"的隐现导致复合词和短语的差异，就可以知道为什么以"漂亮衣服"和"北大学生"中"的"的自由隐现来反驳"有界""无界"对"的"的统一性的解释会显得苍白无力。沈家煊（2004）特别提出要注意的是，"有界"和"无界"首先是概念上的区分，概念的确立和区分都必须在一定的认知域（cognitive domain）内进行，脱离了一定的认知域就无所谓"有界"还是"无界"了。而确认认知域的不同，就需要以动态的眼光进行在线的认知分析。概念整合形成的主从复合名词和作为参照体—目标结构的主从名词短语中的成分显然不在同一个认知域。

3.6 小结

二、三两章都是从即时语言处理的角度研究"的"。第二章主要是从认知入场的视角研究"的"字出现时的语法作用；本章则在此基础上，主要从概念整合形成复合词的视角研究"的"字的隐没又有何语法意义。

本章继承并发展了以吕叔湘"短语词"为代表的复合词观，提出从词到短语之间存在这样一个整合度由高到低的连续统：词汇化复合词＞凝固的语境自由复合词＞松散的语境自由复合词＞临时的语境依赖复合词＞特设的语境依赖复合词＞必须使用"的"的短语。各种整合程度不一的复合词都是概念整合的产物。

词汇化复合词和固定复合词中不能出现"的",因为它们表征高度整合高度压缩的概念,仅靠添加"的"字不能完整还原参与整合的输入概念。

必须使用"的"的组合不是复合词,是短语,在其产生的认知过程中,更重要的是和入场相关的操作而不是概念整合。

有些组合中"的"字可以自由隐现。没有"的"的时候是复合词,包括松散的语境自由复合词和语境依赖复合词。有"的"的时候是短语。只要符合概念整合的要求,这一类短语就能省略"的"成为复合词,直接入句,或者先进入名词短语再整体入句。

第四章 语篇中的"参照体—目标"结构式[①]

4.1 材料与问题

前一章论证了入句复合词和特设复合词都是语境依赖复合词,它们的形成需要依赖于语境的在线概念化(context-dependent online conceptualization)过程,其表现之一就是,它们一般在上下文中有相应的加上"的"的短语。也就是说,复合词表征经由概念整合而来的新概念,"的"字短语表征"参照体—目标"结构式,而二者在语篇发展中存有一定的转化关系,因而"的"的隐现的动因必然会在语篇中显露端倪。

本章试通过对一段能反映言语在线产生过程的即兴口语材料的分析,考察"参照体—目标"结构式在语篇中的表现。该语段节选自中国军事科学院专家罗援的答《环球》杂志记者问,转录如下:

中台办、国台办在"5·17"声明中指出,中国人民不怕鬼,不信邪,不惜一切代价捍卫国家主权和领土完整,是有针对性的。我们必须要从最坏处着想,争取最好的结果。①美国人到时介入不介入,是一回事,我们准备不准备是另外一回事。我在美国做访问学者时,美国学者问我,如果②美国介入,中国该怎么办。我说,中国人民解放军热爱和平,不愿意和美国人民开战,但我们绝对不惧怕战争,如果美国一定要把战争强加给中国人民解放军,我们只有一

[①] 本章初稿以《语篇中的"参照体—目标"构式》为题发表于《语言教学与研究》2010年第6期。《人大复印资料·语言文字学》2011年第2期转载。

句话,就是"人不犯我,我不犯人,人若犯我,我必犯人"。越南战争时,美国叫嚣要把战火引入中国国内,周总理说,那样战争将没有疆界了。美国只好望而却步。

③<u>美国的介入</u>是肯定的。无非是硬介入还是软介入,以及介入力度大小的问题。一位美国学者曾经预言,如果战争是大陆发动的,④<u>美国介入</u>的力度要大;如果是台湾发动的,⑤<u>美国介入</u>的力度要小。第二,如果美国面临内政外交的困扰,⑥<u>它介入</u>的力度要小;如果没有这种困扰,⑦<u>美国介入</u>的力度要大。第三,如果是持久作战,⑧<u>美国介入</u>的力度要大;如果是速战速决,美国来不及反应,⑨<u>它介入</u>的力度要小。第四,如果台军的抵抗意志比较坚强,⑩<u>美国介入</u>的力度要大;如果台军抵抗意志薄弱,⑪<u>美国介入</u>的力度要小。所以⑫<u>美国介入</u>是有条件的,这些条件也是我们可以利用的,要让美国感觉到⑬<u>它的介入</u>将付出它所不能承受的代价,这样它就会选择不介入或少介入。

(http://news.qq.com/a/20040715/000567.htm)

第一小节说明中国应对美国介入的原则,第二小节分析美国介入的条件。画线部分是13处以"美国介入"为基本形式的结构,有的在中间插入"的",有的用"它"代替"美国",最复杂的①也仍是从基式扩展而来。其中②"美国介入"构成假设复句的分句,是陈述性的;而其他12个充当句子的主语或定语,是指称性的。

让我们感兴趣的是后者在篇章中的分布。①"美国人到时介入不介入"是主谓短语(小句)做主语。③"美国的介入"在小节间承上启下,引领第二小节。然后连续四对"美国介入的力度",是主谓短语"美国介入"做"力度"的定语①。"所以美国介入是有条件的"一句是对上面四

---

① 单看这一搭配形式,另一种可能的分析是"美国 | 介入的力度",而本文所取的分析是"美国介入的 | 力度"。主要原因是从篇章上看,这样更合理。不过这另一种结构分析和本文参照体—目标关系的论证并不冲突。这一点承蒙张伯江先生指出,特此致谢!

点的归纳,这里⑫"美国介入"是主谓短语做主语。⑬"它的介入"出现在这段谈话的总结性结束句中。问题的焦点在于,同样是具有指称性的短语,"美国的介入"和"美国介入"的分布为什么是现在这样的,其中"的"的隐现规律是什么。

具体说来有以下几问:

③处为什么要使用"的"?为什么①处却不用?比如改为"美国人到时的介入或不介入是一回事"单看起来似乎也算通顺。

④—⑪处"美国介入"中为什么不需要"的"?为什么不是"美国的介入的力度"?

⑫处和③处相比,句式是一样的,但为什么不使用"的"?

⑬处为什么要使用"的"?

如果对画线处"的"字的隐现做出改动,句子在语法上当然还是合格的,单独看也并不影响意思的表达,但是在整篇谈话里就显得不自然,语用上不合适。

4.2 定中关系是"参照体—目标"关系

根据第一章第一节,我们已经知道"的"字结构是一种"参照体—目标"结构式。给目标定位需要借助参照体,所以参照体是"定位语","定位"是"定语"的本质功能。根据沈家煊等(2000)的论述,"N 的 V"和"N 的 N"本质上一样,也是一种"参照体—目标"结构式,只是要指称或确认的目标不是一个事物而是一个事件,事件可以被"视为"抽象的事物。"美国的介入"是"参照体—目标"结构式,是拿突显的概念"美国"作为参照体来指别目标事件"介入"。"美国"之所以突显,是因为整个采访(引文只是节选)的主题就是台海问题中的美国因素。

根据 Langacker(2008:84),"参照体—目标"关系是一种特殊的心理扫描。其心理路径是离散的,所涉元素个体在感知上是突显的。一个参照点提供了许多潜在的心理达及对象,共同组成一个目标域。参照体和目标之间的关系是不对称的,通常也是不可逆的。"美国的介入"可以,而"介入的美国"正常情况下就不可接受了。综合 Langacker(2008:84)和 Talmy(2000:183,241)的阐述,这种不对称的表现如下:

表 4-1 参照体和目标的不对称

参照体	目标体
第一聚焦点	第二聚焦点(当前焦点)
空间特性已知,可用来说明目标体的空间特性	空间特性有待确定
固定程度高	可移动程度高
几何处理上较复杂(视为点、段、线、面、体)	几何处理上较简单(视为点)
独立程度高	依赖程度高
直接感知的程度高	直接感知的程度低
被感知后就退隐为背景,显著度由高变低	被感知后显著度增高
离现在此处较远,记忆中较远	离现在此处较近,记忆中较近
关注或相关程度低	关注或相关程度高

参照体先激活,创造了达及目标域的条件,而后目标域中的一个元素随之激活,注意力从参照体移向目标,参照体完成了它的任务以后,退向背景。

张敏(1998:221)论证了"定中之间因 de 字的隐现而有别的形式距离平行于其间的概念距离"。所以,"的"字的插入,划分了思维中概念实体的界限①,离散了参照体和目标,为实体的先后激活和注意力的转向提供前提。③处有"的",也就在第二小节的一开头就激活了"介入"这个概念,因为这一节分析的是"介入的条件",不管是哪个国家发起的介入,都得这么分析。所以,从第二小节的第一句其就让"美国"这个概念实体隐退到了背景中,而把"介入"推了出来。同样,在分析"介入条

---

① 沈家煊(1995)论证了"的"具有可以将无界概念变为有界概念的功能。我们认为,从本质上讲,这与本章涉及的划定概念实体之间的界线的功能是一致的。

件"的四点中,注意力的焦点已经不在于"介入",而在于"力度",所以,语言形式就成了"美国介入的力度"。而"美国的介入的力度"之不可取在于增加了概念实体的数目,也就增加了思维加工的难度,不利于概念化的进程。这并不是错误,只是由于语用的 R 原则(Horn 1996,沈家煊 2004)要求简洁,这样的表达在这里不适合罢了。

4.3 "的"在"参照体——目标"结构式中提高指别度

4.3.1 弱式指别和强式指别

目标是说话人意指(intended)的对象(Radden et al.1999),是说话人主观意向性集中之所在。根据 Searl(1983:1)的论述,意向性的本质之一就是指向性,心理状态指向(direct at)或关于或涉及世界上的对象和事态。推动心理扫描或注意力焦点的运动需要一股力量,而指示词正提供了这样一种动力。"指示是一股力量,指引听话人寻找所指对象。"(Garcia 1975:65)"参照体——目标"结构式不一定需要由显性的标记来表达,比如"我爸爸"和"我的爸爸"都是可以的。前者就是简单的并置,但是后者的指别意味更强。在实际的使用中,呈现下面这样一种扭曲的关系。

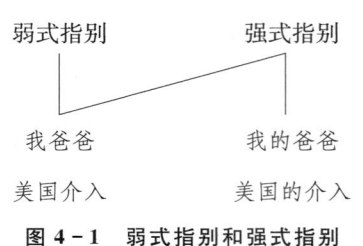

```
弱式指别        强式指别

我爸爸          我的爸爸

美国介入        美国的介入
```

图 4-1　弱式指别和强式指别

(1) 那是我爸爸,你找你爸爸去。(http://www.gzmama.com)

(2) 我大声喊:"爸!帮我给旺旺穿衣服!"我刚喊完,就听见宝宝也大声喊:"爸!爸!爸!爸!爸!爸!"晕~~还带点香港味,叫的是BA"拔"的音,他自己还觉得很好玩,继续大声的喊"拔!拔拔!拔!"晕!那是我的爸爸,不是你的!(http://www.babytree.com)

在例(2)里,很明显是为了增加指别的力量才加上了"的"字。说话人为了突显意指的对象,可以采用加指示标记的方法标明对象,比如重读。郭德纲相声《托妻献子》的结尾一句"那是我儿子"中的"我"就采用特别重读的形式以示区别。加"的"则是更为常用的方式。

英语表达领属关系这种典型的"参照体—目标"关系也有两种方式:

表4-2 英语中两种领属结构

弱式	强式
's	of
形态手段	词汇手段
语音相对较弱,较短	语音相对较强,较长
Tom's hat	the hat of Tom's

汉语和英语虽然使用指别标记的方式不同,但是都符合语用上"足量准则"和"不过量准则"的分工。(Levinson 2000;沈家煊 2004)

有"的"的形式和没有"的"的形式相比较,具有更高的指别度。这是因为,"的"附着在参照体后,使得参照体更为凸显,提高了参照体在语言形式上的指别度,进而帮助提高目标体的指别度。比如,我为了指给某人看一只鸟,我可以以树为参照体,说"树上的鸟",但也许对方还有可能不知道是哪棵树,我可以再对树加以指别,说"那棵树上的鸟"。凸显其实是相对的。一个物体对某甲凸显,未必对某乙凸显是说话人的注意力集中的对象,但是,凡是被说话人选择作为参照物的,都是说话人认为在听话人心目中属于易于听话人感知的凸显对象。说话人对听话人心中的凸显对象有自己的主观断定,也可以随着交际的深入,修订自己的断定,选择更适合的凸显对象作为参照物。说话人选择和变更参照体与参照体的表达形式,最终目的都是为了提高目标体的指别度,以促使交际达成。

4.3.2 指别度和可及度

我们可以对指称目标的"指别度"和"可及度"做出区分(参看第九章),定义分别如下:

可及度:说话人推测,听话人听到一个指称词语后,从头脑中或周围环境中搜索、找出目标事物或事件的难易程度。容易找出的可及度高,不容易找出的可及度低。

指别度:说话人提供的指称词语指示听话人从头脑中或周围环境中搜索、找出目标事物或事件的指示强度。指示强度高的指别度高,指示强度低的指别度低。

在这个定义中"说话人推测"这句话至关重要,不可缺少。也就是说,可及度虽然跟搜索目标的客观状态有关[①],但是可及度的高低主要是由说话人主观认定的。

"指别度"和"可及度"的联系是:指称目标对听话人的可及度低,说话人所用指称词语的指别度应该高;指称目标对听话人的可及度高,说话人所用指称词语的指别度可以低。提高了指称词语的指别度也就提高了指称目标的可及度。区分"可及度"和"指别度"是为了将说话人和听话人区别开来,将"能指"和"所指"区别开来。可及度是对听话人而

---

① 例如周围环境中大的东西比小的东西可及度高,头脑记忆中近期储存的比很久前储存的可及度高。

言,指别度是对说话人而言。可及度是就指称目标(所指)而言,指别度是就指称词语(能指)而言①。

要提高指别度,可以采用身势语用手指头指一指,也可以使用指示词"这""那"等等。同样,主谓结构加上"的"字也是起到提高指别度作用的标记。根据江蓝生(1999)的论证②,"的"的前身"底"来自于具有指示功能的方位词,所以"的"仍含有指示的功能。当说话人觉得主谓结构"N+VP"所指称的事件可及度低时,就加上"的",来提高它的指别度。现代汉语许多必须加"的"和不可加"的"的情形也能因此得到解释,例如:

(3) 红脸　　　　　红的脸

　＊红通通脸　　　红通通的脸

(4) 我们的学校　　我们学校

　＊那的学校　　　那学校

例(3)性质形容词"红"可以不加"的"修饰名词,状态形容词"红通通"必须加"的"才行,这是因为在指别目标时充当参照体的东西应该是相对恒定的,性质形容词具有恒定性而状态形容词不具有恒定性,可及

---

① 指别度是就指称词语而言,也是就已入场亦即获得某种指称地位的词语而言,可以是实有所指。比如下面这段对话中的几个"女朋友":

甲:她是谁?

乙:她是我女朋友。

丙:你是不是喝醉了? 他是你的女朋友吗? 他是我的女朋友。

也可以是虚指,其实体在语境中也许并不存在(陈平1987)。其指别度的意义在于类别特征,因为虚指对象也可以分类,有时还很有必要分类。比如:

甲:我给你介绍个对象,你说说,要什么条件?

乙:(略思片刻)我的女朋友不要求很漂亮,但要心地好。

说"我的女朋友"是区别于"别人的女朋友"而言,要做"我的女朋友"需要满足特定的条件,和别人的不一样。因此这里说"我女朋友"的指别度就不够高。(感谢匿名审稿人提供用例。)

未入场的型概念是无所谓指别度高低的。

② 江蓝生(1999)发表后,尽管有反对意见,比如蒋冀骋(2005)等,不过支持的论证可能更多一些,比如储泽祥(2002),冯春田(2000),刘敏芝(2008),何瑛(2010),完权(2013b)等。

度低,所以要加"的"来提高参照体的指别度。例(4)表明"那"后面不能加"的",这是因为"那"本来就是一个"提高指别度"的指示词,再加一个"的"纯属多余。根据 Langacker(1991a:168),英语中的情况也是一样的,*that Tom's hat(that 和 Tom's 都是 hat 的定语)是不可接受的。

"的"有表达主观意向性、提高指别度的功能,还可以得到儿童语言习得的证明。我们发现,儿童要表达他对物品的所有权,所使用的语句有两个发展阶段。起初在回答某物品是谁的问题的时候,回答仅仅是自己的名字"某某"。而在儿童的主体意识发展起来之后,随之而来的就是语言的主观意向性的发展,这时他的回答就变成了"某某的",同时还可能伴有以手自指的动作。

4.3.3 复指和话语直指

指示词的指示对象除了事物和事件还可以是话语自身,称作"话语指"。"话语指"应区分"话语回指"(anaphora)和"话语直指"(discourse deixis),可参看 Lyons(1977:667),Levinson(1983:87),Fillmore(1997:61)和 Diessel(1999:100—103)。比如:

(5)她那天去了夜总会,她妈妈为这个很不放心。

(6)女儿:我那天没有去夜总会。

　　妈妈:这是谎言!

例(5)里的"这个"复指"她那天去了夜总会"那件事,即"这个"和"她那天去了夜总会"同指一个事件。"她妈妈为这个很不放心"等于"她妈妈为她那天去了夜总会很不放心",这个"这个"是复指代词,或称为话语回指词,它的作用与其说是"指"不如说是"代",可以轻读(别看它是双音的)。书面语说成"她妈妈为此很不放心","此"已经失去独立性,"为此"可以看作一个词。

例(6)里的"这"直指"我那天没有去夜总会"那句话,"这是谎言"等于"我那天没有去夜总会"是谎言。这个"这"是话语指示词,要重读,书写时"我那天没有去夜总会"要加引号。为什么话语直指词要重读呢?因为它是将听话人的注意力引向所指话语的意义(命题内容或言外之意)而不仅仅是起个指代作用。说话人直指或引述一段话语还往往是为了对这段话语表达一种主观态度,如反对、讽刺等(上例是妈妈表达不满情绪),重读和加引号都是为了提高指别度,引起听者读者的注意,注意所指话语的意义和说话人的主观态度。

总之,原因可以归结为,话语直指在语篇中是语义重心所在。指示词语的"话语直指"用法是一般指示用法的进一步虚化,它不是指示事物事件,而是把前述某话语当成一个事物,指示话语自身。

现在继续来回答开头提出的问题。①处不使用"的",是因为这是篇章中第一次提及该事件,话语中还无所可指,加上"的"反而不自然。用于表述一个事件的主谓短语依然有其指称用法,可以用于主语位置。

承接或收束上文的③和⑬,即第二段的一头一尾,都是"话语直指",③直指第一节中的话语,⑬直指第二节中的话语,"的"就是一个话语指示标记。第二段当中的④到⑪只是复指,复指倾向于不加"的"。为什么做"力度"定语的"美国介入"不加"的"?这是因为,要指别目标事物"力度",作为参照物的"美国介入"这一事件,可及度已经是高的了,不需要再加以指别。

"所以美国介入是有条件的"一句中的"美国介入"是介于复指和话语指之间,加上个"的"也可以。前述指别强弱的扭曲关系可以解释这一两可现象。

不过还应该看到,这是一段即兴口语材料,语流(discourse stream)的自然流淌(flow)反映了概念在线生成(on-line)的实况。说话人采用了不加"的"的形式,有其篇章上的理据。那就是,他还没有做出把话结束的打算,下一句才是回答的最后一句,语段末句中指称词语心理达及的距离最远,可及度比较低,才需要突出话语指示意味,通过提高指别度来提高可及度。

这一心理达及的距离有两个决定因素:一个是在语句线性关系上,⑬处于序列的最末端;一个是在话语组织的层次结构上,⑬是总结性的语句,高于前面分列的四点条件的论述。

4.4 "参照体—目标"关系链

4.4.1 参照体的背景化

当然,上述解释还不足以完整回答开头提出的问题,还需要引入"参照体—目标"关系链(Chained Reference Point Relationships)这一术语。根据 Langacker(1993,2008:515)的论述,一旦注意力集中于目标,目标就提供了通向它自己的参照域的道路,就有可能发挥参照体的作用以达及其他目标。在这条路上,心理扫描常常可以沿着一条相互系联的参照体链条运动。图示如下:

a.

$$C \dashrightarrow R \dashrightarrow T$$
$$D$$

b.

$$C \dashrightarrow R_1 \dashrightarrow T_1/R_2 \dashrightarrow T_2/R_3 \dashrightarrow T_3/R_4 \dashrightarrow T_4$$
$$D_1 D_2 D_3 D_4$$

(Langacker 2008:504)

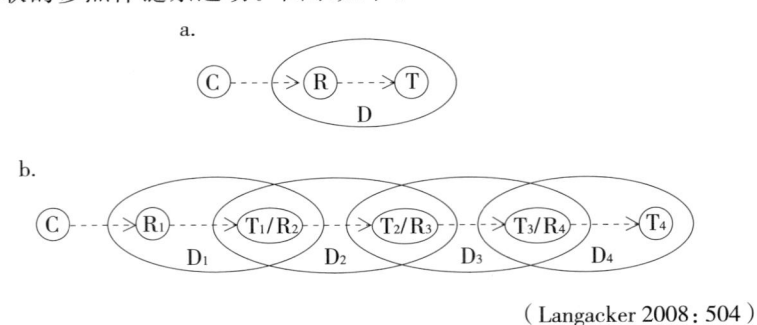

图 4-2 "参照体—目标"关系链

a 是一个单独的"参照体—目标"关系,b 是由多个"参照体—目标"关系环环相扣形成的关系链。其中参与组合的环节的数目可以≥2,但

在实际话语中,由于认知处理难度的限制,并不会太多。一个典型的例子就是领属关系的链条,比如:

(7) 张三的爸爸的同事的女儿的钢笔。

在本章开头我们所分析的语段中,③"美国的介入"是"参照体—目标"关系链的第一环。从④开始的"美国介入的力度"是关系链的第二环。在这个语段中,由于中间四点是并列关系,这一环以词汇复现和代词复指的形式自我克隆,链条没有再发展下去。当然,如果有表达需要,关系链还可以发展下去,比如在第二节第二句就出现"介入力度大小的问题"。此外,还可以说"(美国)介入力度的大小""(美国)(介入)力度大小的后果"等等。随着关系链的发展,早先的参照体不断隐退到背景中,背景化到了一定的程度,早先的参照体可以省略不说。我们常常说,在某一个语段中,某一个词语承前省略了。那么承前省略的条件是什么?在我们看来,一个重要的条件就是作为早先的参照体隐没到了背景中。

4.4.2 "框—梱关系"再思考

廖秋忠(1985)探讨了篇章中的框—梱关系,描写了框省略的情形,归纳了框省略的条件。这篇文章写于认知语言学尚处于襁褓之中的三十多年前,但即使现在看来,也依然富有创见。文中将框(A)—梱(B)关系定义如下:

"汉语语流中两个名词性成分,特别是相邻的,A 和 B 有时存在着这样的语义关系:B 或为 A 的一个部件/部分、一个方面/属性,或为与 A 经常共现的实体、状态或事件,A 为 B 提供了进一步分解 A 或联想到 B 的认知框架。""(框—梱)关系可以引申为大范围与小范围的关系。"

廖秋忠先生自己也坦陈,如此命名"不一定合适,但一时也想不到更好的名称"。现在看来,这个关系就是"参照体—目标"关系。语篇中"框"的省略,就是参照体的高度背景化的结果;文中提出来的框省略的六点条件,就是有利于参照体背景化的条件。比如,常见的、关系密切的框棂关系比偶然的、关系比较间接的框棂关系容易省略框。这就是因为比较间接的框棂关系的可及度比较低,需要增加参照点。文中举出的例子是:

(8)a. <u>这座房子</u>相当讲究,<u>门</u>是楠木做的。

b.? <u>这座房子</u>相当讲究,<u>家具</u>都是红木做的。

"门"处于"房子"的参照域中,(8a)可以说成"这座房子相当讲究,房子的门是楠木做的。"因为句子短,从"房子"到"门"的概念邻接性(vicinity)又比较强,所以"房子"就直接隐退为背景,省略掉了。而"家具"不处于"房子"的参照域中,因为一般情况下不可以说"房子的家具",所以(8b)中"家具"前必须加上合适的参照物。

(9)a. 房子在南湖东园一区,房间干净整洁,家具家电齐全。(bj.58.com)

b.? 房子在南湖东园一区,家具家电齐全,房间干净整洁。

例(9a)句,在"房子"和"家具"之间插入一个"房间",增加了一个中间过渡参照体,句子就很流畅。而如果换成例(9b)句那样,由于从参照体选择不当,从参照体到目标的心理扫描路径混乱,所以句子的可接受度就比较差。由此看来,平时所说文章思路的含义之一,就是心理扫描的路径。[1]

廖秋忠(1985)还发现,有两类框—棂关系比较少见:一是以物品为框,以制作阶段为棂;其二是以人物为框,以人与人之间的亲属关系和

---

[1] 承蒙匿名审稿人指出,给例(9b)句加上一个"也",就不觉得不流畅:"房子在南湖东园一区,家具家电齐全,房间也干净整洁。""也"的作用正在于连类并举,提高了小句间的关联度。

职能关系为梜。但是文中并没有提供解释。我们认为,其原因就在于"参照体—目标"关系的不对称上。如果以物品为参照点,其目标域的范围是一个原型范畴,以物品的形制、功能、使用等为典型,而较难覆盖到制作阶段。同理,人物和人物关系也是如此。

廖文中主要考察单层的框—梜关系,但也提到了多层的框—梜关系,并举例如下:

(10)在<u>原油</u>(A1)生产方面,<u>胜利油田</u>(A2)广泛开展单井产量升级活动,发动群众提最佳方案,通过在老油田增打新井等措施,千方百计提高采油量,原油产量月月上升。今年6月份<u>平均日产量</u>(B)已达五万九千五百多吨。(《人民日报》1984年7月2日)

文章认为 A2"胜利油田"和 A1"原油"都是 B 的框,都省略了。但没有说明是套叠关系还是并列关系。单从这一句看,A1 在前,A2 在后;可是如果要补足的话,应该是"胜利油田(的)原油(的)平均日产量"。"胜利油田"是"原油"的参照点,"原油"是"平均日产量"的参照点。A1 和 A2 出现的语序和补足后的语序正好相反。经查阅原文,这则新闻的第一句就是:"胜利油田今年上半年石油勘探获重大突破,原油生产有较大幅度增长,各项主要指标均创历史新纪录。"可见,"胜利油田"是第一参照点,"原油"是第二参照点,"各项主要指标"是第三参照点。A2 处只是第一参照点的复现。这一例中的多层的框—梜关系是套叠关系,其实就是"参照体—目标"关系链。

Langacker(1993)阐释"参照体—目标"结构式的初衷,是作为一种反映人类基本认知能力的意向图式提出来的。因此不仅适用于词语的结构、语篇的组织,还适用于语言研究的很多其他层面[①]。

---

① Langacker(1993)把话题和类话题结构也纳入参照点结构的分析框架。董秀芳(2012)研究了古汉语中的"链式话题结构",如:"无威则骄,骄则乱生,乱生必灭。"(《左传·襄公二十七年》)这其实也是"参照体—目标"关系链在语篇中的表现。

4.5 余论与小结

综上所述,借助"参照体"识别"目标",是人类的一种基本认知能力。"参照体—目标"结构式不仅适用于词语的结构还适用于语篇的组织。多个"参照体—目标"关系环环相扣,可以形成"参照体—目标"关系链。在话语中,随着一个个新目标的前景化,一个个旧参照体会变得背景化。"的"在"参照体—目标"结构式中有提高指别度的作用,会因处于"参照体—目标"关系链的不同位置而隐现。"框—棂关系"的实质,就是"参照体—目标"关系。

作为本章的余论,我们认为"N 的 V"是欧化句式(袁毓林 1995)的观点值得商榷。实际上不止"N 的 V","N 之 V"和"N 底 V"也一直存在。关于"N 之 V",我们将在第九章全面论述。这里仅举近代汉语中的"N 底 V"和"N 的 V"各一例:

(11)只看公如此说,便是不曾理会得了。莫依傍他底说,只问取自家是真实见得不曾?(《陆九渊集》)

(12)次日饭后,武大只做三两扇炊饼,安在担儿上。这妇人一心只想着西门庆,那里来理会武大的做多做少。(《金瓶梅词话》(崇祯本))

从语篇来看,"N 的 V"中需要"的"发挥提高指别度的功能。所以现代汉语中的"N 的 V"不是欧化句式。二十世纪初翻译作品的影响,至多是在扩大"N 的 V"的使用范围和提高使用频率中起到了推动作用。

另外还有必要指出的是,通常所说的"N 的 V",在语篇中出现和普通的名词短语相似的表现,参照体和目标体随着话语框架的流逝而蜕变。这说明汉语的动词确实有指称性,可以视为名词的一个次类。

本章虽以"N 的 V"为例,但是本章所阐述的结构原理是具有更大普遍性的,对于分析典型的"N 的 N"结构当然也适用。

第五章　指示词定语漂移的篇章认知因素[①]

5.1　问题

定语漂移（attributive shifting）指的是定语居于不同位置都合语法的现象。刘丹青（2008a:8）指出："当内涵定语带'的'时，各项外延定语都可以漂移"；跨语言的看，这"是汉语非常突出的类型特点"。[②] 外延定语的漂移会带来指称意义和信息属性的差异。赵元任（1979:148）说道："如果有一个区别修饰语和一个别的修饰语，次序决定它是限制性还是描写性。"他的例子是：

(1)a.那位戴眼镜儿的先生是谁？
　　——"戴眼镜儿的"是描写性。
　b.戴眼镜儿的那位先生是谁？
　　——"戴眼镜儿的"是限制性。

吕叔湘（1985:212）也有类似的论述："一般说，这、那在定语之后，

[①] 本章初稿发表于《当代语言学》2012年第4期。《人大复印资料·语言文字学》2013年第1期做摘要转载。

[②] 根据刘丹青（2008a）的论述，"外延定语由指称和/或量化成分充当，用来给名词语赋以指称、量化属性，表明它在真实世界或可能世界中的具体所指范围，即在不改变内涵的情况下指明其外延"；"内涵定语由实词性/开放性语类充当，是给整个名词语增加词汇性语义要素（即内涵）的定语"，"在汉语中，所有的内涵定语都可以带'的'"。据此，外延定语的漂移包括指示外延定语漂移和量化外延定语漂移两小类。

那个定语就显得有决定①作用；这、那在前，那个定语就显得只有描写的作用。"并且，该文还指出频率的差异："与由形容词或不含动词的短语②构成的描写性定语同用，这和那同样普通，位置大多在前。"指示词在前的真实用例很多，不烦赘举。而在后的用例则较少，文中的例子是：

(2) 水蛇腰的那个东西叫作袁宝珠。(《儿女英雄传》)③

我们调查了几个大型语料库中数亿字的各种文体的语料，发现确实如此。带"的"的内涵定语（下称"的"字定语）在外延定语后，则描写意味强，也比较多见，根据赵元任的例子，本文称为 a 式；反之则表现出限制性，且较为少见，本文称为 b 式。从使用频率（沈家煊 1999a:33）来看，a 式是无标记的，而 b 式是有标记的。④

为什么同样的"的"字定语，在不同的位置上就体现出限制或描写的不同作用呢？频率差异所代表的标记性差异又意味着什么？遗憾的是，赵、吕二位先生并没有给出答案。

现有的研究中，最相关的是陆丙甫(2005)在类型学框架中提出的

---

① 一般认为，赵先生所谓的"限制"和吕先生所谓的"决定"，指的都是限定所指对象，也有称之为区别性的，本章除非特指外不区分"限制""决定""限定"和"区别"。对吕先生这句话，陆丙甫先生（私人通信）指出，这是在通常的不重读的情况下，如果重读指示词后的"的"字定语，也可以有区别作用。

② 含动词的短语（特别是关系小句）的情况可能有其特性，可参看唐正大(2007)的类型学研究。

③ 该书中还有一例是："手下放的依然是成字六号那卷"。这一类并不十分罕见，也能颠倒成"那卷成字六号"。再比如"联想那台"和"那台联想"。但这其实不是定语的漂移，而是定中的互换，且其中不涉及"的"的问题，所以暂不讨论这一类。查看所引例句的原文，此前数百字中多处有"成字六号""卷子"等同指形式，这从"依然"中就可以看出。这两类在认知上的道理应该是一样的。

另外，本章也不考虑"戴眼镜儿的 | 那位"、"水蛇腰的 | 那个"，是否一定是从"戴眼镜儿的 || 那位 | 先生"、"水蛇腰的 || 那个 | 东西"上省略而来。本章只是在客观语料中比较其中的篇章认知因素。

④ Zhang(2006)称 a 式为 IMN(inner modifier nominal)，称 b 式为 OMN(outer modifier nominal)。我们不采用这个术语，是因为我们认为描写性和区别性不是对立关系，可参看本书第二章。

"可别度(identifiability)领前原理"。这条原理说的是"如果其他一切条件相等的话,可别度高的单位总是前置于可别度低的单位"。"可别度"是一个"原型"概念,核心内容是指称性,边缘的内容包括信息度、生命度、数量、有界性等。该文根据跨语言材料所显示的一般情况,提出"这、那"这类指别代词,具有"最高的可别度"。这固然可以解释 a 式的无标记性,却没有解释为什么会出现无标记的 b 式。

外延定语的漂移非常复杂,限于篇幅,本章只能在赵、吕二位先生的研究基础之上稍稍前进一步,主要就"的"字定语和指示词定语"这""那"的位置关系,从篇章和认知因素着眼,分析真实语料,做一个微观的研究[①]。

5.2 语篇

本文对"的"字结构的基本认识有二。

第一,"的"字结构在认知上的基本属性是参照体—目标结构(沈家煊、王冬梅 2000),"的"因附着于参照体而成为参照体标记。

第二,描写性的"的"字定语,其描写是为了指别(指别涵盖限制、决定,参看前文第二章)。描写的内容能够充当指别目标体的参照体,是因为"一个实体越是内在地描述另一个实体的特征,它就越有可能被用作参照点"(Langacker 1993:13)。在前述赵元任的引文中,描写和限制似乎是对立的。但吕叔湘论 a 式时使用了"只"字而论 b 式则无,就表示 b 式中"的"字定语"也"有描写作用,只不过"显得""决定性"占了上风[②]。这说明吕先生认识到描写和决定并不对立,因此本文强调描

[①] 不包含形容词前加"最"的用例,这一类整体倾向是在外延定语的前面。
[②] 陆丙甫(2003)也说明了"X 的"的描写性。但是我们并不完全同意该文观点,请参看本书第二章。

写在参照体结构中是用作指别的一种手段。

所以,外延定语的漂移,表面看来是定语语序的变化,但其实参照体—目标结构的类型和层次也发生了变化。由于指示词的直指性,也由于参照点必须具有认知上的相对显著性,要解释这个现象就必须在语篇中找原因。

语料显示,a、b两式在语篇中各自有其适合的位置。不同的篇章位置,或者说不同的即时言语认知场景,选择了不同的参照体—目标结构,是导致外延定语漂移的重要原因。所以,本章研究的问题实际上变成了:在特定的语篇中,是参照体结构还是直指手段更适用于识别目标体?如果目标体本身具有足够的相对认知突显性,就可以使用直指手段;如果需要并可能借助具有相对认知突显性的参照体,则可以使用参照体结构。这都得由语篇决定。

我们检索了例(2)所出的语篇,摘录如下:

(2')"我正在那里诧异,又上来了<u>那么个水蛇腰的小旦</u>,望着那胖子,也没个里儿表儿,只听见冲着他说了俩字,这俩字我倒听明白了,说是'肚香'。说了这俩字,也上了桌子,就尽靠着那胖子坐下。俩人酸文假醋的满嘴里喷了会子四个字儿的圞。这个当儿,<u>那位近视眼的</u>可呆呆的只望着台上。台上唱的正是《蝴蝶梦》里的'说亲回话',一个浓眉大眼黑不溜啾的小旦,唧溜了半天,下去了。不大的工夫卸了妆,也上了那间楼。那胖子先就嚷道:'状元夫人来矣!'那近视眼脸上那番得意,立刻就像真是他夫人儿来了。我只纳闷儿,怎么状元夫人到了北京城,也下戏馆子串座儿呢?问了问不空和尚,才知那个胖子姓徐,号叫作度香,内城还有一个在旗姓华的,这要算北京城城里城外属一属二的两位阔公子。<u>水蛇腰的那个东西</u>,叫作袁宝珠。我瞧他那个大锣锅子,哼哼哼哼的,真也像他妈的个'元宝猪!'"(《儿女英

雄传》)

这是一个叙述语段。例(2)中"水蛇腰"已经是第二次出场,采用 b 式。而第一次出场是"那么个水蛇腰的小旦",采用 a 式。如果不考虑语篇因素,文中有"那位近视眼的",那么"那个水蛇腰的"当然也可说。不过,为了引出"东西"这个目标体,在语篇的当前位置上,却只能采用现在这个形式。"水蛇腰"是那个人的显著特征,言者认定听者此前已经注意到了这一点,所以以此为参照体。而言者想要表达的指称对象"东西"才是目标体。因为"东西"承载言者的主观评价,要靠它来实现表情达意的目的。

检索语料可以发现,出现 b 式的语篇,常常能在前面不远处找到相关的 a 式。再如:

(3)他不再思考旁的事情了,他昏昏沉沉地感到他那身旧衣服已不可能再穿了,新的那身也变旧了,他的衬衣破烂了,帽子破烂了,就是说,他的生命也破烂了。(《悲惨世界》第四部第二卷第一章,北大 CCL 语料库)

"那身旧衣服"不宜换成"旧的那身衣服","新的那身"也不宜换成"那身新的"。尽管脱离语境看都是合乎语法的,但这里只能采用这个语序,并且 a 式在前,b 式在后。

5.3 认知入场中的当前话语空间

为了深入认识这一现象,我们需要一种能够考虑到认知因素的语篇分析框架。

5.3.1 认知入场

自然语言要承载意义,就需要让语言符号和现实发生联系,这个过程叫认知入场(cognitive grounding)①。通过名词语入场(nominal grounding),言者把听者的注意力指引到意指的(intended)目标事物上。语法上的名词语入场策略主要有三种:描写,直指,量化。还可以使用专名和身势语。如果这些手段使得对话人都认为双方在包括上下文在内的认知场景中确认了一个名词语所表征的型概念的实例,指称协同(coordinated mental reference)就达成了(Langacker 2008:282;沈家煊 2001)。比如:

(4)我想要这(☞)两只红红的大苹果。

通过四种入场策略的综合使用,包括直指("这")、量化("两只")、描写("红红的")还有身势语(☞),言者把听者的注意力指引到了语境中特定的目标体"大苹果"上,所有这些手段促使会话双方形成一个瞬时交互主观性(intersubjectivity)的意识状态(张宪 1997;Verhagen 2005),这样谈话人就共享了并且他们知道共享了这个所指对象。名词语的认知入场就这样达成了。

所以,a 式和 b 式都同时采用了直指入场与描写入场手段,但是 a 式先直指后描写,而 b 式先描写后直指。不同顺序的实质,是与不同认知场景相适应的参照体—目标结构。关键在于能不能选择适合的参照体。打个比方,人们在社交场合(也是一种认知场景)中,常常也是由熟悉的人(已入场)介绍不熟悉的人(未入场)。如果没有介绍人,就只好指着鼻子自我介绍了:"我是某某某。"其中的"我"即是现场直指。

5.3.2 当前话语空间

如图所示,线性语流是随着时间流逝不断前行的,参照体和目标体也是不断变化的。为了清楚的描述认知入场过程中的即时语言处理过

---

① 参看第一章及附录。

程,Langacker(2008:282)提出,可以把话语中正在进行的语流称为当前话语空间(current discourse space,CDS),包含在给定时间内由言者和听者共享的全部话语基础。①

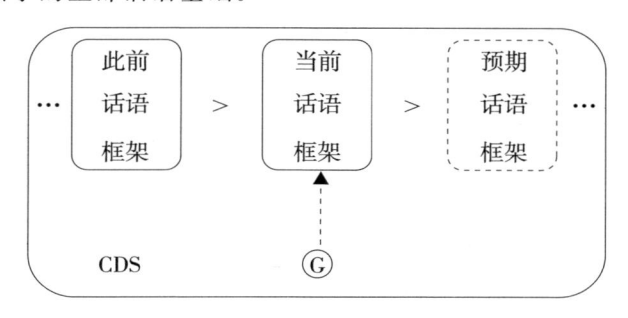

```
┌─────────────────────────────────────────┐
│  ┌──────┐     ┌──────┐    ┌┄┄┄┄┄┄┐      │
│  │ 此前 │     │ 当前 │    ┊ 预期 ┊      │
│… │ 话语 │  >  │ 话语 │ >  ┊ 话语 ┊ …    │
│  │ 框架 │     │ 框架 │    ┊ 框架 ┊      │
│  └──────┘     └──────┘    └┄┄┄┄┄┄┘      │
│                  ▲                       │
│      CDS         ┆                       │
│                  Ⓖ                       │
└─────────────────────────────────────────┘
```

图 5-1 当前话语空间

Givón(2005:Ch.4&5)对语篇的在线产生中话语连贯性的认知研究,可以和上述观点互为补充。他认为语篇的连贯是入场的要求,语篇连贯则能够进入情节记忆②(episodic memory)的认知场景(此前话语框架)。回顾对象是言者主观认定听者已知的存在于情节记忆的可及表征。包括通常语篇研究中所谓的回指对象,这种文本语境中的回指是典型的情况;也包括在更大的心理语境中的回顾对象。语法上的回顾入场手段,提示听者把当前指称对象带到认知场景中,为工作记忆③(working memory)和注意力焦点中的当前激活位置(当前话语框架)

---

① 参看第一章 1.6.2 小节。
② 认知心理学一般认可把长时记忆划分为情节记忆和语义记忆(semantic memory)两个系统。情节记忆指对发生于过去的特定时空背景中个人所经历的事件和情景的记忆,以自我为中心,采取在主观时间上进行心理旅行的形式,这个能力可能是人类特有的;而语义记忆则是指对一般知识的记忆,基于一定事实基础之上,但与背景信息没有关联(Tulving 2002)。
③ 工作记忆指对正在被加工的任何领域的认知任务中的信息的暂时存储,是认知加工过程中随信息的不断变化而形成的一种连续的工作状态,包括一个中枢执行系统——注意控制系统,以及为其服务的三个从属系统:视觉空间初步加工系统,负责视觉材料暂时存贮和处理;语音回路,负责口语材料暂时存贮和处理;情节缓冲器(episodic buffer),负责时序联系视觉、空间、言辞、语义及长时记忆中的各类信息(Baddeley 2000)。广义工作记忆既包括短时工作记忆,也包括以非常熟练的知识为基础的长时工作记忆。

和情节记忆中的此前同指节点建立起心理联系。这种回顾入场(retrospective grounding,含回指入场 anaphoric grounding)主要涉及注意力的激活,检索并达及指称对象的此前同指形式等认知能力,因此参照体的选择就很重要。

5.4 分析

5.4.1 a 式直指入场

高频的 a 式,指示定语在前而"的"字定语在后,是当前话语框架中出现新的描写时适用的格式。所以,a 式常常单独出现在语篇中,比如:

(5)那是在一个风雪弥漫、寥无人迹的荒原上,一辆马车迷失了道路。"我"与马车夫正惶恐不安,突然"我"看见了一个黑点子:"喂,车夫!"我叫起来,"瞧,那个黑糊糊的东西是什么?"车夫聚精会神地看着。"天知道是什么东西,少爷。"(普希金《上尉的女儿》刘文飞译)

"那个黑糊糊的东西"是第一次进入认知场景,"那个"指示在前,"黑糊糊"描写在后。"那个"出现在名词短语的开头,指示的对象是物理情境中的"黑糊糊的东西",指引听者的注意力到物理情境中去寻找后文要带入认知场景的目标体,在认知上达到的效果是空间直指入场。"黑糊糊"并非没有起到限制性作用,只不过由于"那个"的指示性足够明确,所以限制性不显著。采用 a 式直指入场的例子非常多,无须赘举。

5.4.2　b 式回顾入场

b 式适用于回顾入场，即"那"之前的描写性定语已经在此前话语框架中出现过，并在当前话语框架再次被调用为参照体的情况。因为不是每个被引入认知场景的事物在后文都会用于回顾入场，所以 b 式使用频率低于 a 式。作为回顾入场的检测，在前文不远处应当能够找到对应的词语，比如：

（6）这姚司务面红似火，发白如银，一双眼一大一小，<u>大的那只右眼</u>，炯炯有神；手臂亦是一粗一细，俾不相伦。（《红顶商人胡雪岩》高阳）

"大的那只右眼"前有用于谓语的先行词"一大一小"。而且"大的"本身是描写性而不是区别性的，因为"右眼"只有一只，不可能存在"大的右眼"和"小的右眼"之分。但在这里，这种描写被用于充当参照体。先行词常常有对比项，显示出这种区别性。再比如：

（7）两人在吃饭，只有一碟菜：两条鱼，一大一小。一位先生先把<u>大的那条鱼</u>夹了，另外一个勃然大怒。（《读者》（合订本），北大 CCL 语料库）

有的例子中，对比项并不同时成对出现，比如：

（8）"哈！"哈利叫道。他打开了包裹，发现是<u>一本新的《高级魔药制作》</u>，丽痕书店的新书。"哦，太好了，"赫敏高兴地说道："现在你可以把旧的那本还回去了。""你疯了吗？"哈利说："我要留着它，你看，我都计划好了——"他从书包里拽出<u>旧的那本《高级魔药制作》</u>用他的魔杖轻敲了一下封面，咕哝道："交换容颜！"（《哈利·波特与混血王子》）

"《高级魔药制作》"在这个语段中有两本，先新后旧。虽然作为个体都属于第一次出现，但作为通指的书名却是两次。先出现的采用 a

式,而后出现的采用 b 式。再如:

(9)(前文较长,介绍了两种弹射座椅的原理,老式的抛舱式和新式的破舱式。)第二次世界大战期间,德国研制新型战斗机为飞行员首先配备了弹射座椅,1943 年 1 月 13 日,德国一个试飞员叫斯切克,在试飞<u>一架新的飞机</u>时,就是因为飞机结冰失去控制,当时就是利用<u>刚才比较老的那种座椅</u>,弹离飞机然后得救的。("百家讲坛"2003 年 12 月 08 日《空中救生》刘峰)

"比较老的那种座椅"在前文已经做了详尽的介绍,采用 b 式;而且从用在言域中的"刚才"一词也可以看出,"比较老的那种座椅"是"刚才(所说的)"抛舱式。相比之下,"一架新的飞机"是第一次出现,采用的是 a 式;如果改用 b 式"新的一架飞机"就不合适。再如前文例(3)也是如此。

有的例子中的先行词采用同义词,例如:

(10)凡事都要按照他们的那一套意志行事,<u>陈腐</u>的人际关系,也绝对是行不通的。如果按照过去的原型不变,宗乡社团肯定是没有生命力的。但是,世界在变,中国也在变,其实,<u>陈旧的那种人际关系</u>,早已寿终正寝了。(《人民日报》1996 年 4 月)

这个例子中"陈旧的那种人际关系"在前文出现了,用的是"陈腐"一词。再如:

(11)现在,很难说这种<u>在"文化革命"中登峰造极的"左"的思潮及其一套做法</u>已完全销声匿迹。尽管从党的十一届三中全会以后总的变革形势令人鼓舞,人们还是看到,"局部阵雨"和短期回潮仍时有出现。要想全面和彻底地改革,不从根本上摒弃<u>旧的那些东西</u>是不可能的。(《马克思主义是指南还是公式?评陈涌同志的〈文艺学方法论问题〉》)

此例中"旧的(东西)"指的是前文已经说过的"这种在'文化革命'

中登峰造极的'左'的思潮及其一套做法"。

有的例子更为隐晦,对比项只是暗含其中,比如:

(12)科学家在观测中借助了欧洲航天局的 XMM—牛顿太空望远镜,<u>2个星系团</u>的碰撞发生在距地球8亿光年的长蛇星座区域,<u>较大的那个星系团</u>中据估计可能包含1000个星系,较小的含星系300个左右。(新华社2004年新闻稿)

(13)再比如说,就同一方面或系统的工作,向<u>两个或两个以上下属</u>授权,必须注意使后果责任落在一个人身上,让其中<u>领受权力较高的那个人</u>承担后果责任。

这两个例子中,在 b 式之前都出现了≥2 的数字,这就隐含了对比项,而对比的参数又隐藏在上下文中间。

上述用例实际上都是回顾入场中的回指入场,能在上文找到直接或间接的根据,也就是曾经在此前话语框架中出现过,并且言者主观上认为在听者心目中具有足够高的可及度①。文本上距离近只是表象,反映的实质是可及度高。后者才是关键,比如:

(14)王臭子……坐起来说:"咱们俩也不是外人,实对你说吧。你知道<u>常来村里卖货的那个姓武的</u>是谁?嗨!那就是八路军的武工队!"(《吕梁英雄传·第十一回》马峰)

言者主观上认定听者(康明理)应该知道"常来的"卖货郎,而实际上根据前文情节②听者确实知道。这段情节和本例在文本中相距甚远,但是言者推测这件事情在听者心理上可及度足够高,就可以采用 b 式。主观上的认定是关键。

---

① 可及度,是一个涉及听说双方的概念。一个指称目标的"可及度"定义是:说话人推测,听话人听到一个指称词语后,从头脑记忆中或周围环境中搜索、找出目标事物或事件的难易程度。容易找出的可及度高,不容易找出的可及度低。(参看本书第四章和第九章)

② 第七回中有:"康明理喘了口气说道:'街上来了个货郎子,身上带着良民证,我问他从那里来的,他说从水峪镇来的……'"

我们找到的用例都使用远指形式"那"而不是近指的"这"。这是因为此前的指称对象随着语流远去,再次指示话语时,只能是远指。不过,如果所指示的事物就在眼前的现场直指,比如厨师教人做菜时的解说,这种场景中也许有使用"这"的可能。

5.4.3 代词中心语

b式中省略名词中心语后,原来的指示词成为代词,并充当中心语也能成立;但是指示词却不能省略。还是来看例(2)"水蛇腰的那个东西",如果"东西"直接受"的"字定语修饰,在篇章中并不能独立存在;而如果中心语使用代词"那个"则可以:

(2")a.*<u>水蛇腰的东西</u>,叫作袁宝珠。
　　　b.<u>水蛇腰的那个</u>,叫作袁宝珠。

"水蛇腰的那个"因为显著度够高,所以可以代替"水蛇腰的那个东西"。目标体所指向的实体(entity)因为在此前话语框架中其实已经出现过,言者为了表达当前话语框架和此前话语框架的连贯性,必须达成对上文言谈话语的情节记忆的回顾入场。所以用"那个"指示并称代前文话语中的实体,是必不可少的。而"水蛇腰的东西"则因为缺少和上文的联系,也就是没有能建立起回顾入场,因而难以有适合的解读。

以代词为中心语只能以回顾入场的形式出现,必须在此前话语框架中有照应词。像例(2)那样名词中心语的例子较少,倒是(2"b)这样回指代词中心语的例子略多一些,比如:

(15)"给你讲个故事。一对法国兄弟去吃饭。桌上有两块牛排,<u>一大一小</u>。哥哥立即把大的放进自己盘里。弟弟说:'你真没礼貌,竟取了<u>大的那一块</u>。'哥哥问:'如果是你的话,你会取哪一块?'弟弟说:'当然是<u>小的那一块</u>。'哥哥笑了:'那么现在你既然得到了,还抱怨什么?'"(《恩来》刘亚洲)

(16)"我喜欢的爱情不是王子与公主的童话,而是为对方着想到忘了自己的心疼。"

"如果胖的我跟瘦的我同时出现,你会选哪一个啊?"

"当然是胖的那一个啊。"(《如果胖的我跟瘦的我同时出现》网文)

(17)首先把 7 颗球中,拿一颗出来,然后把球平分放在天平上。之后,把较重的那方拿出来,再加上一开始被拿出来的那颗球平分后放在天平上称。再把较重的那方分开称。(网文)

(18)此时玛鲁拿出了一根新的火把把它点燃,而旧的那根则是在史列因手上。虽然这么一来就有两个光源,不过旧的那根大概再过一阵子就会熄灭了。(《罗德斯岛战记》〔日〕安田均原案、哈泥蛙翻译)

(19)这是最近天空中难得一见的景象,但是我们却每天都在看着这两颗星的动向,每天都在猜,这两颗星今天有没有出现。大的那颗应该是金星,小的那颗是木星。我很喜欢,很漂亮。(http://www.redocn.com/391374/blog/7765.html)

在这些例子中都可以补出中心语,比如"小的那一块牛排"等等。中心语名词不出现,说明它的可及度高,以指代形式就能使听者识别。而且,它也不是即时语义的表达重点,表义的重点是"的"字定语部分,而这部分在此前都出现过。反之,如果中心名词是即时语义的表达重点,则是必须要出现的。比如例(2)"水蛇腰的那个东西"中"东西"就不可省略,因为它负载了说话人的主观评价。但尽管如此,没有"那个"还是不行。这说明"那个"作为回顾入场手段,是必不可少的。

吕叔湘(1985:214)指出,b 式的构造是"(定语+这、那)+名词",而 a 式的构造是"这、那+(定语+名词)"。因此,在 b 式中,"定语+这、那"构成一个单位,共同担当参照体,所以具有足够的显著度。

Langacker(1993)用参照体—目标能力解释转喻,以显著的参照体代替目标体正是转喻得以实现的动因。所以视语篇的需要,b 式自然可以把其后的中心名词省略掉。

5.5 不是例外

5.5.1 回顾入场的 a 式

本文经调查发现,在语篇中 b 式前大都能找到 a 式。但是这并不意味着,用于回顾入场的都是 b 式。视语篇表达的需要,如果不是强调指别,而是强调所描写的特征时,就使用 a 式。比如:

(20)几个小时过去了,天黑了下来,十多个渔笼坏了一半还多,却只捕到了一大一小两条鱼。生吃了<u>那条小的鱼</u>,哈瑞克对今天的这个结果很不满意,这次是运气好才有两条鱼,而效率并不高。(网络小说《异世狼王》第二卷第二十七章)

根据上下文,吃了小的是为了保存食物。对照例(7),"小的"在这里不是为了指别,而是再次描写特征,所以采用突出内涵定语描写性的 a 式。当然,a 式用于此处,并不是排他性的。如果使用 b 式,也不是绝对不可以。这是因为直指入场可以代替回顾入场。回顾入场表达的语力是否足够使听者达及言者所指对象,纯粹是言者主观上的估计。这种交互主观性的作用,使得 a 式和 b 式的入场功能差异呈现出如下图所示的扭曲关系。这种扭曲关系,反映了 a 式的无标记性和 b 式的有标记性[①]。功能上的不对称,也是导致 a 式高频而 b 式低频的原因。

---

① 陆丙甫先生(私人通信)指出,对无标记的定义可以是"受到最少条件限制的"(least-conditioned),具体地说,就是分布最广的。a 式可以代替 b 式而反过来不能,说明 a 式是无标记语序。

```
           a式              b式
            ┌───────────────┐
            │               │
          直指入场         回顾入场
```

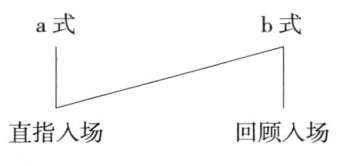

图 5-2　入场功能不对称

5.5.2　始发句中的 b 式

在始发句或独立句中，如果外延定语是量化成分，也有 b 式的用例，如：

(21)《完美胎教》+《孕妈妈完全手册》，<u>全新的两本书</u>，对准妈妈们非常方便实用，两本 35 元，等于买一送一啦！（沈阳百姓网）

没有上文，所以不可能是回顾入场，但其实同样符合参照体需要具有认知上的显著性这个原则。始发句的认知基础是前瞻入场（anticipatory grounding，含前指入场 cataphoric grounding），目的是为新到来的文本建立结构基础（Givón 2005:126）。① 这是一则广告，为了推销，是表达商品特征的"的"字定语"全新的"还是表达数量的外延定语"两本"更具有认知上的突显性呢？受话人顾客首先关注的当然是商品的内涵，这时内涵定语的显著度要高于量化外延定语。当然，带"的"字定语和量化外延定语的关系有必要另文讨论。

---

① Langacker 的这个分析模型和关联理论的认识本质上也是一致的。关联理论认为，在交际时，每个人都是在特定的认知语境（cognitive context）里产生（produce）或处理（process）语句信号（stimulus）的。而认知语境包括上下文语言语境，即时情景这种物质语境；还有个人的心理语境以及百科知识这种共有知识语境；而且，听话人的内心也是说话人需要考虑的语境之一，叫作听者语境（context as other minds）（Givón 2005）。从心理表征的角度看，认知语境是人所调用（retrieve）的定识（assumption）的集合。在特定的交际场合，交际者所调用的定识是有限的。两相对照，可以认为，所调用的定识组成当前话语空间。在交际时认知语境总是处于动态的变化之中：记忆贮存中的有些定识被调用，加入到认知语境中；认知语境中的某些定识可能不再有用，因此被弃置或至少从短时记忆中淡出；交际中得到的新定识可能被接纳，由此可能还会导致某些就定识的弃用。这种变化正反映了当前话语框架的更替。

5.6 小结

本章研究的是在篇章中认知因素引起的"的"字内涵定语和指示外延定语的语序。在语篇中,指示外延定语在前的 a 式主要适用于直指入场并引入特征描写,也可用于回顾入场;而在后的 b 式适用于回顾入场,"的"字定语被置于指示外延定语之前,其所描写的特征是受话人已知的,"的"字定语就成为为引导目标体入场的参照体,因而是限制性的。

回到赵元任的经典例句,如果言者认为听者没有注意到"那位先生",或者认为"那位先生"对听者而言可及性不够高,则用 a 式;反之则用 b 式。

本章并非意在推翻可别度领前原理,只是把它推广到语篇层面,意在强调言语单位的可别度还具有在线认知特性,应当视言语单位在当前话语空间中的具体指称属性而定。指称性确实是可别度的核心内容,但对指称性的判定必须依赖即时的认知场景,必须兼顾交际双方的认知状态。

第四、五两章考察的这两个问题,表面看起来是定语的位置或者层次的漂移,但实际上反映了"的"的认知入场功能在即时语篇中对句法的要求。

这两项研究旨在说明,在实际的语篇中,短语中"的"的隐现和位置,并不是任意的,而是受到篇章因素的制约。而这些篇章因素,则反映了在认知入场的当前话语空间中,参照体—目标结构的句法表现是有合理的动因的。

第六章 事态句中的"的"①

6.1 事态句不是什么

6.1.1 "名词化标记"说

对句尾的"的",重要的研究至少有吕叔湘(1942,1944)、赵元任(1979)、朱德熙(1978)、陆俭明(1980)、宋玉柱(1981)、史有为(1982)、李讷等(1998)、杉村博文(1999)、小野秀树(2001)、王光全(2003)、木村英树(2003)等,而袁毓林(2003a)则是近年来论述最为深广的一篇。该文认为句尾的"的"也是名词化标记,把"在事件句的后面加上虚词'的'后"造成的"说明事态的判断句"定名为事态句(state-of-affairs sentences),其主要类型有:

(1)a.(是)小王第一个跳的。
　　b.小王(是)第一个跳的。
(2)a.我(是)在中山路上车的。
　　b.我(是)在中山路上的车。②

此论最值得肯定的有两点。第一,确定了"事态句"这个名称,用

---

① 本章初稿发表于《中国语文》2013年第1期。
② 原例中有疑问句,本章为取得更纯粹的样本,改用陈述句。例(2a)、(2b)说明"的"在宾语前后均可,以往研究均忽略位置差异带来的句法影响,本章也暂不考虑这一点。本章选例以语篇中的对话为主。

以和"事件句"相比较。该术语比"的"字判断句、"是……的"句等更能体现这种句型的本质。第二,在朱德熙(1961)的基础上进一步论证了句尾"的"和"的$_3$"的同一性,强调事态句尽管以动词为核心却具有名词性。这相对于"时体标记"说(宋玉柱 1981)是前进了一大步。但问题在于,如果认为"的"是"名词化标记",就会和如下语言事实相抵牾。

6.1.2 "的"字不必有

说"的"是"名词化标记",就意味着以动词为谓语核心的事件句仅用于陈述事件,在加上"的"字后才能够成为事态句,用以指称事态,"的"是事态句的必有成分。可是,有些事态句中的"的"并非必有成分:

(3)a.你不必多嘱咐,我知道(的)。(吕叔湘 1944:15.33)

　　b.你这么一说,我知道了 。(吕叔湘 1944:15.33)

　　c.*你这么一说,我知道的。

a 句是事态句,表达"我知道"这个情况,原来知道,现在和将来也都知道;而这个情况是听者所不知道或者不在意的,所以才一再嘱咐。言者试图通过申明事态使听者真正认识到"我知道"这个事态,从而不再多嘱咐。b 句是事件句,表述的是经过"你"的说明以后,"我"从原来不知道转变为知道的变化。a、b 两句只能出现在不同的语境中。即使把 a 句中的"的"删除后也仍然只能表达事态而不能陈述事件,不能出现在事件句的语境中,如例(3c)。可见,以动词"知道"为谓语核心的小句"我知道"本来就可以表达事态。再如:

(4)a.阿译:"他有个儿子(的)。在中原战场。"(兰晓龙《我的团长我的团》)

　　b.熊猫吃竹子(的)。(唐正大 2008)

　　c.这样重要的事情也会忘记(的)?(张谊生 2000)

d.麻子铁匠和大空、福运则咆哮起来,当下要到下洼村闹事,人已经跳上岸,被韩文举拦腰抱住,说:"使不得(的),使不得(的)!"(贾平凹《浮躁》)

这些例子原文都带"的",而且删除了"的"依然能够成立,依然表达事态,并且所表达的真值语义也没有变化。更值得注意的是下面这些例子:

(5)a.当然,应该说,这个传统从马克思起就有了的。(邓小平《在扩大的中央工作会议上的讲话》)

a'.当然,应该说,这个传统是从马克思起就有了。

b.他说你这样的做呀,还能促使你对他的学习,这么着,这么样儿学习能看一报纸了的。(1982年北京话调查资料,胡天顺)

b'.他说你这样的做呀,还能促使你对他的学习,这么着,这么样儿学习是能看一报纸了。

"的"为原句所有。删除"的"后,句中都有"了"。然而这个"了"却不意味着句子表达动态。因为在主语后面可以加上"是",而系词"是"说明谓语部分具有名词性(王伟、沈家煊 2011;Payne 1997:114—119),表达了事态。

更极端的例子是句尾有没有"的"都不能加"是",却也依然表达事态的句子:

(6)a.等我写完了(的)。(马真 2004:325)

a'.*是等我写完了(的)。

b.刘志彬伸臂搂过白丽,白丽温情脉脉地仰起脸,把嘴噘着凑上来。刘志彬把脸侧过来,用颊接受了白丽的一个吻。"嘴臭,"刘彬笑着说,"我嘴臭,吃了一路的鸡蛋,抽了两包烟,等晚上了刷了牙的。"(王朔《人莫予毒》)

b'.*是等晚上刷了牙(的)。

这些例子同样表达事态,是因为它们实际上是条件分句("等"具有了某个条件再做某事①),而条件分句实际上也是一种话题(Haiman 1978),具有指称性。而且,句中的"了"表示动作完成,而动作的完成即为一种状态(吕叔湘 1942:5.31)。删除以上例句中的"的",它们依然是表达事态而不是陈述事件。还有一类例子有"是"无"的":

(7)原先我的准备是多余的,<u>每个孩子好像都是挺有经验</u>,有备而来,一个个睡袋排开来,乱中有序,煞是好看。(《读者》(合订本),北大 CCL 语料)

"有"是动词,带宾语"经验",表达状态②,句末无"的"。可见,"的"字不是事态句的必有成分。而事件句本身就具有指称性,可用于表达事态,并不需要加"的"后"名词化"。

6.1.3 事态句并非派生于事件句

既然"的"不是必有成分,那么事件句和事态句是不是基础句型和派生句型的关系呢?从下面这些事实看来,并非如此。

第一,有些事态句不能还原成事件句。比如例(4d)这样用于祈使的零句性事态句,*"使不得了"。再如,表达恒常事件的事态句也不能还原为事件句:

(8)a.看,台球这么打的。

　　b.*看,台球这么打了。

---

① 感谢张伯江先生指出,这里的"的"等于"再说",不可或缺,因此删去不再成立。本文认为,"再说"正是对条件意义的解读。

② 试比较表达事件的"有了经验"和"有过经验"。

第二,按照加"的"派生的方法,有些事件句也不能派生出事态句①,比如:

(9) a. 我明年去北京。

b. *我明年去的北京。

c. 我明年去北京的。

这是表达意愿的未然事件句,排斥 b 句这种"的"字前置的格式。c 句之所以能成立,是因为隐含了一个表达意愿的"会",主观性比较强,"的"实际上和这个"会"发生联系:"会的,我明年会去北京的"②。也有的未然事件对这两种格式都排斥:

(10) 问:你怎么回去?

a. 答:我在中山路上车。

b. *答:我在中山路上的车。

c. *答:我在中山路上车的。

这是表达计划的未然事件句,客观实现的可能性较强,主观意愿并不显著。

木村英树(2003)也指出,有数量补语的事件句不能转换为事态句:

(11) a. 我今年去了三次北京。

b. *我今年去的三次北京。

实际上,事件句和事态句能以增减"的"的方式相互转换的只有陈述独立事件的已然事件句,以袁毓林(2003a)文中第 5 组例句为代表,转引如下:

(12) a. 瓦特发明了蒸汽机。

---

① 袁毓林(2003a)文中承认他所说的句型 S41 和 S42 中有些句例不能成立,如"姐姐家是我妈前天去的"等。本文认为这是由于话题化的某种因素导致的,在某种语境下,加上话题标记的"姐姐家呢,是我妈前天去的"就可以成立,这和"的"关系并不大。本章暂不论及此类现象。

② 在语篇中加不加"会"其实是有差异的,本章暂且略而不论。

b. 我昨天碰到了小王。

c. 我妈妈前天去了姐姐家。

d. 李平今年考上了大学。

这种句子的动词谓语的特点是,言者用以陈述他认为听者未知的动态事件的陈述性最强。在指称该事件的事态时,就特别需要"的"的帮助。这和意义稳定的性质形容词可以直接修饰名词("红太阳"),而意义不稳定的状态形容词需要加"的"才能修饰名词有平行性("红彤彤*(的)太阳")。(详后 6.3.3 小节)

6.1.4 "(是)……的"不圈定焦点

袁毓林(2003a)以"(是)……的"的作用是"圈定"焦点作为从事件句派生出事态句的语义动因,并以此解释为什么有的事件句不能转换为事态句。从行文来看,其所论的"焦点"指的是对比焦点(袁毓林 2003b)。但是,"圈定"说会遇到两类反例。

一是没有圈定,真正的焦点其实落在了"(是)……的"这个圈子的外面:

(13) a. 她是生的<u>男孩</u>。

b. 我是投的<u>赞成票</u>。

c. 我是吃的<u>鸡蛋</u>。

d. 他是喝的<u>牛奶</u>。

沈家煊(2008)指出,在这类句子里,"生的"并"没有多少语义分量",焦点其实是"男孩"等"的"后面的名词,根本就不在"(是)……的"圈定的范围内。甚至只说"她是男孩"也可以表达同样的意思。

二是圈而不定。"(是)……的"好像是圈了一个范围,但这个"范围"并不精确。刘丹青等(1998)即已指出这一点。然而,对比焦点应该是可以根据上下文意精确定位的,不能只是一个笼统的范围而已。

例如：

(14) a. 我是<u>去年</u>出差去上海的。

b. 我去<u>跟他</u>谈的。

c. 鲁贵：你<u>怎么</u>进来的？

d. 鲁大海：铁门关着，叫不开，我<u>爬墙</u>进来的。

后三例来自袁毓林(2003a)中的例(16)，焦点词语为原文所划定。从该文的分析来看，也仅承认这些词语才是焦点，而不是由"(是)……的"圈定的那样一个大范围。圈而不定，就不能说"(是)……的"是焦点结构标记。如果"(是)……的"并不圈定焦点①，那么从事件句到事态句的派生就失去了语义动因，所谓"的"的名词化标记功能就更无从着落了。

"的"跟自然焦点也没有必然联系。自然焦点是新信息(张伯江等1996:73；刘丹青等1998)，而言者提请听者注意的却可以是再次申明的旧信息(详后6.3.2小节)。比如：

(15) "烫坏了吗？"女人大胆地提起了丈夫的手。……"没有没有，<u>没有</u>的。"(王旭烽《南方有嘉木》)

6.1.5　事态句和判断句

袁文认为事态句属于判断句。而本章认为，二者不在同一层面，有联系有区别。

事态句与事件句的划分，主要是就动词核心的句子(包括整句和零句)而言，区分标准是用于指称还是陈述。

判断是逻辑思维的基本形式之一，即肯定或否定某事物的存在或指明它是否具有某属性的思维过程。反映这个过程的句子，就是判断

---

① 形成"是……的"句焦点的不确定性的历史因素可参看龙海平(2011)。

句。狭义的判断句,表达逻辑上的等价(equation)和真包含(proper inclusion),比较客观。广义的判断句,则表达认可或者不认可,即对一个命题做出主观上是或否的断定。因为需要表达一个命题,所以判断句通常需要是整句。

二者的联系在于,有些事态句可以用于做判断。带"是"的事态句是判断句,比如朱德熙(1978)所论的五类句子。不过根据李讷等(1998:94)的分析,这类句子和表示分类或等同的判断句还是有差异。

不带"是"的事态句则包括两种。一种能加上"是",但常常对一个命题做出主观判断的意味更为薄弱,更多的仅仅是摆出事实,重读"是"才强调判断意味。例(16)如果要加上"是"则需要重读;例(17)中的"是"需要重读,删除"是"后句子也成立。

(16)我挺感激她的。(冯骥才《一百个人的十年》)

(17)汪霞扳着手指头说,"一来,你兄弟是不是一准回家料理老娘的后事?""这个,<u>他是会来的</u>。他不是那种没老没少忘恩负义的人。"玉环十分有把握地说。(冯志《敌后武工队》)

另一种事态句不宜加上"是",并非将事态呈现用于表达判断,所以不能算作判断句。比如前文例(4d)和例(6),就是将事态用于祈使而不是判断。

6.2　事态句是什么

6.2.1　事态是什么

把以上要素剥离之后,袁毓林(2003a)对事态句的定义似乎只剩下了"事态句是说明事态的句子"。这当然没问题,却不能算作定义。该文也并没有直接对"事态"下定义。不过从一般意义上讲,"事态"是一种"状态",是"事件的状态"。又据该文第 5.1 小节可以推断该文中"事态"指的是"对 VP 造成的事态或属性的指称"①。那么,事态句就是,虽然以动词为核心,但却以对事件的状态或属性的指称为手段进行交际的句子,简而言之,是一种指称句。如果以上推论符合袁文本意的话,那么袁文与本文讨论的起始点是一致的。相对而言,事件句就是以对事件的陈述为手段进行交际的句子。

语言事实使我们既要承认事态句的指称性,承认其中的"的"和"的$_3$"的一致性,又不能把这个"的"解释为名词化标记,这就需要重新认识事态句的本质。

6.2.2 表达事态的句子

除了袁毓林(2003a)认可的四类典型即例(1)、例(2)外,带有"的"的事态句至少还可以有下面这些例子代表的类型②,限于篇幅,不能展开论述:

(18)"我们一次只卖一包的。"撮着更急了,"你要买一千包,不是成心挑衅,不让我们做生意吗?"(王旭烽《南方有嘉木》)

(19)麻子铁匠和大空、福运则咆哮起来,当下要到下洼村闹事,人已经跳上岸,被韩文举拦腰抱住,说:"使不得的,使不得的!小水已经进了人家门,就是人家人了;下洼村已经嫌了小水,咱再去闹,让人家更见笑了!"(贾平凹《浮躁》)

(20)要说结婚,你还是找韩劲那样的老实小伙子结婚好,一定会对你好一辈子的。(王朔《一半是火焰 一半是海水》)

---

① 原文是:"'的'字结构'VP 的'既可以……,也可以全局性地(globally)转指有 VP 造成的事态或属性(property)。"

② 本章暂不涉及形容词谓语句,尽管汉语形容词一般被认为是动词的一个次类。

(21)"二位要看看？<u>可以的</u>。"(王朔《橡皮人》)

(22)"你有这人地址吗？给我写一份。""<u>有的</u>。"李奎东说,"你们要找他别说我叫你们找的。"(王朔《玩儿的就是心跳》)

需要指出的是,以上例子都是把事态作为一个整体面貌和盘托出,是指称性的交际单位。赵元任(Chao 1968:296)即已指出,"的"表示"整个情况(whole situation)",相当于说"事情就是这样(such is the case)","就是这样的情况"(this is the kind of situation)。

这种整体性还可以从"了"和"的"的动静对比中看出来。下面这组例子来自吕叔湘(1944:15.33):

(23)a.(你这么一说,)我知道了 。

b.(你不必多嘱咐,)我知道的 。

(24)a.这本书我看完了 。

b.这本书我看完的 。

(25)a.他今天不来,明天也该来了 。

b.他今天不来,明天也要来的 。

吕先生就此提出,"了"和"的"在这其中表现出了"动和静的分别"。(吕叔湘 1944:15.71)。[①] 所谓动,指的是无论已然或未然,都是变动性的事实,就是事件;所谓静,指的是无论固然或当然,都是静止性的事实,就是事态。

6.2.3 事态句属于名词谓语句

对事态句的非事件性,李讷等(1998)从低及物性特征(背景化、非

[①] 这里所谈的句子的动静之别,就是事件和事态之别,不同于郭锐(1997)所论的"过程"与"非过程"。事件和事态的差异,着眼于语用上的陈述和指称;过程与非过程的差异,着眼于谓词性成分在句法和语义上表现出来的时间结构,区分的是"陈述性成分与外部时间过程的关系"(郭锐 1997:163)。事件与事态的差异表现为动静差异有其认知基础。

时间性、宾语的个体性和受动性)、语体特征、语义强度等方面做了详细的论证。本章赞同该文观点,并拟进一步论证事态句的指称性。

事态句是表达事件状态的指称性谓语句,和一般表示事物状态或属性的名词谓语句(predicate nominals,Payne 1997:114)有相当的平行性①:

(26) a. 小王第一个跳。　　　　　b. 小王黄头发。
　　　小王是第一个跳。　　　　　 小王是黄头发。
　　　小王是第一个跳的。　　　　 小王是黄头发的。
　　　是小王第一个跳。　　　　　 是小王黄头发。

显而易见,肯否表达使用"是"或"不是",就表明了事态的名词性。反之,如果是对事件的否定,则应该使用"没"(李讷等 1998:77)。更重要的是,"第一个跳"和"黄头发"具有同样的名词性,这可以从沈家煊(2007a)以来提出的"汉语动词也是名词"的"名动包含模式"的词类系统得到解释。当汉语动词用于表达非事件性的事态句中时,它的名词性就表现出来。袁毓林(2003a)提出一个句法上的证明,"的"在句尾的事态句在不加"是"时都可以充当定语:

(27)我在中山路上车的时候。

(28)小王昨天晚上来的事儿。(转引自袁毓林 2003a:9)

事态句和事物名词谓语句的平行性还表现在:

(29) a. *我吃的饭。　　　　　　　b. *小王头发。
　　　我吃的红米饭。　　　　　　小王黄头发。
　　　*我是吃的饭。　　　　　　*小王是头发。
　　　我是吃的红米饭。　　　　　小王是黄头发。

有观点认为 a 组是动词谓语句,所以才会把"的"当成附着在动词

---

① "是小王第一个跳的"和"*是小王黄头发的"的不平行反映了汉语动名的差异,但大格局是平行的。

"吃"后面的时体标记。袁毓林(2003a)对此有正确的批评,揭示了事态句的名词性,并特别指出表达事态的"VP 的"还可以独立做主语和宾语,下面二例选自袁文例(31)、(32):

(30)a.我还是赶紧溜走的好。

b.听了这话,她心里比针扎的还难受。

最早正式提出事态句属于名词谓语句的是小野秀树(2001)。然而,他的论据是把"V 的 O"中的"V 的"视为对"O"的分类性限制,这一点经不起木村英树(2003)的质疑:"你都买的什么?"中"对某个原本不明确的事物加以分类性限制是不可思议的"。而且,汉语定中结构所表达的语义关系,本来就绝不仅仅是分类性限制。不过,木村英树(2003)的另一个批评,把事态句看作名词谓语句缺乏句式语义上的依据,却可以从例(29)表现出的事件的状态和事物的状态的共性上得到解释。当然,也应当看到,事态句和表示等同(小王上海人)、存在(信封里是照片)和领有(南沙群岛(是)中国的)等意义的名词谓语句并不平行。这说明了事态和事物的差异,但是这种差异不能掩盖事态具有指称性的本质。事态句例(26a)和事物句例(26b)都是名词谓语句。

袁毓林(2003a)用"全局转指"解说事态句的指称性,符合赵元任(Chao1968)"的"表示"整个情况"的判断,比小野秀树(2001)的分类性限制说显然要高明。但"全局转指"的弱点在于不承认事件句本身的名词性,而要以"的"来"化"之。这就多此一举了,既导致遭遇前文所提出的种种问题,也不符合"优雅准则"(沈家煊 2011)。

小野秀树(2001)和袁毓林(2003a)都认识到了事态句的谓语具有名词性、指称性,这和本文一致。按照我们的理解,"全局转指"实质就是"本体隐喻"(ontological metaphor):"人们用本体隐喻来理解事件、动作、活动和状态。通过隐喻,事件和动作被理解为实体。"(Lakoff & Johnson 1980:31)"陈述语用做指称语就是将一个抽象的事件或动作当作一个具体的实体看待。"(沈家煊 2009a)本体隐喻是事件句同样可以表达事态的认知基础。

6.2.4 事态句和事件句

动词谓语句,加不加"的"都可用于表达事态性,加"了"则可以表达事件性:

(31)a.(你不必多嘱咐,)我知道(的)。
　　b.(你这么一说,)我知道*(了)。

所以,事态句不是事件句的名词化对应物。事件句和事态句之间既没有"名词化"这个派生过程,事件句也不是事态句的基础。

事态句才是基本的(我知道),事件句是从中分化出来的次类(我知道了)。这个小类仍具有事态句的性质,事件句也可用于表达事态。前文列举了很多不用"的"的事态句,就与以动词为谓语核心的事件句同形。这说明事件句本身也还具有名词性、指称性。因此,事件句可以充当主宾语(你知道我知道了)。并且,事态句和事件句都还可以再加上"的",突显其事态性、指称性(我知道的;我知道了的)。

由此看来,汉语的动词谓语句也具有名词谓语句的特性,呈现出一种如下所示的扭曲对应关系:表达事态的动词谓语句也是名词谓语句。汉语事态句和事件句的这种包含关系正对应于汉语名词和动词的包含关系——汉语动词是名词的次类,具有名词性(沈家煊 2007a)。句类关系与词类关系二者得以互证。

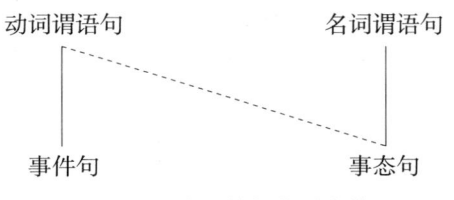

图 6-1　句式间的扭曲对应关系

正因为事件句是事态句的一个次类,本身同时也仍是事态句,所以在用于表达事态、做指称语时不必加"的",有时候加了反而不好:

(32) 小王第一个跳(*的)是不可能的。

(33) 我在中山路上车(*的)很方便。

这说明"的"的功能并不是名词化,而是另有他用。

6.3 "的"的功能

6.3.1 传信和预设

对事态句中的"的"的功能的考察,最值得肯定的研究成果有二:一是李讷等(1998)从吕叔湘(1944)的确认说发展来的传信说,"的"的传信功能表现为广义的情态作用,表示主观上对事实的确认态度;二是袁毓林(2003a)在修正杉村博文(2001)的承指说后提出来的预设说,主张"事态句'…V 的(O)'以'…V 了(O)'作为预设"。

不过李讷等(1998)在文末提到传信说有不能覆盖的用例,原文例(38)—(40)转引如下:

(34) a. 我没跑远,<u>本来想去我姨妈家的</u>,走了一段路,心里害怕又回来了,加了衣服一直在小花园坐到天亮。

b. 好朋友!你知道吗?<u>她准备给你写信的</u>。她是那么激动地对我讲过想向你倾诉的话,不是一句,而是很多很多。

c. "这里边怎么还不完?"丁小鲁等得有点不耐烦,"哪那么多说的?<u>说好了中午要给人家还服装的</u>。"

(35) "你能不能待会儿再玩?"……

"<u>玩完这阵的</u>,今儿我准备破纪录。"

该文提供了一个初步的解释,认为这些"的"可能有另外的历史来源,在方言中另有对应物,例(34)可能对应"来着",例(35)可能对应"着"。本文的看法是,即便如此,也不妨碍把普通话中这些句尾的"的"视为同一个"的"。而更重要的是,从整句用于表达事态这个共同的功能来看,这些"的"是同一个"的"。

预设说也会有覆盖不住的例子。一类是恒常事件的预设问题:

(36) a. 中国人是这么谈恋爱的。(杉村博文 1999)

　　　b. 笑是有益于健康的。

　　　a'. *中国人这么谈了恋爱。

　　　b'. *笑有益于了健康。

另一类是未然事件的预设问题:

(37) a. 我明年要去美国的。

　　　b. 你会考上大学的。

　　　a'. *我明年要去了美国。

　　　b'. *你会考上了大学。

再一类是表达某种事态的零句的预设问题,下例中的'号句均不能作为对应事态句的预设:

(38) a. "你是要拍这幅手迹吗?""是的。"来自上海外商投资服务中心的严欣周先生,看到数码相机里自己刚才的留影基本清晰,总算踏实下来。(新华社 2004 年新闻稿)

　　　a'. *是了。

　　　b. "你说,要是他们知道这个不起眼地站在门口的人就是宝康本人,他们会吃惊吧?""会的,一定会,我打保票他们会把你围得水泄不通就像前几年围观外国人。"(王朔《顽主》)

　　　b'. *会了。

引起这些问题的原因是,预设说默认事态句表达的是已然事态,而事实并非如此。过去、现在和未来的事件,甚至非时间性的恒常事件,都可能有事态。

传信、预设二说在其适用范围内都值得肯定,弱点在于不够全面,下文试图提出一个吸取两者精华并覆盖更多用例的观点。

6.3.2 注意

李讷等(1998)发现事态句"都是处在交互作用中的,最典型的是成对出现在征询(anticipate)与回应(respond)过程中的"。这个发现提示我们进一步在言者对听者的互动交际中探索事态句中的"的"的交互主观性(intersubjectivity)意义。本文所谓的交互主观性,可能比李讷等文中的"交互作用"的意思更多一些,指的是建立在胡塞尔现象学基础之上的交互主观性(参看张宪 1997;Verhagen 2005)。简而言之,是指在实际话语中,言者通常会根据自己主观上对听者的身心体验及社会交往等主观世界的理解和拟测,来决定自己采用什么样的语言形式和对方进行交流。而在语篇中常常能找到揭示这种主观性意义的线索。根据对语料的观察,事态句中的"的"的交际功能可以概括为:

言者调动听者的注意力指向"的"前的事态,表达希望听者注意(pay attention)并重视这个事态的主观意向性(intention)。

一言以蔽之,就是"注意"。联合注意(joint attention)是人类独有的认知能力,是人类沟通的认知基础(Tomasello 1999:Ch.3)。当言者和听者的注意力投注到同一事物上的时候,沟通才能达成。注意力的分布(distribution of attention)是决定语法范畴的五大图式系统(schematic system)之一。不同的虚词,以不同强度的各种注意模式,调用人的注意力指向某个指称目标或场景。决定注意力分布的因素主要有:强度、方式(聚焦、范围、层次)、投射等方面。(Talmy 2000:76)研究突显程度、前景—背景、参照体—目标结构等都需要对注意力的分布进行分析。注意系统也是"的"的功能的重要认知基础,这可以从以下几个方面得到证明:

第一,有些语段中很明确的出现"注意"字样,用词汇形式明示语法意义:

(39)李:你家在北京什么时候开始的,几代了?

白:不知道这个。

张:不知道,还是你不大关心这个事怎么着?

白:从来也不怎么问,不说我们家人也……

张:这挺有意思的,注意注意挺有意思的。

(1982年北京话调查资料,白旭明)

(40)"还有一个细节你也遗忘了或是没有注意到,他们是在你鼻子底下交换的钥匙。"(王朔《人莫予毒》)

"挺有意思"可以独立成句,因此例(39)里的"的"用于句子平面而非构词平面。说话人为特别提请听话人注意,在使用了一个加"的"的事态句后再以"注意"这个词汇形式挑明其意图。例(40)里的"遗忘了"说明言者认为听者曾经知道但没有"注意",所以接下来用加"的"的形式提醒他。注意不注意,和知道不知道是两回事。说话人认为听话人知道某事态,但是没有把该事态置于注意范围的核心,才需要用加"的"的方式提醒对方。所以,"的"前标示的不一定是在客观上属于新信息的事态。

第二,重复的事态句后一个带"的"。比如前文的例(15),再如:

(41)"呀……不用,我自己会,会的……"张先生搭讪着转过身去,对着一个年轻的人叫喊……(陆文夫《享福〈小巷人物志〉之二十二》《作家文摘》1993年)

(42)"你别请假,我自己会请假的。"(周而复《上海的早晨》)

这也说明"的"的使用和信息的新旧没有直接关联,不一定附着于新信息之后,哪怕是已经表达过的旧信息,只要言者觉得听者并未如自己所愿的那样加以注意,就可以再说一遍,并且加上"的"提示对方注意或加以特别重视。李讷等(1998)也论证了"的"不是为了"告诉听话人发生了什么",即并非意在提供新信息。

第三,对于对话中的这种交互主观性,还可以做一个语篇的对比分析:

(43)唐基:"……算啦。不啦。刻作翡翠的又怎样?他家里没人了,没人能记得他……十几年几十年后又有谁记得我们在这里做过什么?"

阿译:"<u>他有个儿子的</u>。在中原战场。"

唐基:"死啦。也是像你一样的大好青年,灰飞烟灭。"(兰晓龙《我的团长我的团》)

(44)胡雪岩又问:"他是哪里人?"

"靠近沧州的盐山。"

"家里还有什么人?"

"不大清楚。"徐用仪说:"<u>他有个儿子</u>,本来也是牵涉在杨乃武那一案里的,后来看看事情闹大了,刘锡彤叫他回盐山,哪知坐的是福星轮。"(高阳《红顶商人胡雪岩》)

在语篇中,这两个例子中的画线句显然不宜互换。例(43)中言者阿译认为听者唐基不知道"他有个儿子"这件事所以才说出"他家里没人了"等话,为了让对方特别注意这个新信息,才加上了"的"字。但其实对方知道的更多,这很能表明"的"的使用是出于主观因素而不是客观因素。例(44)则只是一个简单的说明,不需要加"的"。再比如:

(45)"你还记得那首绝命诗吗?"福临颇感兴趣。"<u>记得的</u>。"苏克萨哈用生硬的汉语念道:"……"(凌力《少年天子》)

(46)"七姐,我同你谈过的罗四姐,你还记得记不得?"七姑奶奶想了一下,点点头说:"记得。"(高阳《红顶商人胡雪岩》)

(47)"记得。"阿妹想起来了,"那是一个老太婆和一个黄头发的小丫头。"(陆文夫《人之窝》)

例(45)中为臣的苏克萨哈特别想让为君的福临知道自己记得那首诗,后两例中因为对话双方的身份差异没有那么大,所以言者就没有对听者的特别期待。

第四,由事态句构成的转折关系的复句或句群中,作为语义重心的后一个分句或句子带"的",两相比较,送话人希望受话人注意和重视的是后者。此类用例一般出现在书面语中。

(48)但实际上唐末以来所流行的禅宗是由唐中期的被称为六祖的慧(或作"惠")能创立的。(阴法鲁、许树安《中国古代文化史》(三))

(49)雾和云都是水汽凝结而成,只是云的底部不接触地面,而雾却是接触地面的。(《中国儿童百科全书》)

第五,在带"的"的事态句中,都可以增补含有关注义的话语,比如"(请)注意""我要说的是""我希望你知道的是"之类,用于表达言者希望听者重视而不要忽视下面所提到的事态,但并不是所有用例都可以补出表达确认义的"确实"之类。以李讷等(1998)认为例外的几句为例:

(50)"当然,我气坏了。特别是你这么撒腿一跑,这是他妈电影里的路子,怎么发生在我头上了?你怎么那么傻呀?吵架归吵架,跑什么?不知道城里的坏人天一黑就都出来了,专门收容你这种离家出走的妇女?真出了事你找谁哭去?"

"我没跑远,(请注意/?确实)本来想去我姨妈家的,走了一段路,心里害怕又回来了,加了衣服一直在小花园坐到天亮。"(王朔

《过把瘾就死》)①

言者想向听者表明她没有打算离家出走,去姨妈家也还是一种"家"。另外,此前的例(34b)中的设问句"你知道吗"显然也有表达希望听者注意下面所说的事态的意图。例(34c)中在事态句前的是两个反问句,意在告诉听者"该完了"和"别多说了",而随后的事态句则说明提出此要求的原因,是对方早已知道却似乎忘记了的事态"说好了中午要给人家还服装"。再举一例:

(51)有些吃惊,在我的印象中,刘丽娜连男朋友都没有,怎么突然就冒出了个"老公"? 我不禁脱口问道:"老公? 我怎么不知道你有老公?(? 确实)你什么时候结的婚呀姐姐? 怎么都不告诉我一声? 你老公呢,他做什么的?"(冯骥才《一百个人的十年》)

在疑问句中,则是言者请听者注意自己的疑问,等于说"请注意啊,我有个疑问"。这个"的"用在言域上,即疑问这种言语行为上。

6.3.3 "的"的认知本质

事态句中的"的"之所以有调动听者注意力的功能,是因为这个"的"和参照体—目标结构(沈家煊、王冬梅 2000)中的"的"一样,具有附着在指称性的语言单位后,提高其指别度的作用。所谓指别度,指的是"说话人觉得,他提供的指称词语指示听话人从头脑记忆中或周围环境中搜索、找出目标事物或事件的指示强度。指示强度高的指别度高,指示强度低的指别度低。"(参看前文第四章)提高某个指称性成分的指别度,也就达到增加听者对该指称目标的注意力强度、提高该实体可及度的作用。这个指称性成分,可以表征一个物体,也可以表征一种事态。

---

① 张伯江先生(个人交流)指出,李讷等(1998)论证了这里的"的"相当于"来着",这与本章所论并不矛盾。而陈前瑞(2008)对"来着"的研究结论是:"现时相关",这和本章的结论正好相互印证。

注意说可以兼容焦点说,因为"大略地说,焦点是说话人最想让听话人注意的部分"(刘丹青等 1998)。注意的聚焦方式是决定句子信息结构的焦点的认知基础,因而焦点说具有一定的解释力。而焦点说之所以会遭遇前文提出的那些问题,是因为焦点位置在句子中是固定的。但注意系统却具有高度的灵活性和快速转换性(Tamly 2000:304),注意是流动的。在参照体—目标结构"X 的 Y"中,注意力从参照体流向目标体,所以,提高对参照体的注意强度能提高对目标体的注意强度,使目标体更为突显。这正可以解释"她是生的男孩"中为什么焦点是"男孩"而不是"是……的"所圈定的"生"。负载交际背景信息的"生",脱离语境看是可陈述动作的动词,也是可指称事态的名词,在本句中附有"的"后指别度得以提高,作为参照体把注意力导向并聚焦到负载新的具体信息的目标体"男孩"。这种突显作用和"男孩"处于句尾的自然焦点位置也相一致。

传信和预设也都和引起注意有关。确认传信就是言者以当前示证为目的而需要听者注意某个事态,然而言者希望听者注意某个事态却不一定是为了传信。预设性则反映了当前的注意力被引到此前的相关事态上,然而注意力却也还可以指向非过去事件的事态上,这都由特定语境中听说双方的交互主观状态决定。

6.4 结论

事态句是表达事件状态的名词性谓语句,是以对事态(包括属性)的指称为手段进行交际的句子。言者在事态句中加上"的",是为了调动听者的注意力指向"的"前的事态,表达希望听者注意并重视这个事态的主观意向性。"的"这个功能和"X 的 Y"中的"的"本质上是一致的,因为"的"具有加强所附着的语言单位的指别度的作用。

第七章 从"词类功能专门化"看"的"和实词的关系[①]

7.1 问题

"的"和几类实词的关系,是个几乎要被遗忘的老问题了。"形容词词尾说"曾经影响很大,黎锦熙、王力、吕叔湘等都曾支持此说(可参看史存直 1954),"白的"是形容词性的。朱德熙(1993)[②]按照结构主义的原则把"的"分化为"副词后缀、状态形容词后缀、名词化标记",其实是把"一个词尾说"发展成了"三个词尾说","白白的$_1$(辛苦了一天)"是副词性的,"白白的$_2$(皮肤)"是形容词性的,"白的$_3$"是名词性的。

"词尾说"不能很好的解释词干、词尾和词的关系。词干和词尾只是词的组成部分,但所谓副词和名词的词干,却都能以和整个词同样的词性单独使用,"的"在其中可有可无:

(1) 忽然的$_1$发现　忽然发现　大力的$_1$推广　大力推广
　　　木头的$_3$房子　木头房子　马的$_3$皮　　　马皮

[①] 本章初稿发表于《语法研究和探索》(十六),商务印书馆 2012 年版。
[②] 尽管朱德熙(1956)主张"说'的'字是附着的,并不包含承认它是词尾的意思",且朱德熙(1961)继而提出"的$_1$"是副词性单位的后附成分,"的$_2$"是形容词性单位的后附成分,"的$_3$"是名词性单位的后附成分;但朱德熙(1993)的说法有了变化。"后缀"按一般的理解,就是一种词尾。我们认为朱先生后期的观点代表他对该问题的思考的成熟阶段。三个"的"的分布差异确实存在,但朱德熙(1961)同时也指出把三个"的"归并为一个语素在心理上也是有一定地位的。本文同时重视三个"的"的共性和个性。

学习的₃材料　　学习材料　　研究的₃对象　　研究对象

大的₃树　　　　大树　　　　白的₃纸　　　　白纸

而状态形容词词干后的"的"一般不能省略：

(2) 漂漂亮亮的₂衣服　　*漂漂亮亮衣服

雪白的₂纸　　　　　*雪白纸

但在适当条件下也是能省略的：

(3) 漂漂亮亮一件衣服　　雪白一张纸

用于标明词性的"词尾"是整个词的一部分，显然不应该是可有可无的。为了避免这个矛盾，现在一般的主流观点是"助词说"，即把"的"视为副词、形容词和名词外接的助词。助词当然就是可以有条件隐现的成分了。不过，一般的"助词说"没有回答为什么"的"像词尾那样在语音上黏附于前。刘丹青(2008b:560)提出，"的"在语音上是从不重读、依附性强的附缀，但是在语法上由于没有造成移位、错位等现象，所以还是"可以直接分析为虚词性标记"。也就是说，"的"是在语音上具有附缀性的虚词，这解释了"的"和词尾在语音上的相似性，比传统的"助词说"又前进了一步。

不过"助词说"还需要回答：为什么"的"和"形容词词尾"在语法上也有相似性？即"X的"能充当定语，不管"X"是名词、动词还是形容词。如果不是形容词词尾，那么"的"和形容词到底是什么关系？或者说，"的"是一个发挥什么功能的"虚词性标记"？一个可能的答案是"的"是"定语标记"。但陆丙甫(2003)指出这种说法并不严谨，因为有些类型的定语中可以不出现"的"，甚至不能出现"的"，比如："*这个的人"，"*石油的工人"。

本章尝试从语言类型学的角度，用跨语言的词类划分标准审视"的"和形容词的关系。

7.2 跨语言的词类划分标准

7.2.1 加罗语中的"的"

加罗语(Garo,印度境内的一种藏缅语)中也有类似于汉语的"的"的语法标记：

(4) a. Da'r-an-gen.　　　　　(5) a. Ca'-gen-ma.
　　　大—反复体—将来时　　　吃—将来时—疑问标记
　　　它会变大。　　　　　　　你要吃吗？
　　b. da'r-gipa　mande　　　b. ca'-gipa　mande
　　　大—关系化标记—人　　　吃—关系化标记　人
　　　大的人　　　　　　　　　吃的人

加罗语中,语义上对应着汉语形容词"大"和动词"吃"的词,在例(4a)和(5a)中可以带上时体标记充当述谓短语的核心,因此它们都是动词。在(4b)和(5b)中,它们带上关系化标记"gipa"后就可以充当指称短语的修饰语。从汉语对译就可以看出来,汉语和加罗语比较近似,"的"也有关系化标记的功能。像这样的语言还有泰米尔语,侬语(Nung,壮侗语支)等(Hengeveld et al.2004:539)。

对这种现象的一种分析就是国内学界熟知的"形—名"和"形—动"分类法(Schachter & Shopen 1985/2007;Wetzer 1992),即有些语言形容词的句法表现接近于名词,而有些则近乎动词。该理论认为加罗语是"形—动"语言的代表,并常常拿它和"形—名"语言代表瓦劳语(Warao,一种南美印第安语)做对比：

(6) a. yakera

beauty

beauty

b. Hiaka yakera auka saba tai nisa-n-a-e.

衣服 beautiful 女儿 为 她 买—单数—瞬间体—过去时

她买了一件美丽的衣服给她的女儿。

在瓦劳语中，和英语的名词"beauty"及形容词"beautiful"对应的是同一个词，既可以用于充当指称短语的核心，也可以充当其修饰语。在例(6a)中，汉语"美的事物、美"和"美丽的"在瓦劳语中都是"yakera"。

这两类语言看起来好像是相对的，汉语也被视为一种"形—动"语言(Schachter & Shopen 1985/2007:18)。但是这种分析却忽视了上述现象中的一个重要的区别。加罗语中的动词和形容词在充当定语的时候是要加上标记的，而瓦劳语中则不需要。词类本质的句法功能体现在无标记项中，不加任何标记的直接修饰名词才是形容词的本质功能。所以，瓦劳语例(6b)中的"yakera"是形容词，而加罗语例(4b)中的"da'r"和例(5b)中的"ca'"其实不是形容词，而是动词。所以，"形—名"和"形—动"分类法并不十分严格。严格的分析应该考虑词类功能的"专门化"(specialization)。

7.2.2 词类功能的专门化

Dik 一派的功能语法学者(Hengeveld et al.2004:546)在类型学研究中强调词类功能的"专门化"：在一个语言中，如果有一类词的成员和某句法槽位相捆绑，使得这种语言不太有必要给这个槽位中的短语做出句法上或形态上的标记，那么就可以说存在一个专门化的词类。而如果行使某种句法功能时，没有无标记形式可以充当，那么，就应当认为在该语言中缺少相对应的词类，也就是说，此功能还没有专门化。

以此看来,瓦劳语有专门化的词类用于充当指称短语的核心和修饰语。而加罗语中的"大"和典型的动词"吃"一样,在充当修饰语的时候要关系化,也就是说,加罗语并没有专门化了的形容词,修饰指称短语核心的任务由其他词类加上一定的标记来充当。在汉语的对译中,这个标记体现为"的"。既然加罗语没有形容词这个词类,就谈不上是"形—动"语言了。

瓦劳语和加罗语的这种标记性上的区别还可以扩展到对动词的修饰语方式副词(manner adverb)的分析中。瓦劳语中"美的事物"一词,还可以自由充当述谓短语的修饰语:

(7) Oko kuana yaota-te　　arone yakera　nahoro-te
　　我们 辛苦 工作—非过去时 尽管 美的事物 吃—非过去时
　　尽管我们工作很辛苦,但是我们吃得不错。

而加罗语的动词和名词则需要在加上主从关系标记后才可以充当述谓短语的修饰语:

(8) a. Rak-e　　　　　　dok-aha.
　　 强壮—主从关系标记　击打—过去时
　　 他打得很有力。
　　b. Bia　　　　gar-e　　　kat-an-aha.
　　 第三人称单数扔—主从关系标记 跑—反复体—过去时
　　 他边扔边跑。

那么,这两种语言词类系统的实质是:瓦劳语仅有两类句法功能专门化的词类,动词和非动词。动词的专门化功能是自由充当述谓短语的核心,而非动词的专门化功能是自由充当指称短语的核心和所有修饰语。而加罗语有专门用作核心的动词和名词,但没有专门用作修饰语的相当于英语的形容词和副词的词类,修饰名词要加上关系化标记,修饰动词要加上主从标记。

词类功能专门化可以推论出句法功能槽位间的复式蕴涵关系（Hengeveld et al.2010）：

① 述谓⊂指称；

② 核心⊂修饰语；

③（述谓/指称）⊂（核心/修饰语）

这个蕴涵关系表达了词类功能的不对称。其含义之一，是意味着充当句法核心的词类替代充当修饰语的词类是常态，反之不然①。

词类功能专门化的思想打破了以往我们认为一种语言中必然有名动形副的思维定式。"专门化"强调"专一"和"无标记"，只有在有一批词专门只跟某一个句法槽位以无标记形式相捆绑的情形下，才能确定这种语言具有某一类词。缺少某类词的时候，可以使用别的已经专门化的词类加上一定的句法标记替代，只要语义适当即可。这个标准虽然严格，但是可操作性强，便于进行跨语言的比较。

7.3 "的"和形容词的关系

7.3.1 汉语形容词数量少

词类功能专门化这个用于判定词类的跨语言的纯句法标准，和张伯江（1996）及刘丹青（2005b）在分析汉语形容词时强调的标准"自由"实质上是一致的。

McCawley（1992）认为汉语没有形容词，所谓形容词都是动词。但是张伯江（1996）有力的论证了这种看法并不可取，并且提出，能自由充

---

① 这个蕴涵关系还有很多其他解读，比如：动词做名词用是常态，而名词做动词用是特例。

当名词定语的属性词才是形容词。这样,汉语形容词只包括大部分单音节形容词和非谓形容词,它们不需要加"的"就能做定语。虽然"安静、漂亮"等词通常认为是典型的形容词,但是只要严格执行该标准,它们都应当被排除在外,因为它们都需要"的"的帮助。坚持这一标准的结果就是,汉语确实有形容词,包括以单音节为主的本质属性词和以多音节为主的附加属性词(非谓形容词);但汉语形容词的数量就远不如原来以为的多。此说因其类型学意义而得到了刘丹青(2005b)的支持。

坚持词类功能专门化的标准就会发现,尽管汉语形容词有独立的地位,但数量比较少,范围比较小,不足以覆盖较广泛的属性意义。张伯江(1996)指出,以单音节为主的本质属性词古已有之,而由于现代汉语双音化趋势的制约,其成员的数量有所萎缩。而非谓形容词,根据张素玲(2006)对多篇重要文献的整理,不可类推的共 367 个,可类推的只有三类九种,例如:超一流,不成文,多层次,非本质;试验型,中国式,大陆性;汉英、京沪。而且,吕叔湘等(1981)和李宇明(1996)都曾指出,有些词本来是非谓形容词,后来都衍生出动词或名词的用法来,比如"<u>抽象</u>出数学模型""存<u>活期</u>"等。根据前述句法功能槽位间的蕴涵关系,这种情况适宜看成名词或动词替代形容词,而不是相反。这样,汉语形容词的数量还会进一步减少。

汉语形容词只是一个较小的词类,不足以覆盖较大的属性意义范围,造成了语义表达的缺位,需要由其他词类来填补这个功能,需要替代的手段。其一,可以是名词动词直接做定语;其二,也可以是加上"的"后再做定语[①]。汉语名词可以直接做定语,这是常识,无须举例。动词中可以直接做定语的其实也是大多数,比如"打击力度""参观队

[①] 比如例(4b)中对应的汉语"大人"和"大的人"都可以说,这是汉语和加罗语的不同之处。有"的"没"的"这两个替代手段工作在不同的认知层面上,这一点参看前文第三章。

伍",用例可以参看李晋霞(2008)的附录一。下面重点考察第二种替代手段。

7.3.2 "X 的"做定语

汉语名、动、形三类词都可以加"的"充当属性定语,这是共识:

(9) 老师的口气　　飘的感觉　　高的楼房
　　木头的桌子　　跑步的速度　　共同的认识

很多在英语中由专门化形容词表达的属性意义,在汉语中就交由可以无标记做谓语的不及物的状态(stative)动词加上"的"来表达。这些词大致就是一般认为的双音节形容词,比如:

(10) 安静*(的)房间　　　　　　a silent room
　　　这里(*是)安静(,那里吵闹)。　It *(is)-silent.
(11) 黑暗*(的)房间　　　　　　a dark room
　　　这里(*是)黑暗(,那里亮堂)。　It *(is)-dark.

本质属性词可以加"的"充当定语是毋庸置疑的。吕叔湘等(1981)曾指出有些非谓形容词修饰名词时不能加上"的"字,也不能加上"的"替代名词。但是,经过将近30年的语言变化,这些词基本上都已经能够带"的"了,我们相信这是反映了词类本质特点的趋势。下面是从北京大学 CCL 语料库中检得的部分例句,其中(16)、(17)两例说明还可以替代名词:

(12) 像她这把年纪的日本妇女,具有高等的文化程度,大学教授,是不多见的。

(13) 我们的生活很少按年月顺序,在后续的日子里,有那么多不以年月为顺序的事情插进来。

(14) 并且有关国家必须采用同一的保护标准,这样才能使古老文明与传承不被现实的疆界所割裂。

(15)这是一种<u>不良的</u>心理品质,是导致人们不战自垮,一事无成的精神因素之一。

(16)加纳阿散蒂民族有句谚语:"血比水更浓。"就是说,<u>婚生的</u>比<u>非婚生的</u>更亲。

(17)我们看到,这种会同意义对于词类意义是<u>下位的</u>、<u>内部的</u>。

"的"不是"形容词词尾标记"。"的"字附着在已经功能专门化的词类上,共同充当修饰语。"X 的"是当作修饰语使用,但并不能说"X 的"就是形容词,否则汉语形容词的范围就太广了,这会得出大部分实词甚至小句都是形容词的错误结论。同样,也不能说"X"就是形容词,"X"原来是什么词还是什么词。

重叠,是另外一种标记手段。只要语义适合,汉语名动形都可以重叠并加上"的"充当定语,如:

(18)<u>婆婆妈妈的</u>话　　<u>闹哄哄的</u>下午　　<u>高高的</u>楼房

如前文例(3)所示,不加"的"也可以,这说明重叠本身可以像加"的"一样,赋予已经专门化的词类充当定语的功能。而且,它们还经常充当状语(朱德熙 1956),如:

(18')<u>婆婆妈妈的</u>说　　<u>闹哄哄的</u>走　　<u>高高的</u>站

这促使我们进一步把词类功能专门化的观念用于对方式副词的考察。

7.4 "的"和方式副词的关系

7.4.1 汉语方式副词数量也少

跨语言的看,开放的词类有名词、动词、形容词和方式副词这四类

(Schachter & Shopen 1985/2007)。以词类功能专门化的观点来看汉语的方式副词,可以发现和形容词类似的现象。现代汉语的方式副词也并不如原来认为的那么多。

张谊生(2000)列出数百个描摹性副词(方式副词),包括方式、状态、情态和比况四小类。但他首先声明,汉语中的描摹性副词和限制性副词差异极大,只是为了不多另立名目,才归于副词名下。而他实际上在文中已经说明了,有些描摹性副词存在同形的实词,有些还兼有区别词的功能。我们只是认为其中实际上是替代方式副词的其他实词可能更多。

他揭示了"描摹性副词"和限定性副词的三点句法区别:

一、"描摹性副词"可以修饰指称性的名动词,限定性副词则不。

(19)a.正在进行<u>全力</u>抢救。

b.遭到<u>正色</u>拒绝。

二、动词受到"描摹性副词"修饰后可以进入介词结构中,表现出指称性的一面,限定性副词则不。

(20)a.在这幢危楼的<u>定向</u>爆破上。

b.在当地群众的<u>大力</u>支持下。

三、有一些"描摹性副词"能够同"是……的"一起充当合成谓语,限定性副词则不。

(21)a.这也是<u>难免</u>的。

b.你是<u>成心</u>的啊!

在我们看来,前两点是一致的,在其中"描摹性副词"修饰的是指称短语的核心。根据跨语言的观察,其他实词类替代副词修饰动词是常态,而专门化的方式副词却不能修饰名词(Hengeveld et al. 2004)。所以,这些词可以认为分属其他实词类。

(19')a.我已经尽了我的<u>全力</u>。(名词)

b.看他一脸的<u>正色</u>。(名词)

(20')a.比赛分为距离速度赛,水中<u>定向</u>(带指北针),水中作业,水中打靶等项目。(名词)

b.我吃不消他这一把<u>大力</u>,摔倒在地上。(名词)

第三点正显现出了这些词的动词性。张谊生文中也承认它们"在功能上同形容词最为接近"。而我们认为这些词实则就是张伯江(1996)认定的不及物动词。

(21')a.这也<u>难免</u>。(动词)

b.你<u>成心</u>啊!(动词)

7.4.2 方式副词的替代手段

这些词确实是起到了述谓短语中的修饰语的作用,但是修饰述谓短语核心的却不一定就是副词。类型学的研究表明(Schachter & Shopen 1985/2007:21),在缺少明确的方式副词的语言里,用于替代方式副词作用的手段有很多:

一、形容词的重叠。功用等同于英语中的"形容词-ly＝副词"这种加缀法派生的形态手段,比如土耳其语:

(22) yavaş　yavaş yavaş　　　　derin　derin derin
　　　慢　　慢慢(的₁)　　　　　深　　深深(的₁)

以重叠式充当方式副词,在汉语中是更为能产的手段,名动形都可以重叠后修饰动词:

(23) 山山水水的画了起来　　风风火火走了过来
　　　蹦蹦跳跳的走了　　　　来来回回转悠
　　　高高的抬起头　　　　　远远望去

华玉明(2003)举了大量的例子说明了这一点。如果这些词都算成方式副词,那方式副词就几乎要无穷无尽了。在张谊生(2000)的情状描摹性副词中就有"偷偷"等。我们认为,状态形容词的主体——重叠式,只是加了标记的名词、动词、形容词。重叠,用于标记已经专门化了的词类改作他用。

二、用拟声词(ideophone)描摹方式、颜色、声响、气味、动作和状态,比如非洲和澳洲的一些语言。约鲁巴语(Yoruba,尼罗—刚果语系,大西洋—刚果语族)中几乎所有的副词都是拟声的。在张谊生(2000)的情状描摹性副词中就有很多拟声的叠词,如"喋喋""脉脉"等。汉语中这些词实际上兼用了一、二两种方式。

三、名词或名词短语加介词(附置词),比如英语中"with ease"就等于"easily"。在张谊生(2000)的方式描摹性副词中有"暗中""暗里"等。根据刘丹青(2003)的研究,"中""里"等是具有一定虚化程度的后置(介)词。汉语中的这些用例确实词汇化程度比较高,但也有迹象表明似乎还没有完全词汇化。

(24) a. 实验者暗中观察,看孩子是否破坏规矩。

b. 实验者在暗中观察,看孩子是否破坏规矩。(北大 CCL 语料库)

(25) a. 万没想到,两条"恶狼",早暗里盯上了她,一路尾随而来。

b. 万没想到,两条"恶狼",早在暗里盯上了她,一路尾随而来。(北大 CCL 语料库)

在北大 CCL 语料库中检索"在暗中",得到三百多条用例,"在暗里"也有 9 条。"在暗中"中的"暗中"显然不是副词,只能当作介宾短语的一个部分。而"暗中"等则可做介宾结构和词汇化了的副词双重分析。如果将来出现"在"基本不用的情况,它们的词汇化过程才彻底完成。从这个角度说,"暗里"比"暗中"更像一个真正的方式副词。

四、把名词、动词或形容词当作方式副词来用。比如阿拉伯语使用名词和形容词的宾格表达方式意义：

(26) yom　yoman(宾格)　　　sariε　　sariεan(宾格)
　　 天,日　天天的₁　　　　　轻快　　轻快的₁

有的语言形容词充当方式副词用,并不需要加标记,比如特里克语(Trique,墨西哥土著的奥托—曼格安语系)和荷兰语。下面是荷兰语的例子：

(27) a. een mooi　kind
　　　 一个　美(beautiful)少年
　　　 一个美少年。

　　 b. Her　kind　danst　mooi
　　　 这个　少年　跳舞　美(beautifully)
　　　 这个少年漂漂亮亮的跳了一曲舞。

Akan语(尼罗—刚果语系)使用动词表达方式副词的意义：

(28) ɔtaa　ba　ba　　　Ohintaw　kɔ　hɔ
　　 他.追　来　这里　　他.躲　　去　那里
　　 他常常来这里。　　他悄悄的去那里。

汉语也如此。名词、动词可以填补形容词和方式副词的语义缺位,形容词也可以填补方式副词的语义缺位。张谊生(2000)列出67个非谓形容词和"描摹性副词"的兼类词,如"正式""硬性""多层次""小批量"等。在我们看来,这其实就是形容词直接顶替了方式副词的缺。由于汉语形容词范围小,还有动词(有些是一般认为的形容词)也加入其中,如"轮流""尽力"等。

(29) 我们轮流。　　我尽力了。

名词性的如"大口""一窝蜂"。

(30) 老虎张开大口,扑了过来。　　树上有一窝蜂。

五、由动词表达方式副词的意义,也就是连动式(serial verb construction），比如豪萨语（亚非语系，西非的主要语言）。上面的例（26）也有学者认为属于连动式。在张谊生（2000）列出的描摹性副词中，这可能是最多的。比如：

(29')我们<u>轮流</u>值班。　　我<u>尽力</u>完成任务。

这也从一个侧面证实了刘丹青（2010）的判断：汉语动词的活跃度高。这在词类系统方面的根本性因素之一就是，形容词范围小且缺少专门化的方式副词，这都需要动词挺身而出。

综上所述，汉语中专门化的方式副词很少，多数看似方式副词的只是由其他词类和结构替代罢了。替代的手段如此丰富，几乎世界上别的语言能用的汉语都用上了。张谊生（2000）认为描摹性副词是半开放的。这个观察是正确的。之所以如此，正是因为它们有很多其实不是真正的方式副词，而是替代形式。

7.5　余论："的"的分合

汉语不管名动形，有很多词加"的"可以做定语，也可以做状语。由此而来的一个推论就是"的"和"地"的差异也许没有看起来那么大，这和陆丙甫（1992）的观点倒很接近。沈家煊（2014）从汉语动词是名词的一个次类的包含模式（沈家煊2007a）出发得出一个推论："汉语的状语是'动态定语'"，并进而指出"汉语的实际是'地'只是状语标记，'的'既是定语标记也是状语标记，'的'的用法包含'地'的用法。"这非常符合普通人的日常语言直感。朱德熙（1961）把"的"分成三个语素，是发现了它们在语法表现上的个性，可是并不能因此而忽视"的"的共性。关键看个性压过共性还是共性压过个性。在我们看来，"语用优先"（刘丹青1995）的汉语强调的是它们在语用中的共性。

第八章　作为后置介词的"的"[①]

8.1　中心语问题的症结

关于"的"是不是中心语,是什么结构的中心语,学界已经有了很多深入的讨论。邓思颖(2006)、石定栩(2008)、郑礼珊等(Cheng et al. 2009)和李艳惠(2012;Li 2012)等也有较为详尽的述评。本节略加回顾,旨在确定一个寻求理想方案的标准。

8.1.1　DP 中心语说

程工(1999:188—189)最早把 DP 理论引到"的"字结构的分析中来。此后,Simpson(2001,2002)和熊仲儒(2005)都把"的"字结构"XP 的(YP)"分析为以"的"为中心语的 DP,尽管他们有很多细节上的不同。这类观点可图示如下:

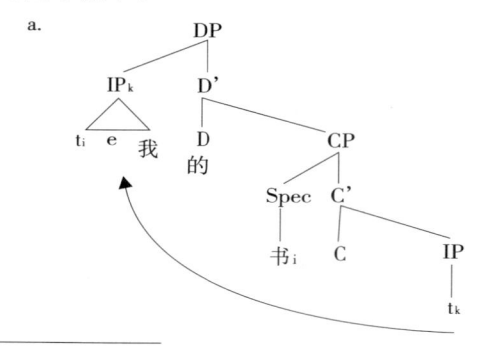

a.
```
         DP
        /  \
     IPₖ    D'
     /\    /  \
    tᵢ e 我  D    CP
            的   /  \
              Spec  C'
               书   /  \
                  C    IP
                       tₖ
```

[①] 本章简本发表于《当代语言学》2015 年第 1 期,详本发表于《汉语"的"的研究》,北京大学出版社 2017 年版。

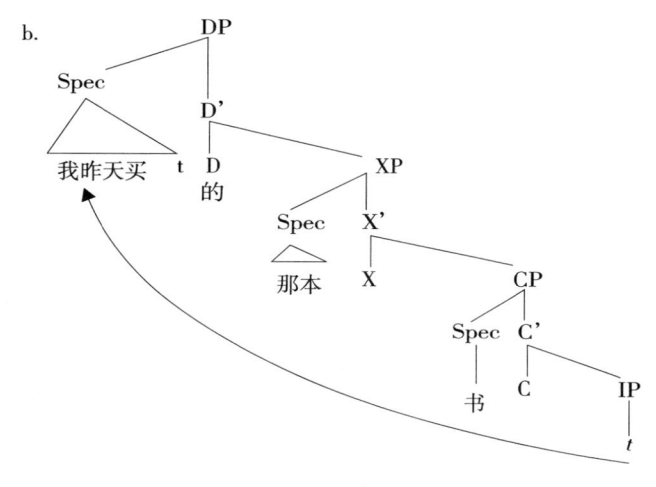

图 8-1　DP 中心语说

这些观点都必须假设"的"字结构从一个对应的小句派生而来，因此可能遭遇一些难以解释的例子。这些例子不是典型的提取主要论元的关系小句，甚至并不是由关系化而来的定语小句，都无法简单还原成对应的小句。比如，提取外围格的"面向基层的扶贫帮困"（石定栩 2008），无空关系小句（gapless RC, Cheng et al. 2009）"毒蛇咬的伤口""他写书的动机""他唱歌的声音"，某些从话题结构转变而来的定语小句"灯光开得最亮的演员""停车最难的超市"（张伯江 2014），以及同位语小句"多国部队空袭利比亚的消息"等。面对这些用例，如上图所示的分析方法就不适用了。

以"的"为 D，还必须承认"的 YP"是一个独立的句法结构。这无论是从语感（周国光 2006），还是从生成语法的理论内部（邓思颖 2006）来看，都很难令人接受。熊仲儒（2005）拿"的"和"之"类比，但这种类比其实缺乏比较的基础。二者一个后附一个前附，位置的差异决定了句法结构的不同。来源于指示词的"之"（刘丹青 2005a:14）具有前附性，和"这、那"相似，分析为 D 也许是可行的，可是这个分析法并不适用于附着方向相反的"的"。

  (1)a.之二虫又何知(庄子《逍遥游》)
   b.这(*的)二只虫又知道什么呢?
  (2)a.麟/之趾(《国风·周南·麟之趾》)
   b.麟的/趾

  此说最根本的问题在于它其实并不契合 X'理论。按照经典的 X'理论,核心应该与补足语处于低层,关系更为紧密,共同组成一个句法单位,作为一个整体发挥句法作用。而以"的"为 D 的结构分析违反了最基本的核心——补足语关系,即用来表示核心对于补足语的支配关系。(石定栩 2008)所以,要找一个合理的解释,就必须重视"的"的后附性。

8.1.2 CP 说

  同样是拿"的"和"之"类比,司富珍(2002)不满足于程工的"的"字 DP 说,得出了"的"是 CP 核心的结论,并在其后多篇论文(司富珍 2004,2006,2009)中做出多方面论证并略有修正。

  此说的出发点是"N 的 V"结构,所以主张"的"的常规位置是在主语和谓语之间。但是,熊仲儒(2005)指出此说并不能解释"这本书的出版"中"出版"的名词性。而且,因为有悖于常情,CP 说也受到了周国光(2005,2006)的质疑。

  这种说法管住了动词中心语的用例,却管不住其实更为常规的名词中心语的用例。因此,强调"这本书的出版"中"出版"的动词性似乎此路不通。不过,如果视之为名词,把"N 的 V"当作"N 的 N"(周韧 2012)来处理,也许是一条出路。

8.1.3 附接语说

  为了寻求更广阔的解释力,邓思颖(2006)支持附接语(adjunct)

说。石定栩(2008)对此进行了更为详细的阐述,"按照形式句法的惯例,定语应该附加在中心语上"。亦即,采用如下所示 b 图的结构代替 a 图的结构。

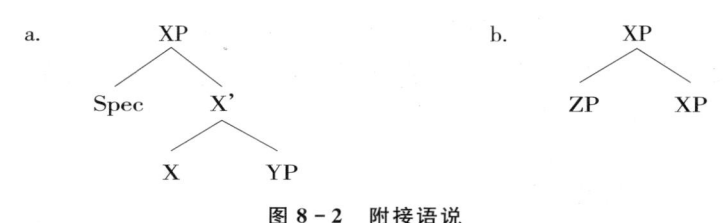

图 8-2　附接语说

用附接语说反对"的"是 DP 中心语,虽然有其优点,但也有与其相抵牾的语言事实。其一,附接语说必须承认"的"是名词化标记,这就无法解释为什么名词也需要名词化:"木头的桌子"。其二,面对"木头房子"和"木头的房子"这类用例,附接语说可以解释二者的相同之处,即都是修饰关系,但却不能解释二者的相异之处,也就不能说明同样都是修饰为什么后者需要出现"的"。其实这关乎名词的赋格(详见 8.6.2 小节)。其三,汉语中有大量无法补出核心"YP"的"XP 的"的用例,附接语说不能解释这种"XP 的"作为附接语却又何以能够独立出现,而这类用例一直是分析中不可回避的难点。

8.1.4　连词说

李艳惠(2008)的连词说提出 YP 是真空语类,而"的"本身没有词类因素,如同一般的连词。这样的处理可以在一定程度上解释附接语说所遭遇的这个难点,不过该文中所分析的例子实际上还是可以把 YP 补全为"东西"的,如"他深信自己和车都是铁做的(东西)"。然而,事实上还有一些连"东西"都补不出来的例子,如"大星期天的","你不能走了就算完事的","真有你的","您歇着您的","走他的,只当我没有过这么个丫头"。(详见 8.5.1 小节)这些用例表明"的"具有确定无疑的后附性。

再者,此说拿"XP 的(YP)"和英语中"A and B"做类比,可问题是"的"后附于"XP"而"and"前附于 B,"XP 的"成立而"A and"不成立。"的"也并不像"and"那样要求 XP 和 YP 同时出现。

这两方面的困难依然提示我们,不管做何种分析,都必须重视"的"的后附性并对此做出解释。

8.1.5 分类词说

郑礼珊和司马翎(Cheng et al. 2009)在他们以往研究(Cheng et al. 1998,1999)的基础上,提出了一个接近于传统 DP 分析法的 Specificity Phrase 短语结构,如下图所示:

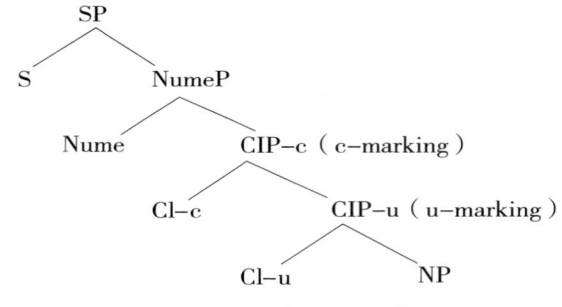

```
              SP
             /  \
            S   NumeP
                /    \
              Nume   CIP-c（c-marking）
                     /      \
                   Cl-c    CIP-u（u-marking）
                           /      \
                         Cl-u     NP
```

a. Dem-Nume-CL-[Rel clause]-de -N
b. [Rel clause]-(de)-Dem-Nume-Cl-N

图 8-3 分类词说

这种观点认为"的"出现在 DP 结构中,但不是 DP 中心语。基于"的"和数量短语的共性,该文把"的"定性为 underspecified classifier,其作用是标志出名词概念所指的个体实例。"标志个例"说和我们从认知语法的入场理论出发得出的观点有相似之处(参看第二章),但本文并不赞同其论证和总体结论。

该文的出发点和石毓智(2000)很相似,因此遭遇的问题也相似。

第一,"的"有个体化的作用(有界化,沈家煊 1995),数量词也有(大河内康宪 1985/1993),但是凭借这个相似点就说"的"也是量词,使人觉得说服力还不够。第二,文章注意到了"*三的人"是错误的,却没有注意到"108 只的白鹭鸶"(刘丹青 2008a),"七百位的专业红娘"(珍爱网广告)这样的例子。模糊了"的"附着于前而数量短语附着于后的句法结构差异。第三,"一件衣服"比"衣服"的区别性强,而"红红的花"却比"红花"描写性强,由此看来,个体量词和"的"的用法倒正相反。

8.1.6 传统 DP 分析

刘礼进(2009)更为传统,打算回到 Abney(1987)的 DP 分析法:

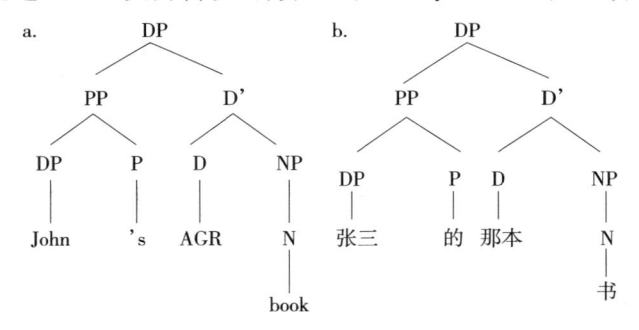

```
a.         DP                    b.         DP
         /    \                          /      \
        PP     D'                       PP       D'
       / \    / \                      / \      / \
      DP  P  D   NP                   DP  P    D   NP
      |   |  |   |                    |   |    |   |
     John 's AGR N                    张三 的  那本  N
                 |                                  |
               book                                 书
```

图 8-4 传统 DP 分析一

该文认为"的"充任各种语法标记,构成意义不同的"的"字结构,包括所有格标记、动名化/名物化标记、关系化标记、转指用法标记等:

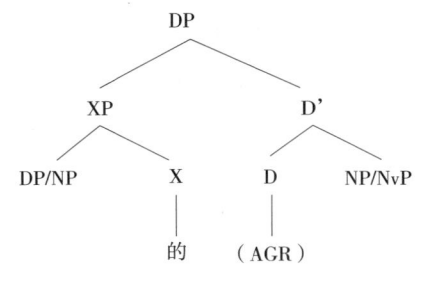

```
              DP
            /    \
           XP     D'
          / \    / \
       DP/NP X  D   NP/NvP
             |  |
             的 (AGR)
```

图 8-5 传统 DP 分析二

这样的分析简则简矣,但是却没有在一个普遍的语法体系中确定"的"的性质,显得大而化之。这种性质不定的说法跟 DeP 说很接近,因而所受到的挑战也类似。

8.1.7 DeP 说

为了给予汉语中"的"字结构一个一以贯之的解释,更为激进的做法是宁春岩(Ning 1993,1995)和吴刚(2000)主张,把"的"看作一个特殊的功能语类。作为现代汉语中一个独立的功能语类,"的"的语类标记为 De。这个功能语类 De 只有一个成员,那就是"的"。

DeP 说的问题在于特设性太强,也没有给"的"字短语一个确切的最终定位,并且还是不得不求助于 NP 或 DP 去确定 DeP 的最终语类地位或身份。

8.1.8 理想方案的标准

前人的探索说明,一个能够解决"的"字结构的中心语问题的理想方案,必须做到:一、理论自洽。二、覆盖更多的语言事实。三、以简驭繁。

"的"字结构种类繁多,司富珍(2004)概括了 6 类,Cheng et al. (2009)概括了 7 类。而根据我们的观察,名词短语中的"的"的分布实际上包含更多类型,并且有必要区分"的"的隐现。我们考察必用"的"和可用"的"且"的"已然出现的情形。本文把不使用"的"的对应用例视为不同的结构(参看第三章)。

"的"字结构的类型可概括为下表。表格前半部分是从定语来看,后半部分是从中心语来看,二者由双线隔开。

表 8-1 "的"字结构的类型

	必用"的"	可用"的"
名词短语定语（含领格）	北京的天气 以前的总统	木头(的)桌子 我(的)脚
动词短语定语	吃的东西 看的电影	剩(的)饭 学习(的)计划
形容词短语定语	金灿灿的麦田 整整齐齐漂漂亮亮的衣服	新(的)书 漂亮(的)衣服
指示词定语	这样/那样的人 怎么样/哪样的人	怎么样(的)一个人 这样(的)东西
数量词定语		两箱子(的)书 七百位(的)专业红娘
介词结构定语	对儿子的态度 在操场上的学生	
伪定语	他的篮球打的好 他看了一个小时的图片	
关系小句	烧塌了的房子 我拟订的计划	
无空关系小句	毒蛇咬的伤口 他唱歌的声音	
同位小句	我去国外旅行的计划 拉登已死的新闻	
动词中心语（含形容词）	这本书的出版 面向基层的扶贫帮困	
代词中心语	普通的我 现在的这里	
省略中心语	我喜欢大的包,他喜欢小的。 他的衣服是蓝色的。	
无中心语	大星期天的 真有你的	

现象看似纷繁复杂,不过本着以简驭繁的理念,本章的目标和李艳惠(2008)同样,都意在找到一个使得"包含'的'的短语都归于同类"的解决方案。司富珍(2004)也赞同"把所有带'的'的短语放置在一个统

一的格式下"。这才符合生成语法在理论上的追求。

8.2 "的"和-'s 的差异

前贤对"的"的研究（包括传统语法）呈现出一个有趣的现象,常常拿"的"和英语的-'s 来类比[①]：

(3) Zhangsan's　book
　　 张三　　 的　书

这似乎符合一般语感："的"和-'s 同样具有附缀(clitic)性,附着于"张三"后面表示"张三"对"书"的领有关系。但是,这是不是就决定了它必须被分析为-'s 那样的领格(genitive)标记（继而在 DP 理论框架下被分析为 D）呢？

"的",一般作为助词(particle)来处理。但助词并不是一个有准确句法定位的独立词类（吕叔湘 1979:38;邓思颖 2010:39）。而附缀性,是就其形态属性而言,并不表达其所反映的句法结构和句法关系的性质。所以,仅仅从-'s 来看"的",就显得局限了些。就世界范围来看,表达广义领属关系的语法手段有很多,最常用的就有领格标记、介词、指代词、领属形容词等。因此,即使依然是拿英语来比较的话,至少也还可以这样：

(4) 张三的书
　　 book of Zhangsan

把"的"看成 of 比较容易引起反对意见:语序相反。不过,语序并不影响把"的"分析为介词(adposition,附置词)。从语序来看,英语 of 是前置介词(preposition),汉语"的"可以是后置介词(postposition);但

[①] 比较二者的专论如汤志真(1993)。

就其语法功能而言,都是介词:

(5)英语:[$_{NP}$ Y[$_{PP}$ of X]]

(6)汉语:[$_{NP}$[$_{PosP}$ X 的]Y]

语序仅仅是 X' 普遍原则中的参数之一(徐烈炯 2009:225),使用后置介词的语言有很多,比如日语、芬兰语等。除此而外,要确定一个语言单位的性质,相关的句法语义特征还有很多。实际上,英语中 -'s 领格的句法分布和"的"有很大不同(用例选自 Larson 2009:49;Abney 1987:72):

(7)* blue's field 　　　　　　　　青色的田野
(8)* pretty's clothes 　　　　　　　漂亮的衣服
(9)* here's party 　　　　　　　　这里的聚会
(10)* now's party 　　　　　　　　现在的聚会
(11)* your choosing's book 　　　　你选择的书
(12)* Zhangsan's yesterday's newspaper 　张三的昨天的报纸
(13)* Mike's envious 　　　　　　　(对)麦克的嫉妒
(14)* money's desirous 　　　　　　(对)金钱的渴求

具体来说,英语中 -'s 仅用于名词后,且一般用于有生名词,这可能和它的来源是 his 有关。-'s 除了表示所有关系外,也表示主谓和动宾关系,其他通常限于时间、地点、度量衡,除此而外就是行业和文艺活动等,且作用主要在于分类(章振邦 1997:148—150)。所以,-'s 本质上是一个领格标记,主要表达狭义的领属关系。而汉语中"的"却不一样,它适用的句法语义环境更为复杂。但偏偏相反的是,在表达狭义的领属关系时却不一定使用"的",直接并置(juxtaposition)也是常用的语法手段:

(15)放在<u>张三桌子</u>上。(可让渡)

(16) 这是他叔叔。(不可让渡)

把"的"分析成后置介词并非不可能,甚至-'s 也有被分析成后置介词的方案(Dominguez 2000:133)。多年以前,黎锦熙(1924/1950)即将"的"视为介词。吕叔湘(1942/1982:20)也将"的"与介词等一起归入表示组合关系的关系词。刘丹青(2003:180)更是明确的提出把定语后的"的"视为纯联系项的一级介词(primary adposition)。蔡维天(Tsai 2003)则选择了一个较为微观的角度,详细论证了"有的人"中的"的"应当分析为介词。尽管本章的看法和前人并不都完全一致,但是这些研究都启发我们对"的"作为介词的可能性做出进一步探讨。

8.3 "的"和 of 的共性

8.3.1 "的"和 of 的句法平行性

一、"的"和 *of* 都表现出比-'s 更强的组合能力,二者对词类和结构的要求更为包容。试对比前文例(7)—(14):

(17) 绿绿的田野	field of blue
(18) 你选择的书	book of your choosing
(19) 这里的故事	the story of here
(20) 现在的领导	the leaders of now
(21) 清盘公司的董事的职责	duties of directors of a wound-up company
(22) 漂亮的卷须	tendrils of pretty[①]
(23) (对)麦克的嫉妒	envious of Mike

---

① 例(19)—(22)为 Google 检索所得用例。

(24)（对）金钱的渴求　　　　　　desirous of money

对于例(23)和(24)这样的类型，在实际语料中常常出现省略了"对"的用例，比如朱德的名篇《母亲的回忆》实际是"对母亲的回忆"。这样就和 of 更加相似了。

二、"的"和 of 都可用于同位语(apposition)结构：

(25)十岁的年纪　　　　　　　　age of ten

(26)白痴的司机　　　　　　　　that idiot of a driver

汉语和英语的这种同位语结构都可以将定语和中心语做出判断句的变换式：年纪是十岁，the age is ten。

三、of 介词短语用于修饰名词，比如 a matter of importance；"的"也是如此，比如"重要的事情"。而平行的是，be of 句式也如同"是……的"句，是表达具有某种性质的名词性谓语句，比如：

(27)这房子是石头的。The house is of stone.

(28)这会议是很重要的。

　　The meeting is of great importance.

(29)这药是无效的。This medicine is of no use.

(30)这事儿是无关紧要的。This matter is of no significance.

(31)对学英语是有很大帮助的。

　　They are of great help to learners of English.

(32)这书对学历史是很有用的。

　　The book will be of great value to students of history.

汉语中做动词"是"的补足语(宾语)的是名词性的"的"字结构（袁毓林 2003a），英语作为动词 be 的补足语的 of 短语也是名词性的。为了满足格过滤式(case filter)，"类似英语那样采用介词而不是各种屈折的格系统的语言的一种典型手段是插入一个没有语义内容的虚介词，以此作为允许各种名词性补足语的格标记。""of-插入规则是一条形成 NP[$_{NP}$ of NP]的附加规则"(Chomsky 1981:50—51)所以,在名词前插入 *of* 是为了给这个名词赋格,[*of* NP]作为整体是一个有格的 NP,依然具有名词性。另外,对系动词 *be* 的补足语的指称性的论述可参看沈家煊(2013)。

值得注意的是,以上例句中英语句子 *of* 的补足语都是 NP,而对应的汉语例句则可以是 NP,也可以是 VP、AP。这是很耐人寻味的。Larson(2009)也曾注意到类似的现象,提出汉语"大名词"类的观点。本章将在 8.6.1 小节加以讨论。还有一个值得注意的现象是,以上例句中 *of* 介词短语可以转换为相应的形容词,比如 *a matter of importance* 可以说成 *an important matter*。但事实不限于此,也有不能转换的例子,因此更像汉语"是……的"句。

(33) The two rooms are of a size.

……是大小一样的。

(34) He is of the same weight as his brother.

……是一样重的。

(35) The productive forces were of a very low level.

……是极低水平的。

(36) City Lights and Modern Times were of this kind.

……是这种的。

四、*of* 跟"的"一样,既可用于定语,也可用于副词性领格结构(adverbial genitive),即做状语(的$_1$)。定语用例除前文提到的"绿绿的$_2$田野、昨天的$_3$报纸",再如:

(37) Mothers as a matter of course have much affection for their children.

a matter of course 中 *of course* 做定语,可译为"当然的$_3$事情"。下例则是状语:

(38) People seem to have drunk far too much tonight, present company excepted of course.

今晚大家似乎酒喝得太多了,当然的₁啰,在座各位除外。

再比如:

(39) Of an afternoon I go for a walk.

五、"的"字结构常常会出现"省略"中心语的情况,比如"开车的"一般理解为"开车的人"。of 介词短语也有独立于中心语而单独使用的情况:

(40) Of course I can!

当然的₁,我能。

(41) We gave generously of our own accord.

我们自愿的₁慷慨解囊。

(42) I know what you're going to tell me:"Be more like the girl he married and love him as you did of yore."

……如你从前般的₁爱他。

这三例是副词性领格语,形容词性领格语也有例子:

(43) Of all the students in this class, Tom is the best.

Li & Thompson(1981)和黄正德(1988)曾论证汉语不允许介词没有可见补足语(宾语),即介词悬空(adposition stranding)的现象。如果"的"是后置介词,那么"的"字结构的"省略",就不是介词悬空。以"开车的(人)"为例,"的"的补足语(开车)在其前面,省略的"人"是整个后置介词短语修饰的对象中心语,而不是介词补足语。更像介词悬空的是这样的例子:

(44) 因为从那里面,看见了被压迫者的善良,的灵魂,的酸辛,的挣扎;还和四十年代的作品一同烧起希望,和六十年代的作品一同感到悲哀。(鲁迅《热风·祝中俄文字之交》)

类似的例子曾经在个别作家笔下出现,却最终不为大众所用,这其中倒是可能有介词悬空的因素。

六、常用于组合成复杂介词,有的框式介词(circumposition)做定语时必须有"的"参与,比如"在……上":

(45)在操场上的同学　　　　　＊在操场上同学①

of 也常常是英语复杂介词中的必备成分:

(46) by means of, 　by way of, 　for the sake of,

　　　in the event of, 　on the point of, 　because of,

　　　irrespective of…

8.3.2 "的"和 of 的语义平行性

一、二者都可以表达比 -'s 更广泛的领属意义:

(47) book of Lu Xun　　鲁迅写的/拥有的/借的/拿的……书

二、二者都可以表达比 -'s 更广泛的格关系。即使是在主、宾格的情况下,也比 -'s 受到更少的限制。比如:

主格:

(48) arrival of the next bus　　　　下一班汽车的到来

宾格:

(49) shooting of animals　　　　　对动物的射击

(50) use of solar energy　　　　　(对)太阳能的利用

部分格(partitive):

(51) a portion of the food　　　　 食物的一部分

---

① "在操场上"修饰"同学"时需要"的"的帮助,但是"操场上"修饰"同学"就可以不需要借助于"的",下面这个例子来自于"糗事百科"网站:"可看到操场上同学们的表情,我瞬间石化了。"(不能切分为"操场上|同学们的表情")这说明居中的方位词有接近"的"的联系项的功能(详后 8.5.2 小节),而复杂的框式介词则没有,这可能是因为框式介词并非整体上居于两个需要联系的项目中间的原因。

(52) many of my friends　　　我很多的朋友

(53) the youngest of the children　　孩子中的老么

(54) a glass of wine　　　一(大)杯的酒

来源(source)：

(55) The Timon of Athens　　雅典的泰门

(56) a man of Rome　　　罗马的人

和"的"一样,*of* 也会因为有时用于表达兼有主宾格关系的囫囵领格(plenary genitive)意义而导致歧义：

(57) shooting of the police　警察做的射击 / 对警察的射击

(58) 母亲的回忆　　　　母亲做的回忆 / 对母亲的回忆

三、表示描写性语义。陆丙甫(2003)论证了描写性是"的"字定语的基本功能,*of* 也可用于表达对中心语描写,如：

(59) man of integrity　　　正直的人

描写和限定是定语的两个主要功能。但这二者存在着功能上的不对称,描写可以导致限定,而限定不能导致描写,这有其认知上的原因(参看第二章)。*of* 和"的"可充当描写性定语,而 -'s 不可以,这是二者分野的大界。

四、当然,尽管"的"和 *of* 基本能覆盖并远远超出用 -'s 表达的语义,但"的"和 *of* 也还都有互相不能覆盖的地方：

(60) 他唱歌的声音　　　＊the sound of he sings/his singing

(61) We haven't seen her of late.　我们最近＊(的)没见到过她。

(62) a cup of tea ＝ 一杯茶 ≠ 一杯的茶

这很可能是二者不同的历史来源造成的,详见本章 8.5.2 小节。

同样作为领格标记,"的"和 *of* 具有更多的共性,因此更有理由用生成语法处理 *of* 的办法来处理"的"——把"的"视为介词,尽管 *of* 是前置介词而"的"是后置介词。

8.4 语类理论新进展

8.4.1 介词的语类特征

根据生成语法关于语类的经典理论(Chomsky 1981:48),介词不属于词汇语类(lexical category),其语类特征为[-N,-V]。汉语学界通常也把介词归为功能词(邓思颖 2010:41)。尽管传统上确实把语类二分为词汇语类和功能语类,但是自 Corver & Riemsdijk(2001)起,半词汇语类(Semi-lexical categories)的问题就引发了深入的讨论。越来越多的语言学家从语言事实出发,认识到词汇语类和功能语类的二分失之粗疏,试图用增加句法特征的方法来论证介于二者之间的半词汇语类的句法问题。

就涉及介词的理论而言,可以以 Littlefield(2006)和 Mardale(2011)为代表。他们都提出应该把介词划分为更接近词汇语类的介词和更接近功能语类的介词。

这一理论体系和以往对词汇性和功能性的认识并不完全一样。在此前各家的理论中,尽管使用[±N]和[±V]这两个特征给不同语类所下的具体定义不一样,但都认为词汇性和功能性是同一个维度的两端,亦即,有词汇性则无功能性,而有功能性则无词汇性。然而,Littlefield(2006:62)提出,[±Lexical]([±L])和[±Functional]([±F])是两个不同维度上的特征,前者着眼于语义,后者着眼于句法。词汇核心和功能核心被分别定义为:

(63) 词汇核心:[+L,-F]

功能核心：[−L,+F]

功能特征的本质，是提供短语或者句子之间的连接性。从这个角度来看，不仅 DP、IP、CP 等的功能核心具有[+F]特征，而且能够赋格的动词和介词也都具有[+F]特征。词汇核心的本质，是提供实在的概念内容。介词的情况据此一分为二。有些介词 in、on、under、with、for 等可以提供方位、伴随、目的等实在的语义，那么它们就具有[+L]特征。兼有词汇性和功能性的语类，被定义为半词汇核心（semi-lexical head）：

(64) 半词汇核心：[+L,+F]

而有的介词，仅仅作用于句法而不能提供实在的词汇意义，就具有[−L]特征。据此，可以把介词分为两类，半词汇介词（semi-lexical adposition）和功能介词（functional adposition），扩展后的特征描写如下：

(65) 半词汇介词：[−N,−V,+L,+F]

功能介词：[−N,−V,−L,+F]

引入[±L]和[±F]这两对特征后，完整投射的 X' 结构可以表达为：

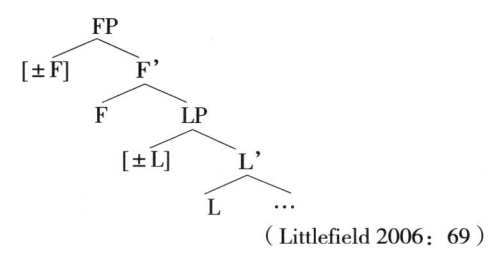

```
        FP
       /  \
    [±F]   F'
          /  \
         F    LP
             /  \
          [±L]  L'
                / \
               L   …
```

（Littlefield 2006：69）

图 8−6　含[±L]和[±F]的 X' 结构

在这其中，F 和 L 的关系还是和经典的生成语法的认识一样，功能范畴高于词汇范畴。

8.4.2 "的"是功能介词

Littlefield(2006:71)根据上述语类新理论把 of 定性为功能介词。基于前文的认识,"的"和 of 句法语义本质类似,因此也可以定性为功能介词。虽然,"的"和 of 在语序上的表现正相反,但是语序参数并不会影响到它们的语类特征。

"的"倾向于后附的附缀性只是对其形态特征的描述,却不是对其句法意义的定性。因此,本文不赞同因为"的"和-'s 都具有这样的形态特征而确定"的"具有和-'s 一样的功能语类特性。

在这个语类描写新体系中,助词(particle)被描述为$[-L,-F]$。而"的"因其具有提供句法联系的功能,所以不应划归为助词,而应该划归为功能介词。

8.5 "的"满足中心语的语义要求

8.5.1 "的"的语义

不过,仅仅认识到"的"是功能介词还不能回答"的"的中心语问题。因为,根据"最简方案"(minimalist program),只表示语法关系而缺乏任何实质意义的功能词,不能作为中心语(Chomsky 1995)。因此,邓思颖(2006)质疑道:"只基于表示偏正关系这一点而把'的'当作一个中心语,恐怕仍未算妥当。"但是该文同时也指出,如果能证明"的"的语义不是空的,"的"作为中心词也是可行的。所谓"'的'的语义不空",根据前述语类理论,也就是可以描写为$[+F]$。

该文还引用了熊仲儒(2005)根据石毓智(2000)归纳出来的"'的'

只是一个具有限定作用的功能范畴 D",但并未真正接受这一看法。本文也不赞同石毓智(2000)所谓的"的"的基本功能是从"一个认知域中确立出成员(一个或多个)"的观点。关键一点,"从一个认知域中确立出成员"的逻辑前提是首先要存在一个认知域"Y";但"X 的"是可以独立存在的,并且能够代替"Y"。既然被当作有待确认成员的认知域"Y"都不存在,那就更谈不上从中确认成员了。对此质疑的一个可能回答是,认知域"Y"被省略了。但是实际上,有很多例子可以证明,"Y"常常并不明确,只能补出"东西"这样最笼统的词,甚至无法补出。如裘荣棠(1992)所举:

(66)有的[?]是学校,少的[?]是教育。

(67)木匠用的[?]是自己的心思,自己的力气,一点儿也不靠傍别人。(叶圣陶《倪焕之》)

(68)最容易叫人感觉到的[?],就是他们的鄙陋和少见多怪。(叶圣陶《倪焕之》)

赵元任(Chao 1968:296)也指出表示整个的情况,意思是"事情就是这样"(such is the case),"就是这样的情形"(this is the kind of situation)的"的"的后面补不出名词。比如:

(69)你不能走了就算完事的[?]。

黄国营(1982)也指出只出现在宾语位置上的一些近乎熟语的"名+的"不能在后面补出名词:

(70)您歇着您的[?]吧。(侯宝林)

(71)走他的[?],只当我没有过这个丫头。(老舍)

(72)搁着你的[?],放着我的[?],咱们走对了劲儿再瞧。

既然不是省略,那么从"一个认知域中确立出成员"的说法也就不成立了。

那么,"的"充当中心语还有没有可能的语义依据呢?有。其实,

"的"像 *of* 一样,表示参照体与目标体的关系(Langacker 1993;沈家煊等 2000),这已为认知语言学界公认。此不赘述。这种关系可以涵盖领格的多种语法意义,详见本章 8.5.3 小节。

从显著度的差异来看,参照体突显而目标体不突显,目标体甚至可能没有合适的词语表征。无法补出中心语的"的"字结构即言在此而意在彼,那个无形的"中心语"本来就是在言语的在线(on-line)产生的过程中生发的没有现成词语表征的概念。这似乎可以为李艳惠(2008)提出的真空语类找到一个认知语言学的解释。该文提出"的"和连词类似,而连词和介词的共性是都具有联系两个词语的功能。不过,本文认为"的"不只是能把词语联系起来,而且具有赋格的功能。详见本章 8.6.2 小节。

8.5.2 历史

of 和"的"都表达物与物之间的相关性,同归但却殊途。

根据《牛津英语大词典》(*Oxford English Dictionary*),*of* 和 *off* 同源,都来自原始日耳曼语的 *af-*,也就是现代英语的 *ab-*,基本的语义是"分离"。由此看来,X of Y 的核心语义就是 X 从 Y 中分离出来,X 来自于 Y,Y 是 X 的参照体。因此,Abney(1987:78)提出,*of* 和 -'s 不一样,是部分格(partitive)标记,这是有一定道理的。

把"的"视作表达参照体关系的介词,也可参照历史语言学的成果(江蓝生 1999;储泽祥 2002;冯春田 2000;刘敏芝 2008;何瑛 2010;完权 2013b 等),[①]"的"来源于后置的方位名词"底(下)",其前身又是处所名词"底(部)"。可做比较的是,汉语中还有一些方位词,也进一步虚化出具有类似联系项的功能,只不过它们没有达到"的"的虚化程度:

---

① 江蓝生(1999)发表后,尽管有反对此说的意见,比如蒋冀骋(2005),不过支持的论证可能更多一些。

(73) 楼下小店　心中怒火　天上白云　山间竹笋①

Li & Thompson(1974)把这些词也看作后置介词。刘丹青(2003:158)也认为"就普通话而言,最虚化的后置介词除'的'以外就是'上、里',其次是'前、后、中、外、下、内、间、旁'等单音节方位词"。Hopper & Traugott(1993/2003:107)勾勒了从关系名词到语义较实的二级介词(secondary adposition)、再到语义极虚的一级介词的语法化路线,这正是"底"发展到"的"的历程。

相比较而言,英语中的萨克森式领格(saxon genitive)标记-'s 来自于中古英语的指代词领格(his genitive)标记 his 的附缀化(Allen 2003)。古汉语的"之"最终成为领格标记的道路倒是与之相似,所以如果拿"之"来看"的"的话,显然容易进入相反的道路。

8.5.3　领格的语法意义

不同的来源导致-'s、of、"之"、"的"形成了各具特色的句法分布、语义和功能,而它们的共性就是采用语法性质不同的形式表达名词和名词间的各种语义关系,亦即广义的领格(genitive)意义中的某些方面。

从对世界上多种语言的调查结果来看,广义的领格意义非常丰富,最常见的就包括狭义的领属领格(possessive genitive)、属性领格(attributive genitive)、部分或整体领格(partitive/wholative genitive)、同位领格(apposition genitive)、描写领格(descriptive genitive)、主领格(subjective genitive)、宾领格(objective genitive)、方位领格(locative

---

① 不是方位词殿后的处所词也可以不用"的"而直接修饰名词,如"底层店铺、内心怒火、高空白云、深山竹笋"等。这些名名组合的实质是复合名词。可参看赵元任《汉语口语语法》中"复合词"一章(Chao 1968)以及本书第三章。在朱德熙的语法体系中,组合式偏正名词短语和黏合式偏正名词短语也有本质的不同。有"的"无"的"大不一样(吕叔湘1979)。因此,这些用例不宜和作为短语的"楼下小店"等直接比较。

genitive)、来源领格(source/original genitive)、目的(地)领格(purpose/destination genitive)、副词性领格(adverbial genitive)等等。① 一个语法标记,越是要囊括其中更多的语义,其语法意义也就不得不越来越抽象化,最终虚化成为物—物关系本身的标志。

  of 从部分格介词发展为可以表达广义领格中的大多数语法意义的一级介词。Langacker(1993:12)认为 *of* 在共时层面中基本上不是表示单纯的空间意义,而是代表了两个实体之间的内在关系。这种内在性包括:关于部分整体的结构,构成物体的材料和结构实体,与另一个实体有关系的实体的描述,或者是事件和它的主要参与者之间的关系等等。表达内在关系的介词自然被用于很多关系,这种关系通常被看作是领属——这两个概念有着广泛的交叠使用并很容易被联系在一起。作为最抽象的一级介词,*of* 可以弥补意义较为实在的二级介词在表达物与物的相关性上的不足,与之组合,成为复合介词的必有成分:

  (74)out ﹡(of)-the house

  (75)ahead ﹡(of)-us

  如前文例(45)所示,"的"也确是如此。"的"是从方位领格介词发展而来的,可以表达广义领格意义中的大多数语法意义的一级介词。这就决定了 *of* 与"的"的句法语义共性。

---

  ① 拉丁语传统语法分析把领格分为 8 类(Bennett 1895:134)或 10 类不同的意义(http://classics.osu.edu/genitive-case),它们更多对应于 *of* 而非-'s 领格。希腊语传统语法分析的领格意义甚至可以分为两个层次的 12 小类(Nikiforidou 1991:153)、20 小类(http://www.bcbsr.com/greek/gcase.html)乃至 33 小类(Wallace 1996:72)。对于派生于动词的名词或者具有活动意义的名词而言,主领格和宾领格是重要的类型。它们以领格的形态表达动词和名词之间的施事或受事关系。主领格如拉丁语 adventus Caesaris(the arrival of Caesar,恺撒的到来),希腊语 η παρουσία του Χριστού(the coming of Christ,基督的到来);宾领格如拉丁语 causam itineris(the cause of the journey,旅行的原因),希腊语 μια επίδειξη της δικαιοσύνης του(a demonstration of his righteousness,公义的伸张)。当施受关系都能表达视语境而定的时候,就称为囫囵领格,比如希腊语 την αγάπη του Χριστού(the love of Christ,基督的爱,可能是基督赋予的爱,也可能是赋予基督的爱)。以上三种领格意义可统称动词性领格(verbal genitive)。当然,也还有其他很多种领格意义和动词并无关系。

而-'s 从领格指示代词 *his* 发展而来,也能表达广义领格意义中相近的其他语法意义,但主要是表达狭义的领属意义。所以,把-'s 和"之"分析为 DP 核心都是可行的方案,因为它们作为功能范畴限定词 D 在 DP 中实现了指称特征的允准(胡建华等 2005)。而 *of* 和"的"却都不能。这是解答"的"的中心语问题的各种 DP 方案最终都遇到困难的根本原因。

8.6 后置介词方案

8.6.1 汉语词类包含模式

要认清"的"的句法地位,还需要引入对汉语词类的新认识——词类包含模式。沈家煊(2007a,2009a,2009b)以来的一系列论文,论证了这一名动包含模式。汉语里的名词和动词不是像印欧语那样是两个分立的类,而是名词包含动词。再加上公认的形容词是动词的次类,那么,所有的汉语动词、性质形容词其实都具有名词的本性,是名词这个大类里面的特殊次类。这一词类格局,影响到了汉语句法的多个方面:名动的不对称,名动词,形容词,否定词,补语,系词句,零句和流水句等等。

Larson(2009)也从生成语法的研究中独立得出汉语名动形是一个超级名词类(super nominal)的观点。他提出,"的"的右边是一个名词,左边也是一个[+N]的语类。根据格过滤式,句子中的每个名词都必须取得格,所以就有必要确定他们之间的关系——到底是谁领属谁,因而汉语中"的"的本性是一个和格有关的现象(Larson 2009:59,参看 Li 1985)。超级名词说和沈家煊先生的汉语词类包含模式及汉语里没有名词化的论证(沈家煊 2009b)是相通的。尽管这个观点在目前的生成语法学界还没有得到应有的重视,但是我们不应忽视采纳大名词观的理论优势,即可以使理论"最简化"。

8.6.2 赋格

确定了"的"的后置介词地位,以及汉语词类包含模式,回答"的"的中心语问题就水到渠成了。

介词"的"插入两个名词之间,这和"of-插入"规则本质上是一样的,目的都是为了给名词赋格。如果句中的名词必须有格,那么组合式偏正短语中两个名词在一起,要确定领格关系,必须依靠介词,因为一个名词不能给另外一个名词赋格。而靠动词来赋格,就成为主谓或者动宾关系了。所以必须依靠介词来给它的补足语赋领格,才能通过格过滤式。[①]

汉语中两个实词在一起,是不是都表现为名词,在形式上没有标志。如果都是名词,就都需要得到格指派。"马的毛"可以说成复合名词"马毛",但是"马的奔跑""马的快"就不能说成"*[NP 马奔跑]""*[NP 马快]",因为这时没有介词出现,只能由具有[+V]特征的"奔跑"和"快"给只有名词性的"马"赋主格,短语就被优先处理成主谓关系。同样,"[NP 放养的马]"一般不说成"*[NP 放养马]",否则会被优先处理成动宾短语。[②]

单双音节有时能奏效。"出租汽车"的句法关系分不清,不过"出租车"(2+1)是名词性偏正结构,"租汽车"(1+2)是动宾短语。但仅仅靠单双音节,也会有歧解。"炒鸡蛋"就无法确定是动宾关系还是偏正关

---

① 至于黏合式偏正名词短语,如前所述,其句法本质是复合名词,则另当别论。
② 不排除在一定的语境中被处理成复合名词,如"圈养马比放养马驯顺"。不过,VN复合名词中的 V 和 N 不存在句子层面上的格关系。

系。只有插入介词"的",给"炒"赋领格,才能确定整个短语是偏正名词短语。所以,"的"出现的频率那么高,重要原因之一就是汉语名动形是一个大名词类,常常需要给定语中的名词赋格并确认两者的关系。

在英语的"Y of X"结构中,X 以名词充当为主。动词和形容词需要转变为名词形式,比如例(28)中不能使用 *important*,而要把它变成 *importance*(*of* 不是名词化标记)。遇到像 *a sky of blue* 这样的少数用例,可以说是形容词 *blue* 不加标记就名词化了(*of* 也不是名词化标记)。不过,汉语"X 的 Y"里动词、形容词加"的"(也不是名词化标记)充当名词的定语却是广泛现象,如果说所有 X 都名词化了,还不如说它们本来就具有名词特征。因为"凡是相同的条件下,同类的词都可以这样用的,不算词类转变"(吕叔湘 1979:46)。

8.6.3 光杆名词短语

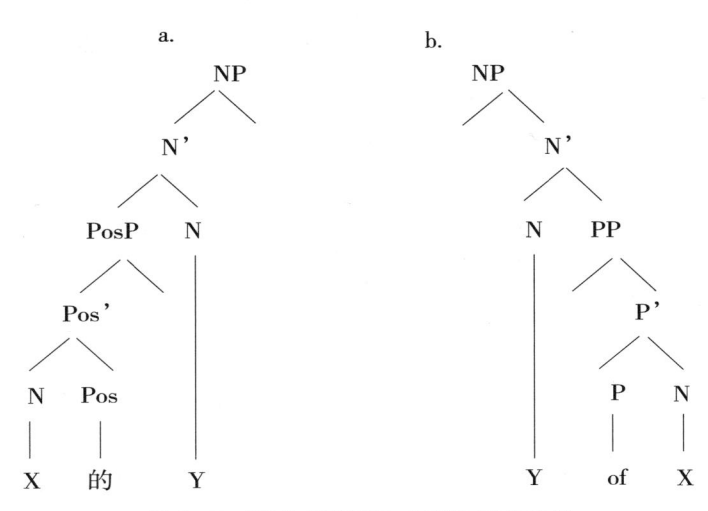

图 8-7 "X 的 Y"和"Y of X"的基本结构

至此,一个带"的"的汉语光杆名词短语(bare noun phrase)"X 的 Y"的基本结构可以如图 8-7a 所示,而图 8-7b 则是对应的英语"Y of

X"的 X' 结构图。两者除了分支(branching)方向相反外,更加值得注意的是,汉语中的 N 是大名词类,包含动词、形容词,而英语中的 N 是分立的名词类,和动词、形容词相互对立。

8.6.4 "这本书的出版"

"这本书的出版",是一个老大难问题。如果后置介词说可以成立,并且承认汉语动词是名词的一个次类,那么"这本书的出版"中的"出版"本来就有名词性,没有"名词化";"这本书"也没有"名词化",避免了名词也需要名词化的悖论。"这本书的出版"中"书"和"出版"并不存在实质上的小句关系,"出版"并不给"书"赋主格。实际上,是"的"给"书"赋领格,而"书"和"出版"之间是主领格关系。"出版的书"和"书的出版"的结构也完全一样,只不过"出版"和"书"之间换成了宾领格关系。

(76) [$_{NP}$[$_{PosP}$ 出版 的] 书]——[$_{NP}$[$_{PosP}$ 书 的] 出版]

这样的分析更为简化,并且可以获得和附接语说(邓思颖 2006;石定栩 2008)同样甚至更广的解释力。广义领格意义的分析似乎比修饰意义的附接语分析更适用于"马连良的诸葛亮"和"蚊子咬的包"之类的用例。

一言以蔽之,"的"是功能性后置介词,"X 的"是后置介词短语,"X 的 Y"是受后置介词短语修饰的光杆名词短语。

第九章　从"的"到"之"①

"的"和"之"有什么异同？这是一个古老而普通的问题。

说它古老,是因为可能最早清代张文炳的《虚词注释》中就已涉及:"之……作'的'看,'大学之道'是也。"后来章炳麟(1915/1993)也说道:"在语中者,'的'即'之'字;在语末者,若有所指……'的'即'者'字。"从此比较的范围就扩展了,此后关于"的"和"之"的研究文献恐怕可以用汗牛充栋来形容了。

说它普通,是因为大多数人在刚接触古代汉语时,常常就是用熟悉的"的"去隐喻式理解陌生的"之"的。即使在学者中,认为"汉语史上定语和中心语之间确有个助词'之'字,相当于今天的'的'"(吴长安2009),或者是看重两者都是偏正关系结构助词的(董秀芳2008),诸如此类的观点也还是有代表性的。

前几章的基本观点,也可以应用到对古代汉语"之"的研究上来。限于篇幅,只能抓住当前"之"字研究中的一个重点问题"NP 之 VP"中"之"的隐现来谈。不过我们认为,这个分析模式同样也可以推广到"NP 之 NP"等更典型的现象中。

9.1　诸说检讨

为论说方便,本章把先秦汉语里的"NP 之 VP"结构称作"之字结

---

① 本章主要部分以《也谈"之字结构"和"之"的功能》为题发表于《语言研究》2009 年第 2 期。第一作者为业师沈家煊先生。

构",它通常用作句子的主语和宾语,如"鸟之将死,其鸣也哀"(《论语·泰伯》)和"知柳下惠之贤"(《论语·卫灵公》)。"NP 之"用"其"字替代,就成了"其 VP",是之字结构的变式,如"楚子襄伐郑,讨其侵蔡也"(《左传·襄公八年》)。不加"之"字的"NP＋VP"结构称作"主谓结构",如"鸟将死"和"柳下惠贤"。已有不少文章讨论过之字结构和"之"字的性质和功能,检讨如下。

9.1.1 "三化"说

"三化"指词组化、名词化、指称化。吕叔湘(1942/1982:84)和王力(1980:395)都认为,"之"的作用是化句子为词组(仂语),取消句子的独立性。朱德熙(1983)认为,"之"的作用是使谓词性的主谓结构转化为名词性的偏正结构,"之"是一个名词化标记。王力(1989:232)否定原来的"词组化"说,转而认同"名词化"说。魏培泉(2000)也认为"之"的作用是"连结主语和谓语,使它成为一个有标记的偏正结构,并使它成为句子的一个成分"。宋绍年(1998)和张雁(2001)认为,"之"是自指化的形式标记,之字结构是自指化的主谓结构。李佐丰(2004:265)也采用"指称化"的说法。

从张世禄(1959)起就不断有人指出,古代汉语中句子的主语和宾语并非一定要由之字结构充当,去掉"之"的主谓结构同样能充当,例如:

(1)a.民之望之,若大旱之望雨也。(《孟子·滕文公下》)
   b.民望之,若大旱之望云霓也。(《孟子·梁惠王下》)
(2)a.是故愿大王之孰计之。(《史记·张仪列传》)
   b.是故愿大王孰计之。(《史记·苏秦列传》)

此外,在同一段话里,之字结构和主谓结构可以前后并列:

(3)戎之生心,民慢其政,国之患也。(《左传·庄公二十八

年》)

(4)<u>人之爱人</u>,求利之也;今<u>我子爱人</u>,则以政。(《左传·襄公三十一年》)

(5)子曰:"不患<u>人之不已知</u>,患<u>不知人</u>也。"(《论语·学而》)

既然去掉"之"的主谓结构本来就能作为词组充当主宾语、指称语,那么又有何必要词组化、名词化、指称化呢?如果承认"化"之前是句子、是动词性的或陈述性的,"化"之后是词组、是名词性的或指称性的,那么词组和句子、名词短语和动词短语、指称语和陈述语怎么能够并列在一起呢?并列的两个成分应该性质相同才是。

9.1.2 黏连说

不少反对名词化说的人(何乐士 1989;刘宋川、刘子瑜 2006;宋文辉 2010 等)认为之字结构仍然是动词性的主＋谓结构,"之"只是起个把主和谓黏连起来的作用。但是,没有"之"主语和谓语不是也黏连在一起么?"民望之"的内部黏连程度好像比"民之望之"还要高。说之字结构是动词性结构也很难成立,因为有一个无法否认的重要事实,那就是之字结构很少充当句子的谓语,做主宾语才是它的一般用法。

有人说之字结构经常充当主句前的从句,而从句是动词性的。其实句首的从句既可以看作动词性的小句也可以看作名词性的话题,在很多语言中条件从句和话题共用一个标记(Haiman 1978),上古汉语也有这种情形(Yang & Kim 2007)。张敏(2003)也认为上古汉语是话题相当显著的语言,位于整个句子头上的小句往往就是话题。拿下面一例来说:

(6)<u>若事之捷</u>,孙叔为无谋矣。<u>不捷</u>,参之肉将在晋军,可得食乎?《左传·宣公十二年》)

正方称"若事之捷"和"(若事)不捷"并举,后者是动词性的小句,可见前者也是动词性的。但是反方同样可以说"不捷"是个名词性的话题（大主语），它和"事之捷"并列就是证明，此外"不捷"后可以加"者"说成"不捷者"。这样争论下去会永无止境，因此之字结构经常充当从句不足以证明它是动词性的。

9.1.3 定语标记说

余霭芹（Yue 1998）认为"之"是定语标记，并且认为只有"NP 之 VP"里的"之"才是真正的定语标记，而中心语为 NP 的定中结构（如"王之诸臣""侮夺人之君""贤圣之君"）里的"之"还可算作指示词。张敏（2003）对此说的评论是："NP 之 VP"出现在战国金文、《尚书》和《诗经》中，即春秋战国时代已经存在，在这种"之"产生并开始广泛运用的时代，说常例的定语标记（attributive marker, AM）"之"反而未曾成熟，还可视为指示词，这是"颇为费解的"。我们赞同张敏（2003）用[A+(AM+B)]和[(A+AM)+B]这两种结构来测试"之"是指代词还是虚化了的定语标记：

(7) 取鸡、狗、马之血来。（《史记·平原君虞卿列传》）

  *取鸡之、狗之、马之血来。

  拿鸡的、狗的、马的血来。

(8) 然则怪迂、阿谀、苟合之徒自此兴。（《史记·封禅书》）

  *然则怪迂之、阿谀之、苟合之徒自此兴。

  那么怪迂的、阿谀的、苟合的一班人从此兴起。

测试结果表明古汉语里的定语标记"之"还是个指代词，而现代汉语里的 AM"的"已经是一个定语标记。拿这个方法来测试"NP 之 VP"里的"之"：

(9) 岂若匹夫匹妇之为谅也。（《论语·宪问》）

  *岂若匹夫之、匹妇之为谅也。

(10) 孔子之死,五帝三王之死也。(《论衡·书虚》)

　　*孔子之死,五帝之、三王之死也。

(11) 各言其土地人物之美。(《世说新语·言语》)

　　*各言其土地之、人物之美。

这个"之"只能说也还是个指代词,或者说是和现代汉语中的"这""那"相似的"兼用定语标记"(吕叔湘1985:209;张伯江等1996:157—158;刘丹青2008a:11)。

9.1.4　语气说和文体说

《马氏文通》说"之"有一种"缓其辞气"的表达作用,而何乐士(1989)又说"之"字连接主语和谓语的同时还有"强调"作用。强调和舒缓像是两种相反的语气,如果说两者并不矛盾,那么强调的到底是什么,舒缓的到底又是什么?

刘宋川、刘子瑜(2006)认为"之"除了起连接作用还起协调音节的作用,使句子节奏具有对称性和整饬性(前后语段的音节数相等或奇偶对应),但是不好这样解释的例子很多,更有不少违背的情形,例如下面几句有"之"后反而使前后语段的音节数失去奇偶对应:

(12) 德之不修,学之不讲,闻义不能徙,不善不能改,是吾忧也。(《论语·述而》)

(13) 丹朱之不肖,舜之子亦不肖。(《孟子·万章上》)

(14) 众之为福也,大;其为祸也,亦大。(《吕氏春秋·决胜》)

王洪君(1987)一文主要讨论在先秦十分常见的之字结构到中古逐渐消失的变化过程,她认为之字结构和主谓结构是文体上的差别,例如:

(15) a. (刘邦)曰:"……所以遣将守关者,备他盗之出入与非常也。"(《史记·项羽本纪》)

b.(樊哙)曰:"……故遣将守关者,备他盗出入与非常也。"(同上)

刘邦文雅,用的是之字结构,樊哙粗犷,用的是主谓结构,特别是汉代以后用"之"是表现典雅风格。但是光凭例(15)缺乏说服力,上面例(1)—(6)和(12)—(14)两种结构互文和并列的现象就无法用文体差异来解释。

9.1.5 "其""厥"类推说

大西克也(1993)提出"主之谓"来源于"其""厥"为主语的包孕句。"其""厥"通常做领格代词,所以人们看到这个代词就常常联想到定语加"之"的说法,使得本来不应加"之"的"主谓"式宾语有时说成"主之谓"。而主谓短语加"之"这一语法现象西汉以后逐渐衰落,是古书抄写过程中难免产生的讹夺。洪波(2008,2010)赞同此说。

不管是"有时"会发生的类推还是"难免"的讹夺,都是在语言使用个体身上随机发生的没有规律的现象。我们知道,语言现象的产生和发展以至于衰亡都是有规律的。之字结构的使用规律前贤已多所揭示。用"有时"和"难免"的无规律来解释规律恐怕不足信。

即便真的是传抄讹夺,也是因为抄录者本人当时的语法结构影响了他对前代语法结构的辨识所致。语法结构的词汇扩散和文献传本异文的产生有必然的联系(参看徐时仪2008)。倘如此,就更不能以传抄失误来解释了。

9.1.6 高可及性说

洪波(2008)指出,"之"的功能跟它源自指示代词有很大关系,根据语法化的渐变性和语义滞留原理,"之"还带有"指示词的痕迹"。我们基本同意这一见解。洪文又具体说,之字结构相对主谓结构是"可及性较高"的结构,"之"是一个"较高可及性的标记"。他实际是用信息的"已知/未知"来说明"可及性":已知信息的可及性高,倾向用之字结构;未知信息的可及性低,倾向用主谓结构。把"之"和可及性联系起来,是该文的一个创见。但是这样的解释也还存在两个问题:

第一,遇到两种结构并列的现象往往解释不通,例如:

(16) 禄之去公室五世矣,政逮于大夫四世矣,故夫三桓之子孙微矣。(《论语·季氏》)

"禄之去公室"和"政逮于大夫"都是话题,都是已知信息,怎么会一个加"之"一个不加呢?洪文说这是文献流传整理过程中的失真导致的。问题是这种并列的例子不是少数几个而是大量的,上面列出的已经不少,下面还有,难道都能归因于文献失真?

第二,"知"和"闻"的问题。这两个动词在选择宾语时有区别,"知"倾向于选择之字结构而"闻"倾向于选择主谓结构,李佐丰(1983)最先指出这一点,洪波又加上统计数字,例如:

(17) 盆成括见杀,门人问曰:"夫子何以知其将见杀?"(《孟子·尽心下》)

(18) 里克谏曰:"……且臣闻皋落氏将战,君其舍之。"(《左传·闵公二年》)

洪文的解释是:我知道的事情,你很可能也知道,属于高可及性信息,所以加"之";我听说的事情,你很可能没听说过,属于低可及性信息,所以不加"之"。这种解释正好跟一般人的认识相反,一般的认识是:我内心里知道的事情,你很可能不知道;我从外面听说的事情,你很可能也听说了。例如:

(19) 这件事只有他知道,别人不知道。

(20) ? 这件事只有他听说,别人都没听说。

只有在事情不属实的情形下才会说(20)这样的话。这也是李佐丰的感觉,他说知道的事情在"主观意识之中",而听说的事情是"外界存在的"。洪文的解释违反常情,原因是他没有把"可及度高低"和"已知/未知"区分开来,没有把"高可及性"和"提高可及性"区分开来。本章就是要廓清"可及性"这个概念。下面先说明"之"是一个"自指标记",之字结构是一种"参照体—目标"结构。

9.2 "之"和"之"字结构的性质

9.2.1 "之"是一个"自指标记"

朱德熙(1983)在说"之"是一个"名词化标记"的同时,还说这个名词化标记是"自指"性质的,所谓"自指"就是"指称动作本身",与"转指"(指称与动作相关的事物)相对。"指称化"或"自指化"的说法有问题,上面已有说明,但是说"之"是一个"自指标记"没有问题。

"指称"是相对"陈述"而言,我们指称一个事物,陈述一个事件。然而我们除了指称一个个事物,还需要指称一个个事件,如"这次入侵","那次破坏"。指称一个事件,就是将事件看作一个抽象的事物,是将一个内部可以细分的过程当作一个不再细分的整体来看待。例如"郑国入侵蔡国",陈述这个事件和指称这个事件的差别如下(圆圈和方块分别代表郑和蔡,连线代表入侵过程):

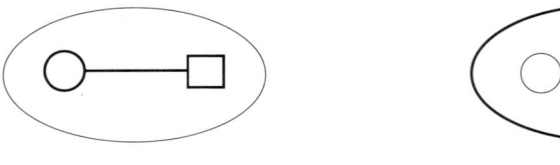

陈述一个"入侵"事件　　　　　　指称一个"入侵"事件

图 9-1　对事件的陈述和指称

粗黑线表示凸显,陈述这个事件时凸显的是入侵的过程,指称这个事件是将入侵视为一个抽象事物,凸显的是一个整体。

之字结构和主谓结构的区别在于,主谓结构既可以用来陈述一个事件,如"某年某月,郑侵蔡",也可以用来指称一个事件,如"郑侵蔡,是吾忧也""吾未闻郑侵蔡也",而之字结构基本上只能用来指称一个事件。实际情形是一种不完全对应的扭曲关系:

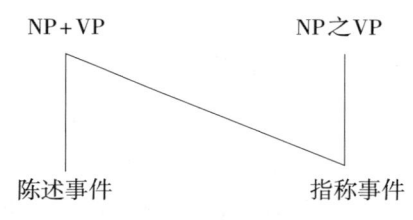

```
    NP+VP              NP之VP



    陈述事件             指称事件
```

图 9-2　陈述事件和指称事件的扭曲关系

主谓结构既可以是陈述语也可以是指称语,而之字结构基本上只能是指称语。所以我们可以说"之"字的作用是"去陈述性",但是不能说它的作用是"指称化"或"自指化",因为主谓结构本来就可以用作指称语。将"之"称为"自指标记"不成问题,主谓结构也能自指,只是没有加标记而已①。此前已有人(如宋作胤 1964)指出"之"是指代词的虚化,可以指示事物,也可以指示活动和性状,但是还没有说明为什么要加这个标记,什么情形下加这个标记。②

---

① 也许有读者会因零标记的存在而不理解这里的观点。零标记的情况确实存在,但与此不同。比如动词"表演"加上"者"以后转指其施事,于是可以说"者"的作用是转指。但是,动词"导演"可以直接派生出名词"导演[者]",这是零标记的例子。不过,零标记并不适用于所有动词,比如动词"阅读"可以直接派生出名词"阅读[者]"。对"之"而言,并不存在这样一个对应的零标记。所以,本着区分一般与特殊的理念,应当区别对待适用于所有主谓结构的"之"和仅适用于部分用例的零标记/"者"。

② 姚振武(1995)说"之"是主谓结构处于非独立的、指称的状态下的一个非强制性的形式标记,此说不错,但是他也没有说明为什么要加这个标记。

9.2.2 "N 之 V 结构"也是"参照体—目标"结构

说话人想要指称的事物是一个指称"目标",要帮助听话人识别这个目标,即与目标建立起心理上的联系,说话人往往要借助一个参照体。(参看第一章 1.1 节)例如:

(21) 树上的鸟巢

这个"NP_1 的 NP_2"结构是以 NP_1"树上"为参照体来识别 NP_2 代表的目标"鸟巢"。借助"参照体"来识别"目标"遵循一定的规律,参照体一般是相对固定的和比较显眼的。如"树"固定而"鸟巢"不固定,树比鸟巢大和显眼,因此"鸟巢的树上"一般听不到。

"NP 的 VP"格式,如"敌人的破坏"和"普通话的推广",也是一种"参照体—目标"构式,只是要指称或识别的目标不是一个事物而是一个事件。例如要指称或识别某一个破坏事件,就先说出破坏者"敌人"作为参照体。事件可以被"视为"抽象的事物,所以"NP 的 VP"和"NP_1 的 NP_2"没有本质的区别,都是"参照体—目标"构式。沈家煊等(2000)论证,"NP 的 VP"的实例也要符合参照体相对显眼的条件。

古代汉语里的之字结构,也就是"NP 之 VP",同样是"参照体—目标"构式。"郑之侵蔡"就是用入侵者"郑"为参照体来识别"侵蔡"这个事件。

"话题—说明"结构的认知本质其实也是"参照体—目标"结构(Langacker1993)。汉语话题作为参照体的性质比英语话题更强。Chafe(1976)就说过,不同的语言有不同性质的话题,英语的话题是句首具有对比性的成分,而汉语的话题是"为后面的断言确立一个空间、时间或人称的框架或范围"。这是"NV"这样的话题结构能够在加上"之"以后被识解为偏正结构的认知基础。

9.3 "之"的作用：提高"指别度"

9.3.1 "指别度"和"可及度"

现在可以来廓清"可及性"这个概念（参看第四章 4.3.2 小节）。"可及性"有程度的差别，本书改称"可及度"。一个指称目标的"可及度"定义如下：

说话人推测，听话人听到一个指称词语后，从头脑记忆中或周围环境中搜索、找出目标事物或事件的难易程度。容易找出的可及度高，不容易找出的可及度低。

在这个定义中"说话人推测"这句话很重要。在通常情况下，可及度高低由搜索目标的客观状态决定，例如周围环境中体大的比体小的可及度高，头脑记忆中近期储存的比很久前储存的可及度高，新搜索的目标跟刚找出的目标相似的比不相似的可及度高，找出过的目标再搜索一次时可及度较高，但是可及度的高低最终是由说话人主观认定的。跟"可及度"相对的是"指别度"，"指别度"的定义如下：

说话人觉得，他提供的指称词语指示听话人从头脑记忆中或周围环境中搜索、找出目标事物或事件的指示强度。指示强度高的指别度高，指示强度低的指别度低。

在这个定义中"说话人觉得"这句话也很重要。在通常情况下，指别度高低由指称词语的客观状态决定，例如带指示词的比不带指示词的指别度高，人称代词比一般名词的指别度高，限定词语多的比少的指别度高，重读的比不重读的指别度高，但是指别度的高低最终也是由说话人主观认定的。

"指别度"和"可及度"的联系是：指称目标对听话人来说可及度低，说话人所用指称词语的指别度应该高；指称目标对听话人来说可及度高，说话人所用指称词语的指别度可以低。提高了指称词语的指别度也就提高了指称目标的可及度。举例来说：

(22)a.把杯子拿走！
   b.把这只杯子拿走！
(23)a.(光口头说)把这只杯子拿走！
   b.(还用手指)把这只杯子拿走！

(22)说话人觉得要人拿走的那只杯子对听话人来说可及度高，就只需说 a，无需说 b；相反，说话人觉得那只杯子对听话人来说可及度低，就需要说 b，不宜说 a。作为指称形式，b"这只杯子"的指别度高于 a"杯子"。同样，(23)说话人觉得要人拿走的那只杯子对听话人来说可及度高，就只需说 a，无须像 b 那样再加上手指；相反，说话人觉得那只杯子对听话人来说可及度低，就需要像 b 那样加上手指。作为指称形式，b"这只杯子"加上手指(身势语)的指别度高于 a 光说"这只杯子"。

区分"可及度"和"指别度"是为了将说话人和听话人区别开来，将"能指"和"所指"区别开来：可及度是对听话人而言，指别度是对说话人而言；可及度是就指称目标(所指)而言，指别度是就指称词语(能指)而言。

9.3.2 "之"提高指别度

"指示是一股力量，指引听话人寻找所指对象。"(Garcia 1975:65)正如指示词"这"和手指起到提高指别度的作用，主谓结构加上"之"字也是起提高指别度的作用。当说话人觉得主谓结构"NP+VP"所指称的事件可及度低时，就加上"之"来提高它的指别度。早有敖镜浩(1998)指出，"之"指示受话方注意前言后语并从中领会出和"之"相联系的对象。拿前文例(1)来说(为了方便复录如下)：

(1)a.<u>民之望之</u>,若大旱之望雨也。

　　b.<u>民望之</u>,若大旱之望云霓也。

说"之"有"缓其辞气"的作用,又说"之"有"强调"作用,两者到底有什么联系呢？用"提高指别度"就很好解释。当说话人推测指称语"民望之"的所指目标不容易被听话人找出(可及度低)时,就加上"之"来提高它的指别度。好比我要让你找到那个鸟巢,光说"树上的鸟巢"怕你找不到,我就还用手指向鸟巢。这就是所谓"之"的"强调"作用。说话人在"民"后加"之"的同时也延迟了"望之"的说出,给了听话人充足的时间来确认参照体"民",等他确认那个参照体后再引导他找到目标"望之"。好比我先等你把目光移到了树上,再把你的目光引向鸟巢。这就是所谓"缓其辞气"的作用。

说"之"的作用是提高指别度,这正好跟"之"字的原初性质和功能相吻合,也便于说明之字结构单独成句和负载感叹语气,洪波(2008)拿上古汉语和现代北京话的对比来说明感叹和指示的联系：

(24)子不我思,岂无他人？<u>狂童之狂</u>也且！(《诗经·郑风·褰裳》)

(25)胜闻之,曰："<u>令尹之狂</u>也！得死乃非我！"(《左传·哀公十六年》)

(26)妈妈那个挖苦我啊！(老舍《女店员》)

(27)我这个乐啊！(侯宝林《夜行记》)

9.3.3　容易混淆的地方

不要把"高可及度/指别度"和"提高可及度/指别度"这两个概念混淆。"高可及度/指别度"是"提高可及度/指别度"的结果,在提高之前,目标和指称词语应为"低可及度/指别度"。也不要把"可及度高低"和信息的"已知/未知"混同起来,已知信息不一定可及度高,未知信息不一定可及度低。例如下面二例之字结构和主谓结构都做"知"的宾语:

(28) 盆成括仕於齐,孟子曰:"死矣盆成括!"盆成括见杀,门人问曰:"夫子何以知<u>其将见杀</u>?"(《孟子·尽心下》)(同(17))

(29) 吴,周之胄裔也,而弃在海滨,不与姬通。今而始大,比于诸华,光又甚文,将自同于先王。不知<u>天将以为虐</u>乎,使翦丧吴国而封大异姓乎?其抑亦将卒以祚吴乎?其终不远矣。(《左传·昭公三十年》)

"盆成括将见杀"对孟子来说是已知信息,但是门人认为它的可及度低,所以用之字结构来提高指别度。"天将以为虐"等尽管是未知信息,但是说话人认为它的可及度高,这里用的是反问句,等于说"这是显而易见的呀,你难道不知道?",所以用主谓结构。如何解释上面提到的那个例子(16)呢?

(16) <u>禄之去公室</u>五世矣,<u>政逮于大夫</u>四世矣,故夫三桓之子孙微矣。

按本文的观点,新搜索目标跟刚找出的目标如果相似就可及度高,这在心理学上叫作"斯特鲁效应"[①]。此句先指称"禄去公室"这个事件,说话人推测这个事件的可及度低(尽管是已知信息),所以加"之"来提高指别度,接着又指称"政逮于大夫"这个事件,它跟前面刚说出的事件是相关的、平行的,说话人推测前面那个事件达及后这个事件的可及度就不低了,所以不再加"之"。如何解释上面提到的"知"和"闻"的区别呢?按本文的观点,我知道的事情你不一定知道,"知"的宾语代表的事件可及度低,所以倾向加"之",而我听说的事情你很可能也已听说,

---

① 斯特鲁色词测验(Stroop Color Word Test)用红色笔写"绿"一字,用绿色笔写"红"一字,被试人念出字来不受什么干扰,说出字的颜色受干扰,从而证明概念"红"激活时同类概念"绿"也容易附带激活。

"闻"的宾语代表的事件可及度高,所以倾向不加"之"。魏培泉(2000)发现,"见"的宾语如果指主语亲历目验的具体事件,通常用主谓结构,如果不是,通常用之字结构。"亲历目验的具体事件"可及度高,所以无须加"之"。

洪波(2008)还用统计表明,在"恐""惧""患""恶"的宾语位置上,基本上都是之字结构,主谓结构少见,而"愿"的宾语位置上正好相反,基本上都是主谓结构而之字结构少见。而按照本章的观点,由于人的"趋利避害"心理,希望发生的事情跟人的心理距离近,可及度高,倾向不加"之",害怕发生的事情跟人的心理距离远,可及度低,倾向加"之"。[①]

9.4 对文本做仔细的分析

过去的研究大多是把文本中的例句孤立地罗列出来,有的加上数字统计,但是缺乏对例句出现的语境或上下文做细致的分析,拿来做对比的例子中之字结构和主谓结构也大多不是指同一个事件,不利于揭示"之"字的性质和功能。我们的分析将从篇章着眼,尽量避免粗疏。例证分以下四个方面。

9.4.1 并列形式

指称并列事件的两个词语形式,总的倾向是之字结构在前,主谓结构在后。其中的道理就是 9.3.3 小节分析(16)时说过的,新搜索的目标如果跟刚找出的目标相似就可及度高。前面的(3)—(6),(12)—

[①] 类似的情形是,"差点儿没摔倒"和"差点儿摔倒了"意思一样,而"差点儿没考上"和"差点儿考上了"意思相反。因为"摔倒"是不希望发生的事情,如果实际没有发生就加一个否定词来加强,所以"差点儿没摔倒"和"差点儿摔倒了"都表示"没摔倒",只是前者否定的语气强一点。"考上"是希望发生的事情,如果实际没有发生不用否定词加强,所以"差点儿没考上"和"差点儿考上了"意思相反。参看沈家煊(1999a:77)。

(14)及(16)诸例全部符合这一条,其他例子如下:

(30)尔之许我,我其以璧与珪,归俟尔命;尔不许我,我乃屏璧与珪。(《尚书·金縢》)

(31)伯有闻郑人之盟己也,怒;闻子皮之甲不与攻己也,喜。(《左传·襄公三十年》)

(32)君之视臣如手足,则臣视君如腹心。君之视臣如犬马,则臣视君如国人。君之视臣如土芥,则臣视君如寇雠。(《孟子·离娄下》)

(33)子曰:"政之不行也,教之不成也,爵禄不足劝也,刑罚不足耻也,故上不可以亵刑而轻爵。"(《礼记·缁衣》)

(34)战势不过奇正,奇正之变,不可胜穷也。奇正相生,如环之无端,孰能穷之?(《孙子兵法·势篇》)

(35)今之於古也,犹古於后世也。(《吕氏春秋·长见》)

(36)仁人之得饴也,以养疾待老也;跖与企足得饴,以开闭取楗也。(《吕氏春秋·异用》)

看似反例的不多,主要在两种句子,一是"犹""若"比拟句,一是肯定否定对举句:

(37)民归之,由水之就下。(《孟子·梁惠王上》)(可比较(36))

(38)皆患其身不贵于国也,而不患其主之不贵于天下也;皆患其身之不富也,而不患其国之不大也。(《吕氏春秋·务本》)(可比较(5))

这两种句子其实不是真正的并列句,真正的并列句没有语义重心的偏向,而这里有语义重心,一般落在后项上。

(39)人君赏罚不同日,天之怒喜不殊时。(《论衡·雷虚》)

这一例从篇章标题和内容看还是有语义重心,重心在"天"而不在

"人"。大西克也(1994)指出先秦文献中主谓结构充当宾语比充当主语更倾向加"之",我们认为这是因为句子的语义重心一般在靠近句子末尾的位置上。所谓"语义重心"本质上是说话人有意要对听话人强调的信息,包括指称信息。(关于语义重心和加"之"的关系,还见下文 9.4.4 小节。)总之,真正的并列形式反例非常少,倾向性十分明显。

9.4.2 两个时代的同指形式

指称同一个事件,前后两个时代的词语形式,总的倾向是之字结构在前,主谓结构在后。下面的例子多为《左传》和《史记》的比照,选取的都是指称同一事件的:

(40) a. <u>秦穆之不为盟主也</u>,宜哉!(《左传·文公六年》)

b. <u>秦缪公……不为诸侯盟主</u>,亦宜哉!(《史记·秦本纪》)

(41) a. 楚子问<u>鼎之大小、轻重</u>焉。(《左传·宣公三年》)

b. 楚王问<u>鼎小大轻重</u>。(《史记·楚世家》)

(42) a. 夫差!而忘<u>越王之杀而父</u>乎?(《左传·定公十四年》)

b. 阖庐使立太子夫差,谓曰:"尔而忘<u>句践杀汝父</u>乎?"(《史记·吴太伯世家》)

(43) a. 君子是以知<u>秦之不复东征</u>也。(《左传·文公六年》)

b. 是以知<u>秦不能复东征</u>也。(《史记·秦本纪》)

(44) a. <u>惠公之在梁</u>也,梁伯妻之。(《左传·僖公十七年》)

b. 初,<u>惠公亡在梁</u>,梁伯以其女妻之。(《史记·晋世家》)

(45) a. <u>寡君之使婢子侍执巾栉</u>,以固子也。(《左传·僖公二十二年》)

b. <u>秦使婢子侍</u>,以固子之心。(《史记·晋世家》)

(46) a. <u>丕郑之如秦</u>也,言于秦伯曰:……(《左传·僖公十年》)

b.<u>邳郑使秦</u>,闻里克诛,乃说秦缪公曰:……(《史记·晋世家》)

(47)a.<u>父母之爱子</u>,则为之计深远。(《战国策·赵策》)

b.<u>父母爱子</u>,则为之计深远。(《史记·赵世家》)

还没有发现相反的例证,其中的道理有二:一是达及过的目标再搜索一次时可及度较高,作者司马迁认为所指的事件因为早先的文献中提到过,所以无需再加"之";一是"之"提高指别度的功能随时间的流逝而逐渐磨损,作者觉得加了也白加。这两个解释并不矛盾而是相容的。

9.4.3 同一文献的同指形式

指称同一个事件,在同一部文献里的两个词语形式,用之字结构还是主谓结构情况比较复杂一些,但是提高指别度仍然是决定性因素,可分三种情形分述如下。第一种情形是可以判定记述先后的:

(48)a.<u>国之将兴</u>,明神降之,监其德也。将亡,神又降之,观其恶也。(《左传·庄公三十二年》)

b.<u>国将兴</u>,听于民。将亡,听于神。(同上)

在《庄公三十二年》中 a 记述在先而 b 记述在后。

(49)a.<u>善人之赏</u>,而<u>暴人之罚</u>,则家必治矣。(《墨子·尚同下》)

b.<u>善人赏</u>而<u>暴人罚</u>,则国必治矣。(同上)

c.<u>善人赏</u>而<u>暴人罚</u>,天下必治矣。(同上)

《墨子·尚同下》在"同一天下之义"的话题下依次讲 a 治家、b 治国、c 治天下。

(50)a.(刘邦)曰:"吾入关,秋毫不敢有所近,藉吏民,封府库,而待将军。所以遣将守关者,备<u>他盗之出入与非常</u>也。"(《史记·项羽本纪》)

b.(樊哙)曰:"……今沛公先破秦入咸阳,毫毛不敢有所近,封闭宫室,还军霸上,以待大王来。故遣将守关者,备他盗出入与非常也。"(同上)(同(15))

在《项羽本纪》中,先是 a 记述刘邦约见项伯,要项伯去劝说项羽,然后 b 记述的是鸿门宴,项庄舞剑,意在沛公,樊哙进来对项羽说了同样的话。

(51)a.是故愿大王之孰计之。(《史记·张仪列传》)

b.是故愿大王孰计之。(《史记·苏秦列传》)(同(2))

拿《张仪列传》和《苏秦列传》比,看不出名堂来,而比较同一列传里的先后两种表达,就可以看出原因所在:

(52)a.是故愿大王之孰计之。(《史记·张仪列传》)

b.愿大王孰计之。(同上)

(53)a.此三策者,不可不孰计也。(《史记·苏秦列传》)

b.故愿大王孰计之也。(同上)

《张仪列传》中,张仪说楚怀王,一段一段地讲道理,用"愿大王之孰计之"结尾的一段在前,用"愿大王孰计之"结尾的一段在后。《苏秦列传》中,苏秦说赵肃侯,也是一段一段地讲道理,以"不可不孰计也"结尾的一段在前,以"愿大王孰计之"结尾的一段在后。

第二种情形是不好判定记述先后的:

(54)a.昔尧之治天下也,使天下欣欣焉人乐其性。(《庄子·在宥》)

b.昔尧治天下,吾子立为诸侯。(《庄子·天地》)

这两句不好比较记述的先后。但是《在宥》篇"昔尧之治天下也"是首次提到"尧"和"尧治天下",作为新的话题是后文陈述的对象,所以要提高"尧治天下"的指别度。《天地》篇在出现"昔尧治天下"前已经有十次提到"尧",其中包括"尧治天下",可见"尧"和"尧治天下"的可及度都已经很高。

(55) a. 抉吾眼县（悬）吴东门之上，以观越寇之入灭吴也。（《史记·伍子胥列传》）

b. 必取吾眼置吴东门，以观越兵入也。（《史记·越王勾践世家》）

也不好比较记述的先后。但是《伍子胥列传》里伍子胥是主要记述对象，是主角，主角说的话很重要，是他一生故事的一部分，要详细记载，也需要提高所指事件"越寇入灭吴"的指别度。《越王勾践世家》里伍子胥不是主要记述对象，不是主角，非主角说的话记载不必太详细太突出，司马迁在下笔的时候会认为关于伍子胥的完整故事读者可以从《伍子胥列传》获得，所以就加以简化，将"悬吴东门之上"简化为"置吴东门"，将"越寇之入灭吴"简化为"越兵入"。

(56) a. 奢曰："尚之为人，廉，……必至，不顾其死。胥之为人，智而好谋，勇而矜功，知来必死，必不来。"（《史记·楚世家》）

b. 伍奢曰："尚为人仁，呼必来，员为人刚戾忍訽，……其势必不来。"（《史记·伍子胥列传》）

a 和 b 都是记述伍奢对楚平王的解说，伍奢既不是《楚世家》的主角也不是《伍子胥列传》的主角，好像也难判定司马迁写《楚世家》在先还是写《伍子胥列传》在先。不过《伍子胥列传》一上来就提到楚庄王和楚平王而不做任何交代，这表明作者认为读者对楚王世家的情况已经了解，由此可以推断作者对楚王世家的记述在先，至少是记述的构思在先。

第三种情形是记述先后看似反例（很少见到），但是可以按道理做出解释：

(57) a. (沛公)曰："……愿伯具言臣之不敢倍（背）德也。"（《史

记・项羽本纪》）

　　b.张良曰："请往谓项伯,言沛公不敢背项王也。"（同上）

　　b 张良对沛公说的话在先,a 沛公对项伯说的话在后,记述先后也是如此,好像违背了规律,其实不然,因为说话的语境不一样。张良教沛公对项伯说"沛公不敢背项王",沛公听后不是问为什么要这样说,而是问"君安与项伯有故?"可见"沛公不敢背项王"这个说法在沛公意料之中,对沛公来说可及度是高的,所以不加"之"。而沛公对项伯说同样的话,对项伯而言很可能在意料之外,可及度低,所以加"之"。

9.4.4　话语直指

　　指示词的指示对象除了事物和事件还可以是话语自身,称作"话语指"。"话语指"应区分"话语回指"（anaphora）和"话语直指"（discourse deixis）,请参看第四章 4.3.3 小节。

　　指示词的话语直指用法是从一般指示用法演化而来的,下面的例子表明先秦汉语的"之"已经发展出话语直指的用法。

　　（58）周颇曰："固欲天下之从也,天下从,则秦利也。"路说应之曰："然则公欲秦之利夫?"（《吕氏春秋・应言》）

　　此例中"天下从"是话语回指,指代前面的"天下之从",所以是主谓结构,而"秦之利"是话语直指。Kirsner（1979:358）提出,有两种情况会用到话语直指。一个是听者还没有从所有可能的名词个体中区分出所指对象;另一个是出于其他原因,指称对象需要特别的突出强调。在这个例子中,路说引述周颇说的话"秦利"并让周颇注意它的意义,同时表达自己对这种说法的反对态度,所以采用之字结构。总之,话语回指倾向用主谓结构,话语直指倾向用之字结构。下面也是话语直指用之字结构的例子:

　　（59）人之言曰："为君难,为臣不易。"如知为君之难,不几乎一

言而兴邦乎?(《论语·子张》)

(60)王曰:"寡人忧国爱民,固愿得士以治之。"王斗曰:"<u>王之忧国爱民</u>,不若王爱尺縠也。"(《战国策·齐四》)

(61)有子问于曾子曰:"问丧于夫子乎?"曰:"闻之矣,'<u>丧欲速贫,死欲速朽</u>'。"有子曰:"是非君子之言也。"……曾子以斯言告于子游。子游曰:"……<u>死之欲速朽</u>,为桓司马言之也;……<u>丧之欲速贫</u>,为敬叔言之也。"(《礼记·檀弓上》)

古书中的注释常要引述前人的话,引述的话是不是语义重心决定是否用之字结构,例如:

(62)宓子不欲<u>人之取小鱼</u>也。高注:古者鱼不尺不升俎……,故不欲<u>人取小鱼</u>。(《吕氏春秋·具备》)

(63)有不忘羑里之丑,时未可也。高注:纣为无道,拘文王羑里,不忘其丑,耻也;所以不伐纣者,<u>天时之未可</u>也。(《吕氏春秋·首时》)

这两例主谓结构和之字结构的次序相反,但是经推敲发现,(62)的"人取小鱼"只是提及前面的"人之取小鱼",不是高注的语义重心,所以无须提高指别度,而(63)的"天时之未可也"引述前面的"时未可"同时还点明"不伐纣"的原因,是高注的语义重心,所以需要提高指别度。

9.5 余论:再谈可及度

Ariel 的可及性概念在学界较为人所熟知,但和本文以认知心理学为基础的术语有较大差异,有必要澄清不同的理论体系下同名术语的异同。

Accessibility 这个词,可翻译成"可及度",在汉语中似乎不如它听起来那么"可及"(accessible),因为这个词使用的频率还不高,生活中几乎不用;范围还不广,仅限于个别专业的部分问题。如果有人不太明白这个词到底是什么意思,那么换句话说,对他而言"可及度"这个名词儿的可及度并不够高。所以,我们不得不把话头扯得远一点。

对英语使用者而言,accessibility 这个词的可及度似乎要比在汉语使用者心目中的"可及度"一词要高得多,可以用在生活中的多个方面。在物流调度中,物品送达(access)流程的设计者需要考虑相对于客户而言的可及度,也就是以更方便快捷为目的来设计物流方案,比如快递公司上门收货送货就比邮局的普通包裹可及度高。在电脑网络运营中,网络的设计者需要考虑数字化信息对于使用者而言的可及度,以便让更多人更容易的利用信息,比如具有"框计算"功能的百度就比普通搜索引擎可及度高。Accessibility 这个词还可以用于公共设施对于残障人士而言,食宿服务对于游客而言,登车高度对乘客而言等等。这个词的一般意义就是按照其字面来理解,是某事物对于某人而言达及的可能性。这个可能性有程度差异,我们翻译成"可及度"而不是"可及性",就是为了突显它的程度意义。

在认知科学中,最早广泛使用可及度概念的是心理学,尤其是知觉心理学、认知心理学和文化心理学。其含义是,对于某个感知对象,人的知觉与认知心理反应的难易程度和时间快慢。所谓达及(access),指的是注意力或者心理意向达及认知客体的心理表征。心理学的可及度研究中比较有影响的专题研究涉及自传性知识的可及度(Markus 1977),社会认知范畴的可及度(Srull 1978),三维表征识解的可及度(Marr et al.1978),记忆追踪的可及度(Mensink et al.1988),知识条目的长期可及度(Higgins 1996)等等。后两个研究对语言学而言,更有参考价值。

语言作为人的认知对象和工具,语言单位就有其对应的心理表征,当然在语言研究中就不可避免会遇到认知可及度问题。自上世纪 60

年代以来,心理语言学对此做出了大量的研究。对心理词库中词汇可及度的研究是其中的一个重要课题,影响词汇可及度的因素包括:频率、具体与否、语义、词类、语音等等。详细的介绍可以参看 Gleason(1998:166—181)。Levelt(1989:ch.6)专章讨论了心理词库的词条和词注达及(accessing lemmas)的问题。词注信息,包括语义、句法信息和附加区别变量(diacritic variables)。句法信息,包括词注的句法范畴及其所要求的句法功能、这些功能和概念结构中各个概念变量或题元角色之间的关系等等。而附加区别变量,则包括身、数、格、时、体、态以及重音等。

另一个重要的课题就是和语言记忆相关的可及度研究,主要涉及指称对象的回指和句子记忆两个方面。最早把指称对象的信息地位和可及度联系起来的是 Clark et al.(1974,1977),文章指出包含更多已知信息的句子可及度更高。Clark 等还提出"有限检索假设"(Clark & Carlson 1982;Clark 1996),认为对指称对象最初的检索是限制在会话参与者所共享的信息之中的,因此共享信息中的事物比其他事物的可及度高。Gernsbacher 等(Gernsbacher et al.1988,1989)的研究表明,在一个句子中首先提及的指称对象比其后提及的可及度要高。

既然某个层次的语言单位对于语言使用者的认知而言的可及度涉及语言系统的方方面面,可及度这一概念必然就被引入语言本体的研究。在句法研究中最早的研究可能是 Silverstein(1976)对作格语言中的二分作格性的特征的研究,提出被后人以他的名字来命名的可及度等级。而早期研究中更为著名的涉及可及度的课题是语法角色关系化的可及度等级(Keenan et al.1977,1979,介绍参看沈家煊 1997:19—21)。Bock 等人(1981,1985,1987)研究了信息的可及度、概念的可及度和词形识别的可及度在造句过程中对句法结构选用的影响,指出可及度较高的词项倾向于较早入句。

汉语语法研究中,著名的案例有这两个。袁毓林(1999)指出定语语序跟"意义可达性"(袁译 accessibility)大小有关,从"容易加工的成分"到"不容易加工的成分"。沈家煊(2008a)的研究指出,汉语中引入新话题时使用什么样的句式也会受到可及度的影响,指称对象心理达及的距离和话题接续的距离具有象似性。以上这两个研究在汉语语法研究中影响都很大,而其中所用到的可及度概念和定指都没有关系。

在语用学方面,Sperber & Wilson(1986/1995)广泛使用了可及度概念,主要研究了定识(assumption)的可及度。他们提出,定识是被个人当作现实世界表征的概念表征,人的直觉可以分辨不同定识的可及度,可及度是表征的功能特性。一个定识在形成过程中,涉及的加工量越大,其后被调用的次数越多,其可及度就越高。在语言的理解过程中,留在记忆中的对前一个语句进行解释的所有定识构成一个即时语境,其中的定识的可及度高于非即时语境中的定识的可及度。即时语境有三个扩展方式:此前语句,百科信息,以及物质环境。

Ariel(1988,1990,1991,1994)以此为基础,把可及性概念用于深化她此前对已知标记的研究,并最终形成了她自己的可及度理论。其特点是给各种语言形式排定一个可及性高低的等级,不同的可及性程度有不同的可及性标记[①]。

不过 Ariel 对可及性这个术语的使用和关联论视角的可及性还是有差异的,并因此而招致批评意见。(Reboul 1997)最关键的一点是,在她的理论源头 Sperber 和 Wilson 那里,可及度是一个比较型概念,而不是固定的分类型或数量型概念;定识的力度是个相对的比较值,而不是绝对的数量值(Sperber & Wilson 1986:106,178)。而且,语言哲学家 Carnap(1950)早已指出,不是所有的比较型概念都有相匹配的数

---

① 介绍和应用研究可以参看许余龙(Xu 1995),方梅(2005)。

量型概念。更明确的说,比较型概念不能一概换算为客观数值尺度衡量。刘丹青(2013)论证了汉语量化系统是"多少"二分而英语量化系统则是"全有无"三分。这实际上是证明了汉语量化表达的策略采用的是比较型概念,而英语则是数量型概念。

比较型概念和数量型概念是两种不同的体系,二者均有实用的价值,但二者也难以用简单匹配的方式相互度量。这甚至是一个生活常识,小孩子玩的斗兽棋就是大象胜狮子,狮子胜老虎,老虎胜豹子,豹子胜狗,狗胜猫,猫胜鼠,而鼠又胜象。这样的比较是不可能以数量大小的连续不等式来表达的。有一段相声段子中比较了三国故事中谁的本领最大,结果诸位英雄的战斗结果形成了一个圈。英雄比武,胜负难料,时也势也。借用一句广告词:"没有最好,只有更好。"语言也是一样,影响语言单位可及度判定的因素很多,因语境和话语参与者的不同而不同。

在认知语义学的研究中,Talmy(2007:266)以注意力的认知特点为根据,指出注意力达及(access to attention)的级差,是相对于实体基线的前后景,而不是一个以0为基础的阶(scale)。Talmy(2012)继而探讨了语言内省的基本结构特性,把意识分为两个层次,语言表征的可及度在这两个意识层次中都有反映。明白了这一点,就不会对可及度做过于刻板的理解。

以上回顾了"可及度"研究简史,目的是想说明,在认知科学(包括心理学、语言学)中,"可及度"概念一般是指一个表征对人的意识而言可能达及的程度。任何认知对象的表征的可及度,都取决于认知主体即时即景的感知和记忆,是一个具有高度主观性的比较型概念。这个表征可能是语言的,也可能是非语言的。广义的语言表征,包括文字的、语音的、语义的、语用的和语法的等等,都涉及可及度问题。

第十章 "领格表受事"的认知动因[①]

朱德熙(1961)谈到"的"字分布极广,有些零碎的格式未能一一列举。本章基于前文的观点,对这些特殊用法中的一种——"领格表受事"展开研究。

10.1 经典评析

10.1.1 吕叔湘(1946)

"VN 的 O"序列中"N-O"语义通常是狭义领有关系,是"领格表领有",典型的例子比如"抓他的手"。然而,吕叔湘(1946)发现了另一类现象,称之为"领格表受事":

(1)吃他们的亏　　介他的意　　说我的鬼话
　　盯你的梢[②]　　请谁的客　　害卢珊的相思病

文中指出 N 虽然是"领格称代词"但"完全没有普通的领属意义,而表直接或间接的受事者",并申明这个受事是广义的,包括宾格(accusative)、与格(dative)和夺格(ablative)等。而且,"动词附带一个熟语性的宾语而两者合起来实际等于一个单纯的动词","可以再有一个意念上的宾词"。该文奠定了此项研究的基础。而后世的讨论,尽管有

[①] 本章初稿发表于《中国语文》2017 年第 3 期。
[②] 原文采用了李健吾《一个没有登记的同志》文中例句,"盯"写作"钉"。

一些超出了"完全没有普通的领属意义"的限制,但在"意念上的宾词"这点上和吕先生的分析本质上一致。

10.1.2 丁声树等(1961)

丁声树等(1961:§6.4,本章执笔者为吕叔湘)把"N 的"在句法上定性为"领属性修饰语",并补充例子如下:

(2) 拆朋友的台　　开他的玩笑　　挑人家的眼
　　打他的岔　　　说红军的好话　打我的算盘
　　投坏人的票　　帮你的忙　　　关敌人的禁闭
　　告任常有的状　造他们的谣言

其中有的已经突破了"完全没有普通的领属意义"的限制:"台"是"朋友"的,"忙"也是"你"的。该书首先指出某些例子可以有介词结构变换式:

(3) 给朋友拆台　　跟他开玩笑　　跟他打岔

10.1.3 赵元任(Chao 1968)

赵元任贡献尤大,他称之为"领格宾语"(possessive objects, Chao 1968:§5.4.6.6),也没有完全受"没有普通的领属意义"的限制,补充的例子有:

(4) a.接近典型领属义:借您的光　坍我的台　送他的行
　　b.偏离典型领属义:捣他的乱　多他的心　赌我的气

对于语义关系,他更进一步认为 N "实际上代表动作的对象(goal)[①]。"对象"应理解为语义要素而不是语义格,能表达出"广义受事"的共性。不管有没有领有义,几乎所有实例都可以有"VO 的对象

[①] 吕叔湘译为"对象",丁邦新译为"目标"。

是 N"这样的变换式:"借光的对象是您""捣乱的对象是他"等。

赵元任(Chao 1968:§6.5.7.4)还发现有歧义的例子。这说明在"领格表领有"和"领格表受事"之间,存在过渡地带。

(5)a.你得请我的客。= 你得请我的客人。

(领格表领有,领属义突显)

b.你得请我的客。= 你得请我客。

(领格表受事,对象义突显)

因此,在本章的判断标准中,"对象"义是第一位的,而"领属"义特别是典型的"领有"义是第二位的。赵元任特别指出某些例子不可以有连动结构①变换式,如:

(6)见我的情 告他的状   说他的闲话(坏话)

或者变换后的语义有变化:

(7)上他的当≠给他上当(致使他上当)

送他的行≠给他送行("只有'宴别'的意思")

这表明这些事件在汉语普通话中的概念结构并不同于与格结构,详后§10.3.2、10.4.2。

10.1.4　朱德熙(1982)

朱德熙(1982)基本上继承吕先生的观点,将此结构命名为更加广为人知的"准定语"C 类。其贡献是引入了双宾语的句式变换,转引如下(排序有调整):

(8)　准定语　　　介词　　　双宾语

---

① 赵元任(Chao 1968:§5.5.2)连动式的范围包括介词结构。原文认为"拆(坍)我的台""捣他的鬼"也不能变换,但是在 BCC 语料库中可以发现有"给我拆台""给我捣鬼"的例子。"给我说好话"也有用例,不过意思不是"(向别人)说我好话",而是"(向我)说讨好的话",应排除。

打他的主意	—	打他主意
劳您的驾	—	劳您驾
帮我的忙	给我帮忙	帮我忙
开我的玩笑	给我开玩笑	—
革他的命	—	—
生他的气	—	—

但是,双宾语变换式其实并不空缺,这个问题启发了本章的进一步思考:

(9)慕容德道:"你会<u>开我玩笑</u>,难道我不会开你的玩笑吗?"(金庸《大国者下流》)

(10)有人若真是不寄生就没法活的废物,要其脱离供养,确实是<u>革他命</u>,对他还真没什么好埋怨的,毕竟这是他唯一的生存方式。(胡释之《裁减公务员是大势所趋》)

(11)她焦急的期望着,默然想道:"只要是他,那我也不再<u>生他气</u>了。"(上官鼎《长干行》)

10.2 归因辨析

10.2.1 词汇缺项说

为什么会存在这种结构?吕叔湘(1946)提出,"形式上即已有了一个宾词",却"没有适当的介系词可用",只好"采取了领格的形式"。但是,可转变为介词结构(或者用赵元任术语体系中的"连动式"概括性更强)的有很多种语义类型[①]:

---

① 对语义角色的分析参考袁毓林(2001)和张敏(2011)中的"汉语方言主要间接题元的语义地图"。

第十章 "领格表受事"的认知动因　195

(12)　　　　"领格表受事"　　　介词结构/连动式
受事　　革自己的命　　　　对自己革命
与事　　开我的玩笑　　　　拿我开玩笑
施益　　帮我的忙　　　　　给我帮忙
使役　　误他的事　　　　　使他误事
致使　　吃他的亏　　　　　他让(我)吃亏
原因　　操琐事的心　　　　为琐事操心
对象　　敬他的酒　　　　　向他敬酒
目的　　动她的心　　　　　为她动心
夺事　　提你的成　　　　　从你(那儿)提成

这些例子都"有适当的介系词可用",却依然"采取了领格的形式",这就说明是其他因素在起作用。按照功能语法的原则,不同的形式一定有不同的功能。但同时也应该看到,确实有无法转换的,并且同样遍布于多种语义角色,有些还难以判断属何种语义角色:

(13)　　　　"领格表受事"　　　介词结构/连动式
受事　　揩你的油　　　　　*对你揩油
与事　　告他的状　　　　　*拿他告状
施益　　报你的恩　　　　　*给你报恩
使役　　点你的将　　　　　*把你点(成)将
对象　　绑你的票　　　　　*对你(实施)绑票
经事　　充你的军　　　　　*让你(经历)充军
感事　　见我的情　　　　　*让你(感到)见情
？　　　生他的气　　　　　？跟他生气/对他生气[①]

由此可见,语义角色的异同,不能决定能否采用领格形式。这说明

---

① 这个例子及分析出自赵元任(Chao 1968:§6.5.7.4)。

语义角色不是决定性因素。有没有适当的介词,都可以采取领格的形式,那么这其后是否有其他动因?

10.2.2 句法缺位说

丁声树等(1961:53)提出一个句法动因:"已经有了个动宾结构,那个意念上的受事不能再放在后头"。这看起来似乎是有道理的:动宾结构再带宾语受限,动词的及物性作用范围限于动词短语内部,整个动词短语难以产生新的及物性。不过,赵元任(Chao 1968:§6.5.7.4)即已经发现"离心式"用法:

(14) 费您的心 = 费心您

邢公畹(1997)尽管认为动宾带宾是一种可疑的句式,却发现其实古已有之,从《史记》直到早期现代汉语,一直没有断绝,并且似乎要流行开来。二十年来的语言实践证明,确实如此。下面这些都是可以进入"领格表受事"的动宾离合词带宾语的实例:

(15) a. 先用隐约的笔法写菊英的母亲怎样爱女儿,担心女儿,要替她定一头亲事。(苏雪林《王鲁彦与许钦文》)

b. 叶子担完孙子的心,又开始担女儿的心。(王旭烽《筑草为城》)

(16) a. 62岁的上海市民张宝根认为"以房养老"的方式好,父母不用操心儿女,儿女也不用为赡养老人担忧。(胡军华《以房养老,金钥匙还是纸画饼?》)

b. 其实,老人少操点儿女的心,多把关注点放在自身,会让生活快乐许多。(爸妈在线心理网)

(17) a. 原来当年的竞争对手一直还在"盯梢"我。(《文汇报》2000.06.02)

b. 我发现总有一个家伙在盯我的梢。(王小康《愚人节》)

(18)a. 无须<u>沾光奥运</u>(《中国青年报》2011.08.17)

　　　b. 于晓光透露,<u>沾了奥运的光</u>,……(《金陵晚报》2016.08.23)

(19)a. 我说:"小猓,你千万别<u>介意他</u>。"(梁晓声《泯灭》)

　　　b. "称你的心,<u>介我的意</u>①,还不好么?"(佚名《粉剑金鹰》)

尽管"离心式"并不十分普遍,但二者的变换确实存在,这就说明无宾语位置可用的句法动因并不成立。

10.2.3　语义不显说

李桂梅(2009)尝试在动词框架语义知识中找原因。从吕叔湘(1946)的论述中可知,事件结构必须涉及多个参与者才能进入此格式。孙德金(1999)将此概括为[＋多向性],并以[＋损益性]做解释。李桂梅(2009)进而提出主要有两个限制因素:其一,参与者角色要显著,"签歌迷的名"不合法就是因为虽然涉及两个参与者但只有行为主体显著。其二,动词具有高能量,能使人受损或受益,而"见你的面、担他的心②"不成立是因为"见面""担心"不会使人受到显著影响。③ 对于这两条,本文都仅部分赞同。

第一条,关键是"N"的角色要显著,而对施事并无要求,零形式甚至不宜补出的缺省都可以,理由详后§10.4.2—10.4.3。

(20)"哟,是小梅,你也在这儿,越长越漂亮了。"

　　　"(你)别<u>开我的玩笑</u>了,我都老了。"(南强《幸运》)

---

① 吕叔湘(1946)即有"介意"例,此处使用对举的例子实属无奈。
② 其实这两个都有实例。"担N的心"见例(15b)。"见N的面"如:"七八年来我还从未见过她的面,能与她相见也是我最大的心愿。"(《人民日报》2000.12.19)
③ 该文还提出第三条限制因素:影响与否取决于社会文化心理,"费您的心"成立是因为尽管"费心"不高能,但是在汉语文化中让人费心就是使人受损。不过,这只是第二条的附件,是对"影响"的解说。

(21)大妈这我就放心了！(*我)劳你的驾！你跟她怎么说的？(老舍《龙须沟》)

(22)"(*你)滚你的蛋！"何飞飞不经思索的骂着说……(琼瑶《萧萧风》)

第二条,所有"领格表受事"例中的 N 都遭受损益影响,这是事实。并且受损远多于受益(详后§10.4.1)。但这不是根本原因,也不是充分条件,因为有很多致损或致益的 VO 并不能进入"领格表受事",即使和第一条结合也有管不住的例子:

(23)a.他至此明白了老叔冷淡他的原因了,以为老汉怕干部对合同变卦……(陈忠实《初夏时节》)

b.*变合同的卦

(24)a.高考前,老师不断给学生打气。(杨庆蕙主编《现代汉语离合词用法词典》)

b.*打学生的气

而且,尽管说损益没问题,但是不能归因于高能,显著影响和动词是否高能并无直接联系。表心理的"多心""介意",表被动的"上当""中计"等都很难讲有多高能,但都可以进入"领格表受事"。

所以,研究的突破口应该放在进一步探究显著性和损益义的原因上。

10.3 比较分析

10.3.1 离合词

很多研究立足这样的基本认识:"领格宾语实际上是动宾式离合词

离析形式的一种"(李桂梅 2009)。初看起来,事实并不错,解释上也有些道理:离合词的词汇化程度高,作为一个整体语义上有带宾语的可能。但其实离合词和"领格表受事"的句法语义属性并无本质联系。

首先,性质相关度低。不必是离合词或者熟语,普通动宾短语也能进入此格式:

(25) a."可不!她尽找善保谈思想,还造姚宓的谣……"(杨绛《洗澡》)

b."就算他们是本来认识的,也不能就瞎造人家的谣言!"(张爱玲《多少恨》)

c.有关方面明确指出,境内有人跑到外(国)做手脚,制造银行的谣言。(BCC 语料库·科技文献)

"造谣"是离合词,"造谣言"勉强算是熟语,"制造谣言"就是一个普通的动宾短语,三者结构性质不同,但都能进入"领格表受事"。再如:

(26) a.他不愿借太太的光,要自己有个领域,或做官,或著作。(钱锺书《猫》)

b.充满幻想和冲动的他,或许也想借父辈的光环来涂抹自己的生活。(《人民日报》1997.01.02)

b 例中的"借"换作"假借""借助"似乎亦无不可。可见,"领格表受事"并不要求必然是离合词或熟语,它要求的只是特定的事件结构。

其次,数量相关度低。根据孙德金(1999)的统计,只有 16.5% 的离合词可以进入此种格式,而大多数离合词并不能用于"领格表受事"。

(27) *较你的真　*称你的职　*变你的卦　*出你的面
　　　*打你的雷　*参你的政　*超你的员　*抽你的空

再次,转换相关度低。很多动宾离合词事实上在后面可以带宾语,意念上的宾语占据了实际的位置,而它们也具有相应的与格意义,但并不能变换为"领格表受事"。

(28) 回笼资金	把资金回笼	*回资金的笼
注意保暖	对保暖注意	*注保暖的意
致富西部	使西部致富	*致西部的富
上书党中央	给党中央上书	*上党中央的书
让利购房人	向购房人让利	*让购房人的利
效力香港队	为香港队效力	*效香港队的力
抱怨这件事	因这件事抱怨	*抱这件事的怨

因此,离合词和"领格表受事"的联系实际上并没有看起来那么紧密。

10.3.2 与格结构

另有一些研究的立足点是与格结构①,以蔡淑美(2010)为代表。但是这两个范畴距离其实也比较远。原因有二。第一,从前文例(13)(28)可见,两者存在大量不能相互转换的例子,并且和语义小类无甚相关性。两者能否转换,不取决于表达了哪一种与格意义。第二,在不同的语境中,同一词型可能对应多个语义角色,例如:

(29) 生气:

我一想起来就<u>生老爸的气</u>。　　<u>为老爸生气</u>(原因)

不过不是<u>生你的气</u>。　　　　　<u>跟你生气</u>(与事)

不想对你发脾气,不想<u>生你的气</u>。<u>对你生气</u>(对象)

(30) 操心:

当南街人,只<u>操干活的心</u>就行了。<u>为干活操心</u>(目的)

---

① 与格结构是采用与格屈折形式或者类似语义的介词或词序来表达间接宾语关系的结构。蔡淑美(2010)所讨论的特殊与格结构定义较严,其事件结构一定涉及两个不同的参与者,并且有对象语义角色。这就排除了一些其中"VO"为一价的"VN 的 O",通常只与一个参与者共现,如"走你的路""洗你的澡""看他的电影""读自己的书""静你的坐""示你的威"等。这一类共同的变换式是"NVO"(你走路)。

没有闲空<u>操别人的心</u>。　　　<u>替别人操心</u>（施益）

蔡淑美(2010)在文末提问：为什么"拜年、投稿、撒娇"等和"敬酒"类在语义类型上很接近，但可以说"敬你的酒"，却不太能说也没有找到像"拜你的年、投你的稿、撒父母的娇"这样的表达？其实，这种捉襟现肘正证明了"领格表受事"成立与否和与格语义类型没有直接的规律性对应关系，因为汉语定语和中心语之间的语义关系是分不清、说不尽的。本章将在最后回答这个问题。

10.3.3　双宾句

实际上，"领格表受事"和双宾句的句法语义关系最为紧密。

10.3.3.1　"领格表受事"向双宾句转换自由

李宇明(1996)论述了，在"获取"类双宾句中，领属关系有突显和隐遮之别，可以用"的"来鉴定。这说明，不管突显与否，双宾句的两个宾语间有事实上的领属关系。

另一方面，孙德金(1999)发现在"VN 的 O"中"的"的隐现是自由的。亦即，"领格表受事"向双宾句的转换是自由的。以蔡淑美(2010)所分的 6 个小类的代表词为例：

(31) 我勤恳办差十数年，未曾贪过府院的一针一线，未曾办错过一件差使，他凭什么<u>罢我官</u>！(《湘潭大学报》2016.05.15)

(32) 柳月说："这是<u>堵我嘴</u>吗？"(贾平凹《废都》)

(33) 孩子因为在学校上课的时候旁边俩同学老捅他<u>捣他乱</u>，他实在忍不住了还手。(廖冰博士讲座)

(34) 在酒桌上，<u>敬大家酒</u>应该说点什么？(百度知道)

(35) 如果再来一次大战，我们中国还是要<u>吃他亏</u>的，记住这一点啊，同学们。(朱文《弟弟的演奏》)

(36) "<u>滚你蛋</u>，你说的那是狐狸精。"(令川狸《妖鬼中介所》)

甚至,例(6)中不能转变为介词结构的"领格表受事"例都可以转变为双宾式:

(37) 见我的情　　告他的状　　说他的闲话
　　 见我情　　　告他状　　　说他闲话

反之,不能进入"领格表受事"的动宾式离合词也没有对应的双宾变换式,试比较例(27):

(38) *较你真　　*称你职　　*变你卦　　*出你面
　　 *打你雷　　*参你政　　*超你员　　*抽你空

再看下面这些近似的例子,有双宾语则可加"的",无双宾语则不可加"的":

(39) a. 吃你苦——吃你的苦　　*吃你惊——*吃你的惊
　　 b. 拜舅舅年——拜舅舅的年　*拜你年——*拜你的年

10.3.3.2 双宾句向"领格表受事"转换受限

然而,双宾句向"VN 的 O"的转换是受限制的。根据马庆株(1983)的分类,部分实例可以转换的类别有:

(40) 给予类：　　还他钱　　　　　还他的钱
　　 取得类：　　买小王一只鸡　　买小王的一只鸡
　　 交换类：　　换他两本书　　　换他的两本书
　　 准予取类：　占学校房子　　　占学校的房子
　　 原因类：　　喜欢那个人大眼睛　喜欢那个人的大眼睛
　　 结果类：　　点你天灯　　　　点你的天灯
　　 使动类：　　出我丑　　　　　出我的丑

这和§10.2.1 对语义角色的分类比较近似,但每类中也都有不能转换的个例。整个类别都不能转换的则有下面这些:

(41) 表称类：人家称他呆霸王　　*人家称他的呆霸王
　　 时机类：考你个没准备　　　*考你的个没准备

处所类：挂墙上一幅画　　　＊挂墙上的一幅画
　　度量类：他们抬了伤员好几里路　＊他们抬了伤员的好几
　　　　　　　　　　　　　　　　　里路
　　动量类：给他一巴掌　　　　　＊给他的一巴掌
　　时量类：吃饭半天了　　　　　＊吃饭的半天了

　　可见，有些双宾语加上"的"可以成为"VN的O"。这其中有一部分是典型的领属定语，比如"小王的鸡、他的书"等；而另一部分语义则符合"领格表受事"的特征（参看§10.4.4）。

　　张伯江（1999）采用构式语法理论研究双宾语，并概括双及物构式①的语义为"有意的给予性转让"。转让，就必然有对象，所以接受者角色是双及物构式的必要组成部分。双宾语表达的对象语义和"领格表受事"一样，在例（40）中：还钱的对象是他，买鸡的对象是小王，换书的对象是他，占房子的对象是学校，喜欢大眼睛的对象是那个人，等等②。看来，赵元任（Chao 1968）发现"受事"中的对象语义实在是高明。

　　双及物构式向"VN的O"的转换中，有既不属于经典的"领格表受事"也不属于传统的离合词和熟语研究范畴的例子：

　　（42）a.他不是说要再升你官位两级吗？怎么到现在还不见动
　　　　　　静？（兰京《青龙猎艳》）
　　　　　b.我已经升了他的官位，然后呢？（古灵《出嫁从夫》）
　　（43）a.每天都盯着自己这个城市的一点一滴的疫情变化，也

---

　　① 该文"双及物式"的讨论对象等同于传统的"双宾语"。前者更注重整体的构式语义，注重动词直接带两个宾语的双及物性；而后者有强烈的结构分解色彩。本书沿用这样的术语含义，并沿用所涉论文原来采用的术语。也有些研究采纳的术语体系把双宾语结构和与格结构统称为双及物结构，如何晓炜（2003）。

　　② 不能转换的类别也大多有对象义：称呆霸王的对象是他，挂一幅画的对象是墙上，等等。

每天盯着自己身边的疫情和防治措施,稍不满意准会投你反对票。(《文汇报》2003.06.06)

b.但在安理会当着美国的面,投美国的反对票,墨西哥政府深感为难。(《文汇报》2003.03.23)

和"升官""投票"对应的"升官位""投反对票"都不是熟语,但也同样表达"对象"义。"N的官位"是标准的领属结构,而"N的选票"则有所偏离,因为"选票"并不是真正在物质上属于N的。这些例子正处于双及物构式和"领格表受事"的临界区域。

综上,和"领格表受事"的句法语义相关度最高的,不是离合词、与格结构,而是双及物构式。双及物构式共享了"领格表受事"的灵魂——"对象"义。那么,二者的差异又在哪里?

10.4 动因探析

10.4.1 交际诉求

典型的双及物构式表达"有意的给予性转让"(张伯江1999),以施益行为为主。然而,"领格表受事"却更多用于表达受损意义、负面评价或消极交际语境中。根据孙德金(1999)的考察,静态的看,在搜集到的270个组合中,词汇意义表达受损的占58.5%;动态的看则更高,从200万字语料库中检索用例,有75%具有明显的受损意义。

仔细观察语料,可以进一步发现,即使是表达施益行为的组合,在实际使用中,也仍然有不少是用在负面或消极语境中的,比如:

第一,否定句

(44)司介侯抢先冷笑说道:"他可没办法帮你的忙……"(诸葛

青云《怒马香车》)

(45)韦好客没有敬他的酒。(古龙《风铃中的刀声》)

(46)她突然双手拉住了儿子,眼泪叭叭嗒嗒流下来,呜咽着说:"你当县长了,妈也不求享你的福,……"(乔典运《妈妈》)

(47)人生一直走霉运,心仪的白马王子不理她,老板只要她的创意,不要升她的官职。(吴淡如《衣服和你的关系》)

第二,否定的疑问句:

(48)女人道:"你为什么不要我帮你的忙?"(古龙《蝙蝠传奇》)

(49)她轻轻的问:"你不敬我的酒?"(古龙《鬼恋传奇》)

(50)你们苏总,春节没放你的假啊?(BCC语料库·微博)

第三,反问句:

(51)"我们每天都一样的工作,凭什么要我帮你的忙?"(吴少银《80后职场新鲜人生存手册》)

(52)祁华怫然变色道:"姓梅的,你是什么意思,莫非认为我不配敬你的酒!"(雷啸天《英雄》)

(53)照说,尤其在雷老中年之后,声名如日之中天,五湖四海,都有他的朋友弟子,端的是一呼百诺,要风得风,要雨得雨,谁不想讨他的好?(倪匡《宇宙杀手》)

第四,负面情绪的感叹句:

(54)当时她苦笑了一下道:"你虽然这么说,我却是没法子帮你的忙!"(萧逸《雪山飞虹》)

(55)丘朗……怒道:"诸葛大人。这可是大王敬你的酒啊!"(石章鱼《三宫六院七十二妃》)

(56)田富贵(内声):……叫人家看见,倒好像我们沾你的光,要当你的打手似的!(老舍《义和团》)

显然,表达施益意义和受损意义都是交际中不可或缺的,"领格表受事"承担的主要交际功能是后者,用于负面语境。

10.4.2 认知基础

不同的交际诉求,会导致说话人对同一事件采取不同的概念化策略,在识解中突显事件结构中不同的部分。"领格表受事"和一些双及物结构能相互转换,正因为它们是同一类事件的不同概念化结果。其区别有三:

第一,双及物事件中,动词 V 涉及的参与者有三个,"施事""转移物 O"和"转移对象 N"。三者都是无标记形式,并无偏重,所以词序的作用就显现出来,适于表达施事的"有意转移"义。在此基础上,要突显转移的对象,就给"对象 N"加上标记"的",成为"领格表受事"[①]。

第二,由于 N 受到突显,无标记的 V 和 O 就相对背景化[②],在和 N 的对比中,VO 结合成一个认知实体,一同支配 N。这是相关离合词的"合"和熟语的"熟"的认知基础。

第三,双及物结构无标记而领格表受事有标记,两者并不对称。双及物结构以现场给予为原型,经隐喻扩展到多种类型(张伯江 1999),因而"予取"双向都适用。而"领格表受事"中"对象"受到突显,就以其为中心来识解双及物事件,导致仅适用于一部分双及物事件。这样的格局导致双及物结构和"领格表受事"相互转换的不对称。后者转换为前者不受限,但前者仅部分可转换为后者,因为有些事件结构并不适合突显对象角色。大致有这几类:

第一,画蛇添足。典型的给予事件"给"并不适合采取"领格表受事"的形式:

---

① 要突显转移的事物,就采用介词结构。
② 关于突显和前景化、背景化等术语,在不同的理论体系中有不同的理解,详见刘丹青(2014)。

(57)　　　　　　　予　　　　　　　　　取

双及物结构：　　甲给乙某物　　　　甲拿乙某物

领格表受事：　　＊甲给乙的某物　　甲拿乙的某物

因为"(给予)动词都在语义上要求有明确的方向和目的,所以不需要特意事先规定其目的物"(张伯江 1999),也不需要特意突显表达方向和目的的对象。在典型的给予事件中给"对象 N"加上"的"反倒会导致认知负担过重。

第二,雾里看花。在不能进入"领格表受事"的离合词例(27)中,所涉事件都难以产生明确的对象义:"＊较你的真"是"对你较真""让你较真"还是"为你较真"？"＊带你的头"是"给你带头""为你带头"还是"使你带头"？都很难说。因而它们都不能进入"领格表受事"。

第三,张冠李戴。如果应当受到突显的部分错位,也会导致无法顺利传递信息。在这一点上,本书与李桂梅(2009)提出的第一条因素有共鸣。例(39b)显示同一离合词应用于不同对象会形成对立,导致如下三缺一格局:

(58) 拜舅舅年　　　拜舅舅的年

＊拜你年　　　　拜你的年

因为在拜年这件事情上,"舅舅"作为对象比"你"更典型,更应该也更容易受到突显。这也说明事件结构不只是动词的事件结构,而是整个动词加上所有参与者的事件结构。

第四,喧宾夺主。不能插入"的"的双宾句(比如例 41),其事件表义的重点在远宾语,不该由表对象的近宾语成为突显对象。"人家称他呆霸王"中"呆霸王","给他一巴掌"中的"一巴掌"等等,都是说话人若不说则听话人不可得的低可及度新信息,不管什么语境都不可删略,必须突显。相反,对象"他"的可及度则较高,不必突显,甚至可以省略:

(59)今天说说薛蟠,人称呆霸王,薛大傻,薛宝钗之兄,跟贾宝

玉是姨表兄弟。(新浪博客)

(60)给一巴掌,但是别打痛了自己的手,别弄脏自己的手。(BCC 语料库·微博)

语音上的旁证是,"呆霸王""一巴掌"可以加重音,而"他"则不行。

突显双及物事件中的"对象",服务于交际诉求,是"领格表受事"出现的认知动因。那么,如何突显?

10.4.3 句法手段

沈家煊等(2009)及本书此前章节提出并论证了"的"具有"提高指别度"的功能,附着在名词后,使其成为参照体,构建出一个参照体目标结构,可以起到提示听话人注意并突显该名词等作用。试看如下三缺一格局(可比较例58):

(61)红脸　　　红的脸

　　*红通通脸　红通通的脸　(沈家煊等,2009)

事物的状态相对于性质而言是不固定的,不适合充当参照体(沈家煊等,2000),因此需要加上"的"来提高指别度后才合格。在短语、句子和篇章(参看本书此前章节)等各个层级的句法环境中,"的"都发挥这一功能。而在表达双及物事件的"领格表受事"中,"的"的功能也是一样。

同一词项,加上标记后在认知上就显得更为突显,这是通则。在篇章中,可以明确感受到这一点。以蔡淑美(2010)所分六类中第一类的代表词"罢官"为例,跟"红脸"和"红的脸"类似,"罢我官"和"罢我的官"都合乎语法,但有用法上的差异:

(62)a.我勤恳办差十数年,未曾贪过府院的一针一线,未曾办错过一件差使,他凭什么罢我官!(《湘潭大学报》2016.05.15)

b."陶总,我立'军令状',拿不下银河,你罢我的官!"潘鸣放说道。(胡小胡《太阳雪》)

a 例以勤恳为官做铺垫说出"罢我官",重点在"官",对"官"被罢愤愤不平。而 b 例以"军令状"做铺垫说出"罢我的官",加"的"则重点转移到"我",表示自己承担责任。①

再以蔡淑美(2010)六类中最后一类的代表词"滚蛋"为例。"滚你的蛋"是通常用在对话中的独立成句的骂詈语,咒骂对象就是听话人"你"。

(63)老初气得满脸通红地叫道:"……地换地,有进无出,你还不换,滚你的蛋!"

刘德山……反驳道:"我也是农会会员,你能叫我滚?"

(周立波《暴风骤雨》)

"滚你蛋"的用法则比较丰富。语料中也有少量直接用于面向听话人的咒骂,这说明"滚你蛋"包含了"滚你的蛋"的用法。不过其典型用法却是用作定语②,咒骂对象是其后的中心语,而这个中心语通常多为通指:

(64)滚你蛋的红颜知己。我就是要证明你只是我男人。(百度贴吧·情侣吧)

(65)而且你的"滚你蛋的'孝顺'"这是无明业火。毁坏修行呀!(天涯博客·南无阿弥陀佛)

(66)滚你蛋的真心,虚伪的人!(百度贴吧·广安职业技术学院吧)

---

① 在"罢我的官"中,"我"在说话人语境中的指别度固然很高,但是在言谈中的未然事件"罢官"中却不高,"我"和"官"的参照体目标关系仍然需要借助"的"来构建,并最终表达"我"的对象性。

② 该用法为"滚你的蛋"所无。

前文例(9)提供了一个对照使用的最小对比对,复录如下:

(67) a. 你会开我玩笑,难道我不会开你的玩笑吗?(金庸《大国者下流》)

b.ʔ你会开我的玩笑,难道我不会开你玩笑吗?

前半句是陈述,重在表达事件本身,采用双及物结构;后半句是威胁,有必要突显对象性,加"的"。如果二者颠倒顺序会很别扭。可见,以后附"的"为手段,双及物事件中的"目标"得到了突显,作为近宾语的对象成为了远宾语的参照体。

10.4.4 领属结构表达非领属义

关于"VN 的 O"中的 N-O 关系,有从"非领属结构"(茆建生 1992)到"领属结构"(张伯江 1994)的种种认定①。以区分"领属结构"是一种语法结构而"领属意义"是一种语义类型为前提,本书支持张伯江(1994)建立在 Taylor(1989)的领属关系原型理论基础之上的结论:"领属结构的核心意义可以用一句话表达:透过领有关系从领有者来识别被领有者。""的"字结构,不管表达的是不是领属意义,在认知层面上,都是"参照体—目标"构式(沈家煊等 2000)。"的"字结构被称为领属结构,不过是以"领属义"这一最常见的语用推理义来称呼这种语义表现多样却又在认知语义本质上具有统一性的结构而已。而领格语的非领属义用法,即使跨语言的看,也是很普遍的功能变异(参看本书第八章)。

领属结构,从典型的"领格表领有"到非典型的"领格表受事",都是参照体结构,差异体现在领格语义上,呈现出反映语义典型性梯度差异

---

① 其他还有"伪定语"(黄国营 1981)、"准定语"(朱德熙 1982)、"'动+名'格式"(赵金铭 1984)、"类定语"(傅雨贤 1988)、"非真正定语"(李临定 1990)等。命名差异表现出的是更看重 V(O)对 N 的关系,还是 N 和 O 之间的关系。

的连续包含关系,如图所示:

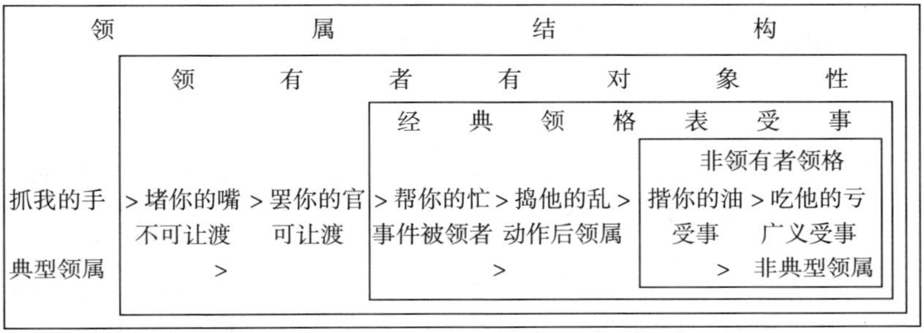

领 属 结 构						
	领 有 者		有 对 象 性			
			经 典 领 格 表 受 事			
					非领有者领格	
抓我的手	>堵你的嘴	>罢你的官	>帮你的忙	>捣他的乱	揩你的油	>吃他的亏
典型领属	不可让渡	可让渡	事件被领者	动作后领属	受事	广义受事
	>	>	>		>	非典型领属

图 10-1 从"领格表领有"到"领格表受事"的连续包含关系

从典型领属关系的"抓我的手"到领有者对象的"堵你的嘴",这变化的第一步是由如下三缺一格局引发的:

(68) 抓我的手: ≈ 抓手 ≈ 抓我

堵你的嘴: ≈ 堵嘴 ≠ 堵你

这是因为"抓"的词汇意义所要求的对象可以比较笼统,模糊至"我"精确至"手"都行。而"堵"的词汇意义却联系着一个孔洞,其动作对象要求精确至"嘴","你"相对于"堵(嘴)"而言不太适合充当其对象,语境所需的对象性就必须由构式意义来赋予了。

在这个连续包含关系中,语义上再不典型的实例,也还是属于认知上的参照体结构,句法上仍归为领属结构。换句话说,"领格表受事"不过是"领格表领有"的一种。"N 跟 O 相关"且"N 比 O 突显"是作为参照体结构的"的"字结构的关键条件。相关性确定参照体关系,突显性确定谁是参照体。

对于"捣他的乱"中的"他的乱"不是领属结构的最大质疑,是不能独立使用。确实不能独立,但这并不构成反驳。因为参照体和目标的关系本来就不是固定的,只能存在于具体语境之中,并体现于在线产生的语言结构中。

10.5 结论和余论

综上,在以往纷纭的众说中,以吕叔湘(1946)最早提出的"领格表受事"在句法语义方面的定性最为精辟。"领格"的认知本质是"参照体",各种"受事"的语义共性是"对象"。"领格表受事"的认知动因来自两个方面:一方面,在双及物事件的概念化结构中,有可能成为参照体并有意强调的"对象"成分,因附着了提高指别度的"的"而得以突显。另一方面在广义的"VN的O"结构中,有一部分领有O的N本来也就具有V(O)的对象义。或者说,"领格表受事"本来也就包含在广义的"VN的O"结构中。

现在可以回答蔡淑美(2010)的问题:为什么没有"拜你的年、投你的稿、撒父母的娇"? 答案很简单,因为对应的双及物结构"拜你年、投你稿、撒父母娇"也不存在,突显对象义就无从谈起。根据张伯江(1999)的认知语义模式,这些事件难以进入双及物的事件结构,所以也就更谈不上突显其中的对象了。

结　语

一、"的"的性质和功能

本书的研究涉及"的"的诸多问题，但核心观点只有一条：

"的"是一个参照体标记，主要功能是提高参照体的指别度，由此派生出了诸多其他的功能。

在指称性短语（包括一般的名词性短语和通常所认为的"N 的 V"）中，"的"提高了参照体的指别度，继而也起到了提高目标体的指别度的功能。从认知入场的角度来看，"的"同时也是一个描写性入场标记，标示"的"前的组件是对"的"后的组件的描述，因为对特征的描述本身也可以充当参照点，所以最终能达成明确指称对象的目的。描写和指称因此而得到统一。从词到短语之间存在这样一个整合度由高到低的连续统：词汇化复合词＞凝固的语境自由复合词＞松散的语境自由复合词＞临时的语境依赖复合词＞特设的语境依赖复合词＞必须使用"的"的短语。各种整合程度不一的复合词都是概念整合的产物。概念整合的在线性使得复合词的即时产出常常会突破长期的概念体系的制约，有一些脱离语境来看不能成立的复合词在特定的语境中就可以成立。词汇化复合词和固定复合词中不能出现"的"，而必须使用"的"的组合不是复合词，是短语。有些组合中"的"字可以自由隐现。没有"的"的时候是复合词，包括松散的语境自由复合词和语境依赖复合词。有"的"的时候是短语。多项定语的名词短语中"的"的隐现和位置，反映了"的"的认知入场功能在即时语篇中的句法要求。

事态句中的"的"不是名词化标记,也不是时体标记。加在事件句末的"的"不是事态句的形式标准,事件句不加"的"也能表达事态。事件是对行动的陈述,事态是对行动的指称。事态句是表达事件状态的名词性谓语句,和表达事物状态的名词性谓语句本质上一致。言者在事态句中加上"的"来提醒听者注意事态句所表达的事态,是因为"的"具有加强所附着的语言单位的指别度的作用。"名词化"的观点过于看重指称和陈述的对立,但其实汉语的动词谓语句也具有名词谓语句的特性,呈现出一种扭曲对应关系:表达事态的动词谓语句也是名词谓语句。

副词性语法单位后附成分"的$_1$"和"的$_2$""的$_3$"具有共性。历史的看,"的$_1$"来源于"地"。但是在早期用例中以"底"代"地"就是常见现象。共时的看,在一般人心目中"的""地"不分也有很大的群众基础和心理现实性。在语法学家的研究中,对"的""地"不分也多有论述。[①]在类型学的视野中,"的"并不是"词尾","的"和名词、动词、形容词及方式副词都有关系。以词类功能专门化的观点来看,"的"可以把专门用作核心的词类转化为修饰语。汉语形容词和方式副词的数量都较少,需要有替代手段来表达相应的语义。

从形态来看,"的"具有附缀性;从句法来看,"的"具有后置介词性,是从方位领格介词发展而来的可以表达广义领格中的大多数语法意义的一级介词,表达物与物的相互关系。"的"和英语介词 *of* 都是参照体结构中的标记,表现出较多的句法语义的平行性。因为从汉语词类的包含模式来看,"的"前后的词语都是名词性的。在生成语法的意义上,"的"给其前面的补足语赋领格,构成介词短语共同修饰光杆名词短语的中心语。

---

① 关于"的"的分合,可参看完权(2018)第二章。

在参照体—目标结构中,"之"和"的"相比,起到的是直接提高目标体的指别度的功能。"之"来源于指示词,本来指别功能就比较强,且指示词的用法一直存在,所以作为目标体标记的"之"的指别功能始终比较强。而"的"的指别功能一直就比较弱,是因为它的前身结构助词"底"来源于有指示功能但比较弱的处所、方位词。

二、展望后续研究

本书的篇幅并不足以容纳跟"的"相关的所有问题,所以研究其实还不完备,"的"的使用中还有一些有趣的现象没有得到足够的描写和解释。其中一大类是各类形义错配的准(伪)定语,除了第十章的"领格表受事"外,还有"张三的原告,李四的被告"和"他的篮球打得好"等。再比如比喻性的"N 的 N"(春水的眼)(赵越 2009),表时间的"大星期天的"(沈阳 1996),"不然换我也找个年轻漂亮的,不然干吗呀,一辈子的",表无关的"你走你的"(刘公望 1984),表反复的"姑娘们唱啊唱的",表示列举的"洋书什么的",表示相乘"五米的三米",表示相加的"两个的三个"等用例。这些现象都可以沿着本文的思路继续展开研究。

我们现有的研究也只是探索了"的"字奥秘的一个侧面,以目前的结论为基础,至少有两个重大的研究方向可以尝试探索。

实验心理语言学的最新发展,为理论推导提供了实证方法。尤其值得注意的是,记录大脑实时神经活动特征的事件相关电位(ERP)研究,以及揭示注意力指向的眼动仪,都从普通心理学推广到了语言心理学。把两者相关联的眼动相关电位(EFRP)研究,正适用于本课题,因为参照体结构的心理学基础正是注意力的调配。此类实验在国际上最早由 Baccino et al.(2005)开创,在汉语语言学界还鲜有成果面世。发现语篇认知的实验证据,将是一个非常诱人的课题。

另一条值得探索的道路是和类型学与认知都相关的语义图模型。"的"作为一个历史性的语法现象,在汉语史上有"之""者""所"和"底""地",甚至"其"等与之对应;作为一个区域性的语法现象,在汉语诸方言中的对应词有不同的句法语义表现,在汉语周边的很多语言中也都有对应词;更广一点,"的"所表达的语法意义在所有语言中都应该有相应的表达方式,除了第八章涉及的英语、希腊语、拉丁语等,还有法语的 *de*,日语的の等等都已经积累了比较丰富的对比语言学成果可资利用。扩展调查的语言范围,尝试使用语义图模型揭示"的"的个性和跨语言共性的关系,将同样是一个极有意义的研究领域。

参考文献

敖镜浩:《论"之"的语法性质》,《古汉语语法论集》,北京,语文出版社,1998,第1版,第149—160页。

蔡淑美:《现代汉语特殊与格结构"V+X+的+O"的语义性质和句法构造》,《世界汉语教学》2010年第3期。

陈前瑞:《汉语体貌研究的类型学视野》,北京,商务印书馆,2008,第1版。

陈琼瓒:《修饰语和名词之间的"的"字的研究》,《中国语文》1955年第10期。

陈玉洁:《汉语形容词的限制性和非限制与"的"字结构的省略规则》,《世界汉语教学》2009年第2期。

程　工:《语言共性论》,上海,上海外语教学出版社,1999,第1版。

储泽祥:《"底"由方位词向结构助词的转化》,《语言教学与研究》2002年第1期。

崔应贤:《现代汉语定语的语序认知研究》,北京,中国社会科学出版社,2002,第1版。

大河内康宪〔日〕:《量词的个体化功能》,〔日〕《中国语学》1985年,总第232期。又载于大河内康宪主编《日本近、现代汉语研究论文选》,靳卫卫译,北京,北京语言学院出版社,1993,第1版,第426—446页。

大西克也〔日〕:《秦汉以前古汉语语法中的主之谓结构及其历史演变》,《第一届国际先秦汉语语法研讨会论文集》,长沙,岳麓书社,1994,

第 1 版,第 16—32 页。

邓思颖:《以"的"为中心语的一些问题》,《当代语言学》2006 年第 3 期。

邓思颖:《"他的老师当得好"及汉语方言的名物化》,《语言科学》2009 年第 3 期。

邓思颖:《"形义错配"与汉英的差异——再谈"他的老师当得好"》,《语言教学与研究》2010 年第 3 期。

丁声树、吕叔湘、李荣、孙德宣、管燮初、傅婧、黄盛璋、陈治文:《现代汉语语法讲话》,北京,商务印书馆,1961,第 1 版。

董秀芳:《汉语的词库和词法》,北京,北京大学出版社,2004,第 1 版。

董秀芳:《汉语偏正短语的历时变化》,《中国语言学集刊》第 2 卷第 2 期,北京,中华书局,2008,第 1 版。

董秀芳:《上古汉语议论语篇的结构与特点:兼论联系语篇结构分析虚词的功能》,《中国语文》2012 年第 4 期。

范继淹:《形名组合间"的"字的语法作用》,《中国语文》1958 年第 5 期。

范继淹:《"的"字短语代替名词的语义规则》,《中国语文通讯》1979 年第 3 期。

方光焘:《〈说"的"〉讨论总结》(1962),《语法论稿》,南京,江苏教育出版社,1990,第 1 版,第 71—80 页。

方　梅:《篇章语法与汉语研究》,刘丹青主编《语言学前沿与汉语研究》,上海,上海教育出版社,2005,第 1 版,第 46—69 页。

冯春田:《近代汉语语法研究》,济南,山东教育出版社,2000,第 1 版。

弗雷格〔德〕:《论涵义和所指》,肖阳译,载于〔美〕A.P.马蒂尼奇编,《语言哲学》,牟博、杨音莱、韩林合等译,北京,商务印书馆,1998,第 1 版,第 375—399 页。初版载于〔德〕*Zeitschrift fur Philosophie und philosophische Kritik*(《哲学与哲学批评杂志》),1892 年总第 100 卷。

傅雨贤:《现代汉语语法学》,广州,广东高等教育出版社,1988,第 1 版。

古川裕:《"的"字结构及其所能修饰的名词》,《语言教学与研究》1989年第 1 期。

郭　锐:《过程和非过程——汉语谓词性成分的两种外在时间类型》,《中国语文》1997 年第 3 期。

郭　锐:《现代汉语词类研究》,北京,商务印书馆,2002,第 1 版。

何乐士:《〈左传〉的[主·"之"·谓]式》,《〈左传〉虚词研究》,北京,商务印书馆,1989,第 1 版,第 67—80 页。

何晓炜:《双宾语结构和与格结构的关系分析》,《外国语》2003 年第 2 期。

何　瑛:《结构助词"底"源自方位词新证——兼谈〈辞源〉"底"条释义二三》,《古汉语研究》2010 年第 1 期。

洪　波:《周秦汉语"之 s"的"高可及性"及相关问题》,《中国语文》2008年第 4 期。

洪　波:《周秦汉语"之 s"的可及性问题再研究》,《语言研究》2010 年第 1 期。

胡建华、石定栩:《完句条件与指称特征的允准》,《语言科学》2005 年第 5 期。

华玉明:《汉语重叠研究》,长沙,湖南人民出版社,2003,第 1 版。

黄国营:《伪定语和准定语》,《语言教学与研究》1981 年第 4 期。

黄国营:《"的"字的句法、语义功能》,《语言研究》1982 年第 1 期。

黄正德:《从"他的老师当得好"谈起》,《吕叔湘先生百年诞辰纪念文集》,北京,商务印书馆,2010,第 1 版,第 126—143 页。

江蓝生:《处所词的领格用法与结构助词"底"的由来》,《中国语文》1999年第 2 期。

蒋冀骋:《结构助词"底"来源之辨察》,《汉语学报》2005 年第 1 期。

克里斯特尔〔英〕:《现代语言学词典》,沈家煊译,北京,商务印书馆,2000,第1版。

库尔特·考夫卡〔美〕:《格式塔心理学原理》,黎炜译,杭州,浙江教育出版社,1997,第1版。原版 The Principle of Gestalt Psychology,纽约,哈考特—布雷斯—约万诺维奇公司,1935,第1版。

黎锦熙:《新著国语文法》,北京,商务印书馆,1924,初版。"汉语语法丛书"第四种,1992,第1版。

李桂梅:《领格宾语构式"VN 的 O"探析》,《汉语学习》2009 年第 3 期。

李晋霞:《现代汉语动词直接作定语研究》,北京,商务印书馆,2008,第1版。

李立成:《自指的"的"字短语》,《语言教学与研究》1999 年第 3 期。

李临定:《现代汉语动词》,北京,商务印书馆,1990,第1版。

李　讷、安珊笛、张伯江:《从话语角度论证语气词"的"》,《中国语文》1998 年第 2 期。

李艳惠:《短语结构与语类标记:"的"是中心词?》,《当代语言学》2008 年第 2 期。

李艳惠:《从台湾闽南语 e 看汉语含"的"的名词短语结构》,《东方语言学》(第十一辑),上海,上海教育出版社,2012,第1版。

李宇明:《非谓形容词的词类地位》,《中国语文》1996 年第 1 期。

李宇明:《领属关系与双宾句分析》,《语言教学与研究》1996 年第 3 期。

李佐丰:《〈左传〉中体之谓短语与主谓短语的区别》,《内蒙古大学学报》1983 年第 1 期。

李佐丰:《古代汉语语法学》,北京,商务印书馆,2004,第1版。

廖秋忠:《篇章中的框—棂关系与所指的确定》,《语法研究和探索》(三),北京,北京大学出版社,1985,第1版,第 323—337 页。

刘丹青:《语义优先还是语用优先——汉语语法学体系建设断想》,《语文研究》1995 年第 2 期。

刘丹青:《语序类型学与介词理论》,北京,商务印书馆,2003,第 1 版。

刘丹青:《汉语关系从句标记类型初探》(2005a),《中国语文》2005 年第 1 期。

刘丹青:《形容词和形容词短语的研究框架》(2005b),《民族语文》2005 年第 5 期。

刘丹青:《汉语名词性短语的句法类型特征》(2008a),《中国语文》2008 年第 1 期。

刘丹青:《语法调查研究手册》(2008b),上海,上海教育出版社,2008,第 1 版。

刘丹青:《汉语是一种动词型语言:试说动词型语言和名词型语言的类型差异》,《世界汉语教学》2010 年第 1 期。

刘丹青:《语言库藏类型学构想》,《当代语言学》2011 年第 4 期。

刘丹青:《汉语特色的量化词库:多/少二分与全/有/无三分》,《木村英树教授还历记念·中国语文法论丛》,日本东京,白帝社,2013,第 1 版,第 54—72 页。

刘丹青:《当功能遇到认知:两种概念系统的貌合神离》,*International Journal of Chinese Linguistics* 2014 年第 1 卷第 1 期。又见张伯江主编《现代汉语语法的功能、语用、认知研究(二)》,北京,商务印书馆,2016,第 1 版,第 133—164 页。

刘丹青、徐烈炯:《焦点与背景、话题及汉语"连"字句》,《中国语文》1998 年第 4 期。

刘公望:《试析"的"的几种特殊用法》,《兰州大学学报》(社会科学版)1984 年第 2 期。

刘礼进:《再谈中心词理论与"的"字结构》,《现代外语》2009 年第 4 期。

刘敏芝:《汉语结构助词"的"的历史演变研究》,北京,语文出版社,

2008,第1版。

刘宋川、刘子瑜:《"名·之·动/形"结构再探讨》,《语言学论丛》第三十二辑,北京,商务印书馆,2006,第1版。

刘探宙:《汉语同位同指组合研究》,北京,中国社会科学出版社,2017,第一版。

刘月华:《定语的分类和多项定语的顺序》,《语言学和语言教学》,合肥,安徽教育出版社,1984,第1版,第136—157页。

龙海平:《从焦点不确定性看"他是投的赞成票"句式》,《汉语学报》2011年第2期。

陆丙甫:《定语的外延性、内涵性和称谓性及其顺序》,《语法研究和探索》(四),北京,北京大学出版社,1988,第1版。

陆丙甫:《汉语定语的分类及其顺序》,《华文世界》1989年第4期。

陆丙甫:《从"跳舞"、"必然"的词性到"忽然"、"突然"的区别》,《语言研究》1992年第1期。

陆丙甫:《核心推导语法》,上海,上海教育出版社,1993,第1版。

陆丙甫:《"的"的基本功能和派生功能——从描写性到区别性再到指称性》,《世界汉语教学》2003年第1期。完整版载于《汉语词汇·句法·语音的相互关联》,北京,北京语言大学出版社,2007,第1版。

陆丙甫:《作为一条语言共性的"距离—标记对应律"》,《中国语文》2004年第1期。

陆丙甫:《语序优势的认知解释:论可别度对语序的普遍影响》,《当代语言学》2005年第1期、第2期。

陆丙甫:《再谈汉语"的"和日语"の"的关系》,《外国语》2008年第3期。

陆丙甫:《也谈"有/无标记"的歧解及解决之道》,《当代语言学》2009年第3期。

陆俭明:《汉语口语句法里的易位现象》,《中国语文》1980年第1期。

参考文献

罗姆·哈瑞〔美〕:《认知科学哲学导论》,魏屹东译,上海,上海科技教育出版社,2006,第1版。

吕叔湘:《中国文法要略》,北京,商务印书馆,1942,上卷初版,1944,中卷下卷初版。"汉语语法丛书"本,1982,新1版。

吕叔湘:《论底、地之辩及底字的由来》,《金陵、齐鲁、华西大学中国文化汇刊》1943年第3卷。又见《汉语语法论文集》(增订本),北京,商务印书馆,1984,增订第1版,第122—131页。

吕叔湘:《领格表受事及其他》,《国文月刊》1946年总46期。修订本一见《汉语语法论文集》(语言学专刊),北京,科学出版社,1955,第1版。修订本二见《语文杂记》,上海,上海教育出版社,1984,第1版。

吕叔湘:《关于"语言单位的同一性"等等》,《中国语文》1962年第11期。

吕叔湘:《评改一篇谈语文学习的发言稿》,《语文学习讲座》第9辑,北京,中华函授学校,1965,第1版。

吕叔湘:《汉语语法分析问题》,北京,商务印书馆,1979,第1版。

吕叔湘:《语文杂记》,上海,上海教育出版社,1984,第1版。

吕叔湘:《近代汉语指代词》,江蓝生补,上海,学林出版社,1985,第1版。

吕叔湘、饶长溶:《试论非谓形容词》,《中国语文》1981年第2期。

吕叔湘等:《现代汉语八百词》,北京,商务印书馆,1980,第1版,1999修订版。

马庆株:《现代汉语的双宾构造》,《语言学论丛》第十辑,北京,商务印书馆,1983,第1版,第166—196页。

马学良、史有为:《说"哪儿上的"及其"的"》,《语言研究》1982年第1期。

马　真:《现代汉语虚词研究方法论》,北京,商务印书馆,2004,第1版。

茆建生:《非领属性 Rd 结构》,《贵州师范大学学报(社会科学版)》1992年第4期。

木村英树:《"的"字句的句式语义及"的"字的功能扩展》,《中国语文》2003年第4期。

木村英树:《认知语言学的接地理论与汉语口语体态研究》,沈阳、冯胜利主编《当代语言学理论和汉语研究》,北京,商务印书馆,2008,第1版。

牛保义:《情境植入——认知语法研究的一条进路》,《外文研究》2013年第4期。

裘荣棠:《谈"动＋的"短语的几个问题》,《中国语文》1992年第3期。

人民教育出版社中学语文室:《中学教学语法系统提要(试用)》,《中学语文》1984年第4期。

塞　尔〔美〕:《心灵、大脑与程序》,玛格丽特·博登〔英〕编《人工智能哲学》,刘西瑞、王汉琦译,上海,上海译文出版社,2001年,第1版,第92—120页。原文刊载于 Behavioral and Brain Sciences(《行为和大脑科学》)1980年第3期。

杉村博文:《的字结构承指与分类》,江蓝生、侯精一主编《汉语现状与历史的研究》,北京,中国社会科学出版社,1999,第1版,第47—66页。

杉村博文:《"我妹妹"和"我的妹妹"的位置》,〔日〕《现代中国语研究》第2期,日本京都,朋友书店,2001,第1版,第39—49页。

沈家煊:《"有界"与"无界"》,《中国语文》1995年第5期。

沈家煊:《形容词句法功能的标记模式》,《中国语文》1997年第4期。

沈家煊:《不对称和标记论》(1999a),南昌,江西教育出版社,1999,第1版。

沈家煊:《语法研究的分析和综合》(1999b),《外语教学和研究》1999年第2期。

沈家煊:《转指和转喻》(1999c),《当代语言学》1999年第1期。

沈家煊:《语言的"主观性"和"主观化"》,《外语教学和研究》2001年第4期。

沈家煊:《如何处置处置式》,《中国语文》2002年第5期。

沈家煊:《再谈"有界"与"无界"》,《语言学论丛》第三十辑,北京,商务印书馆,2004,第1版,第40—54页。

沈家煊:《分析和综合》,《语言文字应用》2005年第3期。

沈家煊:《"糅合"和"截搭"》,《世界汉语教学》2006年第4期。

沈家煊:《汉语里的名词和动词》(2007a),《汉藏语学报》第1期,北京,商务印书馆,2007,第1版,第27—47页。

沈家煊:《也谈"他的老师当得好"及相关句式》(2007b),〔日〕《现代中国语研究》第9期,日本京都,朋友书店,2007,第1版,第1—12页。

沈家煊:《李白和杜甫:"出生"和"出场"——论话题的引入与象似原则》(2008a),《语文研究》2008年第2期。

沈家煊:《"移位"还是"移情"?——析"他是去年生的孩子"》(2008b),《中国语文》2008年第5期。

沈家煊:《我看汉语的词类》(2009a),《语言科学》2009年第1期。

沈家煊:《我只是接着向前跨了半步——再谈汉语的名词和动词》(2009b),《语言学论丛》第四十辑,北京,商务印书馆,2009,第1版,第3—22页。

沈家煊:《英汉否定词的分合和名动分合》(2010a),《中国语文》2010年第5期。

沈家煊:《如何解决补语问题》(2010b),《世界汉语教学》2009年第

4期。

沈家煊:《朱德熙先生最重要的学术遗产》(2011a),《语言教学与研究》2011年第4期。

沈家煊:《从韵律结构看形容词》(2011b),《汉语学习》2011年第3期。

沈家煊:《"名动词"的反思:问题和对策》(2012a),《世界汉语教学》2012年第1期。

沈家煊:《"零句"和"流水句"——为赵元任先生诞辰120周年而作》(2012b),《中国语文》2012年第5期。

沈家煊:《关于先秦汉语名词和动词的区分》(2012c),《中国语言学报》第15期,北京,商务印书馆,2012,第1版,第100—113页。

沈家煊:《名词和动词:汉语、汤加语、拉丁语》(2012d),〔日〕《现代中国语研究》第14期,日本东京,朝日出版社,第1版,第1—14页。

沈家煊:《论"虚实象似"原理——韵律和语法之间的扭曲对应》(2012e),〔德〕Chinese as a Second Language Research (《汉语作为第二语言研究》)第1卷第1期,德国柏林,德古意特出版社,第1版,第89—104页。

沈家煊:《谓语的指称性》,《外文研究》2013年第1期。

沈家煊:《如何解决状语问题》,《语法研究和探索》(十七),北京,商务印书馆,2014,第1版,第1—22页。

沈家煊、完权:《也谈"之"字结构和"之"字的功能》,《语言研究》2009年第2期。

沈家煊、王冬梅:《"N的V"和"参照体—目标"构式》,《世界汉语教学》2000年第4期。

沈阳:《关于"大+时间词(的)"》,《中国语文》1996年第4期。

石定栩:《关于"有标记"的歧解》,《当代语言学》2006年第1期。

石定栩:《"的"和"的"字结构》,《当代语言学》2008年第4期。

石定栩:《限制性定语和描写性定语》,《外语教学与研究》2010年第5期。

石毓智:《论"的"的语法功能的同一性》,《世界汉语教学》2000年第1期。

石毓智:《量词、指示代词和结构助词的关系》,《方言》2002年第2期。

史存直:《"的"字是不是词尾?》,《中国语文》1954年第4期。

史有为:《表已然义"的$_b$"补议》,《语言研究》1982年第1期。

司富珍:《汉语的标句词"的"及相关的句法问题》,《语言教学与研究》2002年第2期。

司富珍:《中心语理论和汉语的 DeP》,《当代语言学》2004年第1期。

司富珍:《中心语理论和"布龙菲尔德难题"》,《当代语言学》2006年第1期。

司富珍:《从汉语的功能中心语"的"看CP和DP的平行性》,《语言学论丛》第三十九辑,北京,商务印书馆,2009,第1版,第463—477页。

宋绍年:《古汉语谓词性成分的指称化与名词化》,《古汉语语法论集》,北京,语文出版社,1998,第1版,第331—340页。

宋文辉:《再论上古汉语"N之V"结构的性质》,《华西语文学刊》2010年第1期。

宋玉柱:《关于时间助词"的"和"来着"》,《中国语文》1981年第4期。

宋作胤:《论古代汉语主语和谓语之间的"之"字》,《中国语文》1964年第4期。

孙德金:《现代汉语"V+DW+的+O"格式的句法语义研究》,陆俭明主编《面临新世纪挑战的现代汉语语法研究》,济南,山东教育出版社,1999,第1版。

汤志真:《汉语的"的"与英语的"s"》,《历史语言研究所集刊》1993年第63本第4分。

唐正大:《汉语关系从句的类型学研究》,中国社会科学院研究生院博士学位论文,2005。

唐正大:《关系化对象与关系从句的位置——基于真实语料和类型分析》,《当代语言学》2007 年第 2 期。

唐正大:《句末"的"的语气词功能及其与"呢"之比较》,《东方语言学》2008 年第 4 期。

图 灵〔英〕:《计算机器与智能》,玛格丽特·博登〔英〕编《人工智能哲学》,刘西瑞、王汉琦译,上海,上海译文出版社,2001 年,第 1 版,第 56—91 页。原文刊载于 *Mind*(《心灵》)1950 年第 10 期。

完 权:《入场理论:认知语法的新进展》,《外国语》2009 年第 6 期。

完 权:《语篇中的"参照体—目标"构式》,《语言教学与研究》2010 年第 6 期。

完 权:《超越区别与描写之争:"的"的认知入场作用》(2012a),《世界汉语教学》2012 年第 2 期。

完 权:《指示词定语漂移的篇章认知因素》(2012b),《当代语言学》2012 年第 4 期。

完 权:《从"词类功能专门化"看"的"和实词的关系》(2012c),《语法研究和探索》(十六),北京,商务印书馆,2012,第 1 版,第 174—187 页。

完 权:《事态句中的"的"》(2013a),《中国语文》2013 年第 1 期。

完 权:《结构助词"底"的语法化环境——是"N 底 V"还是"V 底 N"》(2013b),《语法化与语法研究》(六),北京,商务印书馆,2013,第 1 版,第 308—328 页。

完 权:《从"复合词连续统"看"的"的隐现》,《语法研究和探索》(十七),北京,商务印书馆,2014,第 1 版,第 199—223 页。

完 权:《作为后置介词的"的"》,《汉语"的"的研究》,北京,北京大学出版社,2017,第1版。简本载于《当代语言学》2015年第1期。

完　权:《"领格表受事"的认知动因》,《中国语文》2017年第3期。

完　权:《说"的"和"的字结构"》,上海,学林出版社,2018,第一版。

王冬梅:《现代汉语结构助词"的"的语法功能》,中国社会科学院语言研究所五四青年学术演讲,2009年5月。

王光全:《过去完成体标记"的"在对话语体中的使用条件》,《语言研究》2003年第4期。

王洪君:《汉语自指的名词化标记"之"的消失》,《语言学论丛》第十四辑,北京,商务印书馆,1987,第1版,第158—196页。

王　力:《词和仂语的界限问题》,《中国语文》1953年第9期。

王　力:《汉语史稿》,北京,科学出版社,1957,第1版。北京,中华书局,1980,修订本新1版。

王　力:《汉语语法史》,北京,商务印书馆,1989,第1版。

王　伟、沈家煊:《汉语为什么没有真正的谓语——名动的"指称/述谓"不对称》,"第三届两岸三地现代汉语句法语义小型研讨会"论文,中国社会科学院语言研究所,2011年8月13日。

王远杰:《定语标记"的"的隐现研究》(2008a),首都师范大学博士论文,2008。

王远杰:《再探多项定语"的"的隐现》(2008b),《中国语文》2008年第3期。

魏培泉:《先秦主谓间的助词"之"的分布与演变》,《历史语言研究所集刊》2000年第71本第3分。

吴长安:《关于"的""地""得"合一的建议》,《编辑之友》2009年第7期。

吴　刚:《汉语"的字词组"的句法研究》,《现代外语》2000年第1期。

项梦冰:《自指和转指》,余志鸿主编《现代语言学》,北京,语文出版社,1994,第1版,第86—96页。

小野秀树〔日〕:《"的"の「モノ化」機能》("的"的"事物化"功能),〔日〕《现代中国语研究》第 3 期,日本京都,朋友书店,2001,第 1 版,第 146—158 页。

邢公畹:《一种似乎要流行开来的可疑句式——动宾式动词＋宾语》,《语文建设》1997 年第 4 期。

熊仲儒:《以"的"为核心的 DP 结构》,《当代语言学》2005 年第 2 期。

徐烈炯:《生成语法理论:标准理论到最简方案》,上海:上海教育出版社,2009,第 1 版。

徐时仪:《词汇扩散和文献传本异文》,《中国语言学报》第十三期,北京,商务印书馆,2008,第 1 版,第 165—176 页。

徐阳春:《也谈人称代词做定语时"的"字的隐现》,《中国语文》2008 年第 1 期。

徐阳春、钱书新:《试论"的"字语用功能的同一性——"的"字逆向凸显的作用》,《世界汉语教学》2005 年第 3 期。

姚振武:《现代汉语的 N 的 V 和古代汉语的 N 之 V》,《语文研究》1995 年第 2 期、第 3 期。

姚振武:《汉语谓词性成分名词化的原因及规律》,《中国语文》1996 年第 1 期。

袁毓林:《谓词隐含及其句法后果——"的"字结构的称代规则和"的"的语法、语义功能》,《中国语文》1995 年第 4 期。

袁毓林:《"者"的语法功能及其历史演变》,《中国社会科学》1997 年第 3 期。

袁毓林:《定语顺序的认知解释及其理论蕴涵》,《中国社会科学》1999 年第 2 期。

袁毓林:《从焦点理论看句尾"的"的句法语义功能》(2003a),《中国语文》2003 年第 1 期。

袁毓林:《句子的焦点结构及其对语义解释的影响》(2003b),《当代语言学》2003年第4期。

袁毓林:《语义角色的精细等级及其在信息处理中的应用》,《中文信息学报》2007年第4期。

赵金铭:《能扩展的"动+名"格式的讨论》,《语言教学与研究》1984年第2期。

张伯江:《领属结构的语义构成》,《语言教学与研究》1994年第2期。

张伯江:《性质形容词的范围和层次》,张伯江、方梅著《汉语功能语法研究》,南昌,江西教育出版社,1996,第1版,第217—228页。又载于《语法研究和探索》(八),北京,商务印书馆,1997,第1版,第50—61页。

张伯江:《现代汉语的双及物结构式》,《中国语文》1999年第3期。

张伯江:《什么是句法学》,上海,上海外语教育出版社,2013,第1版。

张伯江:《汉语句法结构的观察角度》,《语法研究和探索》(十七),北京,商务印书馆,2014,第1版,第46—67页。

张伯江、方梅:《汉语功能语法研究》,南昌,江西教育出版社,1996,第1版。

张　华:《符号入场问题及其哲学意义》,《哲学动态》2010年第1期。

张　敏:《认知模型与汉语句法的临摹性质:由定中之间的"的"说起》,*Advances in New Technology: Proceedings of the International Conference on Chinese Computing '96*,新加坡,新加坡国立大学,1996。

张　敏:《认知语言学与汉语名词短语》,北京,中国社会科学出版社,1998,第1版。

张　敏:《从类型学看上古汉语定语标记"之"语法化的来源》,《语法化与语法研究》(一),北京,商务印书馆,2003,第1版。

张　敏:《"语义地图模型":原理、操作及在汉语多功能语法形式研究中的运用》,《语言学论丛》(第四十二辑),北京,商务印书馆,2011,第1版,第3—60页。

张世禄:《古汉语里的偏正化主谓结构》,《语文教学》(华东)1959年第11期。

张素玲:《现代汉语区别词研究》,上海师范大学硕士学位论文,2006。

张卫国:《三种定语、三类意义及三个槽位》,《中国人民大学学报》1996年第4期。

张　宪:《胡塞尔现象学交互主观性简述》,《中山大学学报》(社会科学版)1997年第1期。

张　雁:《从〈吕氏春秋〉看上古汉语的"主·之·谓"结构》,《语言学论丛》第二十三辑,北京,商务印书馆,2001,第1版。

张谊生:《现代汉语副词研究》,上海,学林出版社,2000,第1版。

张志公、王　力:《语法和语法教学:介绍"暂拟汉语教学语法系统"》,人民教育出版社,1956,第1版。

章炳麟:《新方言》,日本东京,秀光社,1907,初刻。影印本见于《字典汇编》(第28册),北京,国际文化出版公司,1993,第1版。

章振邦:《新编英语语法》,上海,上海外语教育出版社,1997,第3版。

赵元任:《汉语口语语法》,吕叔湘译,北京,商务印书馆,1979,第1版。

赵　越:《"N_1的N_2"比喻结构中"的"的隐现》,《汉语学习》2009年第4期。

周国光:《对〈中心语理论和汉语的DeP〉一文的质疑》,《当代语言学》2005第2期。

周国光:《括号悖论和"的X"的语感——"以'的'为核心的DP结构"疑难求解》,《当代语言学》2006年第1期。

周国光:《"NP+的+VP"结构和相关难题的破解》,《汉语学报》2007

年第 3 期。

周　韧:《"N 的 V"结构就是"N 的 N"结构》,《中国语文》2012 年第 5 期。

朱德熙:《作文指导》,上海,开明书店,1951,第 1 版。重新排印本见于《朱德熙文集》第 4 卷,北京,商务印书馆,1999,第 1 版。

朱德熙:《现代汉语形容词研究》,《语言研究》1956 年第 1 期。

朱德熙:《说"的"》,《中国语文》1961 年第 12 期。

朱德熙:《关于〈说"的"〉》,《中国语文》1966 年第 1 期。

朱德熙:《"的"字结构和判断句》,《中国语文》1978 年第 1、2 期。

朱德熙:《北京话、广州话、文水话和福州话里的"的"字》,《方言》1980 年第 3 期。

朱德熙:《语法讲义》,北京,商务印书馆,1982,第 1 版。

朱德熙:《自指和转指——汉语名词化标记"的、者、所、之"的语法功能和语义功能》,《方言》1983 年第 1 期。

朱德熙:《关于向心结构的定义》,《中国语文》1984 年第 6 期。

朱德熙:《从方言和历史看状态形容词的名词化》,《方言》1993 年第 2 期。

Abney, Steven 1987: *The English Noun Phrase in its Sentential Aspect*, Ph. D. diss., Massachusetts Institute of Technology, Cambridge.

Allen, Cynthia 2003: "The Early English 'his Genitives' from a Germanic Perspective". In Peter Collins & Mengistu Amberber (eds.). *Proceedings of the 2002 Conference of the Australian Linguistic Society*. Available at: www.als.asn.au/proceedings/als2002/Allen.pdf. [Accessed 30 March 2013].

Ariel, Mira 1985: "The Discourse Functions of Given Information", *Theoretical Linguistics* 12(2/3): 99—113.

Ariel, Mira 1988: " Referring and Accessibility ". *Journal of Linguistics* 24(1): 65—87.

Ariel, Mira 1990: *Accessing Noun-phrase Antecedents*. London & New York: Rutledge.

Ariel, Mira 1991: "The Function of Accessibility in a Theory Grammar". *Journal of Pragmatics* 16(5): 443—463.

Ariel, Mira 1994: "Interpreting Anaphoric Expressions: A cognitive versus a pragmatic approach". *Journal of Linguistics* 30(1): 3—42.

Baccino, Thierry & Yves Manunta 2005: "Eye-fixation-related Potentials: Insight into parafoveal processing". *Journal of Psychophysiology* 19(3): 204—215.

Baddeley, Alan 2000: "The Episodic Buffer: A new component of working memory?". *Trends in Cognitive Science* 4(11): 417—423.

Bauer, Laurie 1998: "When is a Sequence of Two Nouns a Compound in English?". *English Language and Linguistics* 2(1): 65—86.

Benczes, Réka 2006: *Creative Compounding in English*. Amsterdam/Philadelphia: John Benjamins.

Bennett, Charles 1895: *A Latin Grammar*. Boston and Chicago: Allyn and Bacon.

Bloomfield, Leonard 1933: *Language*. New York: Henry Holt.

Bock, Kathryn & David Irwin 1980: "Syntactic Effects of Information Availability in Sentence Production". *Journal of Verbal Learning and Verbal Behavior* 19(4): 467—484.

Bock, Kathryn & Richard Warren 1985: "Conceptual Accessibility and Syntactic Structure in Sentence Formulation". *Cognition* 21(1): 47—67.

Bock, Kathryn 1987: "An Effect of Accessibility of Word Forms on Sentence Structure". *Journal of Memory and Language* 26(2): 119—137.

Bolinger, Dwight 1967: "Adjectives in English: Attribution and predication". *Lingua* 18(1): 1—34.

Brisard, Frank 2002: *Grounding: The epistemic footing of deixis and reference*. Berlin: Mouton de Gruyter.

Brooks, Rodney 1991: "Intelligence Without Representation". *Artificial Intelligence Journal* 47(1—3): 139—159.

Bybee, Joan 2006: "From Usage to Grammar: The mind's response to repetition". *Language* 82(4): 711—733.

Cangelosi, Angelo & Stevan Harnad 2001: "The Adaptive Advantage Symbolic Theft over Sensorimotor Toil: Grounding language in perceptual categories". *Evolution of Communication* 4(1): 117—142.

Carnap, Rudolf 1950: *Logical Foundations of Probability*. London: Routledge & Kegan Paul.

Chafe, Wallace 1976: "Givenness, Contrastiveness, Definiteness, Subjects, Topics and Point of View". In Charles Li（李讷）(ed.). *Subject and Topic*, 25—56. New York: Academic Press.

Chao, Yuen-Ren（赵元任）1968: *A Grammar of Spoken Chinese*. Berkeley: University of California Press.

Chappell, Hilary & Sandra Thompson 1992: "The Semantics and

Pragmatic of Associative *De* in Mandarin Chinese". *Cahiers de Linguistique Asie Orientale* 21(2):199—229.

Cheng, Lisa(郑礼珊) & Rint Sybesma 1998:"*Yi-wan tang, yi-ge tang*:Classifiers and Massifiers". *Tsing Hua Journal of Chinese Studies* 28:385—412.

Cheng, Lisa(郑礼珊) & Rint Sybesma 1999:"Bare and not-so-bare nouns and the structure of NP". *Linguistic Inquiry* 30(4):509—542.

Cheng, Lisa(郑礼珊) & Rint Sybesma 2009:"*De* as an Underspecified Classifier:First explorations".*Yuyanxue Luncong* [*Essays on Linguistics*](《语言学论丛》) 39:123—156. Beijing:Commercial Press.

Chomsky, Norm 1981:*Lectures on Government and Binding:The Pisa Lectures*.Holland:Foris Publications.

Chomsky, Norm 1995:*The Minimalist Program*.Cambridge, Mass.:MIT Press.

Clark, Herbert 1996:*Using Language*.Cambridge:Cambridge University Press.

Clark, Herbert & Thomas Carlson 1982:"Speech Acts and Hearers' Beliefs".In Neilson Voyne Smith(ed.).*Mutual Knowledge*,1—59.London:Academic Press.

Clark, Herbert & Susan Haviland 1974:"Psychological Processes as Linguistic Explanation". In David Cohen (ed.). *Explaining Linguistic Phenomena*,91—124. Washington:Hemisphere Publishing Corp.

Clark, Herbert & Susan Haviland 1977:"Comprehension and the Given-new Contract". In Roy Freedle(ed.). *Discourse Production and Comprehension*, 1—40. Norwood, NJ: Ablex.

Corver, Norbert & Henk van Riemsdijk 2001: *Semi-lexical Categories: The function of content words and the content of function words*. Berlin and New York: Mouton de Gruyter.

Croft, William 1990: *Typology and Universals*. Cambridge: Cambridge University Press.

Croft, William 2009: "Toward a Social Cognitive Linguistics". In Vyvyan Evans & Stéphanie Pourcel (eds.). *New Directions in Cognitive Linguistics*, 395—420. Amsterdam: John Benjamins.

Davidsson, Paul 1993: "Toward a General Solution to the Symbol Grounding Problem: Combining machine learning and computer vision". In Kevin Bowyer and Lawrence Hall (eds.). *Machine Learning in Computer Vision: What, Why and How?*, 157—161. Palo Alto, California: The AAAI Press.

Diessel, Holger 1999: *Demonstratives: Form, function, and grammaticalization*. Amsterdam: John Benjamins.

Dorffner Georg & Erich Prem 1993: "Connectionism, Symbol Grounding, and Autonomous Agents". In *Proceedings of the Fifteenth Annual Conference of the Cognitive Science Society*, 144—148. Hillsdale, N.J.: Lawrence Erlbaum Associates, Inc.

Duanmu, San(端木三) 1998: "Wordhood in Chinese". In Jerome Packard *et al.* (eds.). *New approaches to Chinese word formation: Morphology, phonology and the lexicon in modern and ancient Chinese*. 135—196. Berlin, New York: Mouton de Gruyter.

Evans, Vyvyan 2007: *A Glossary of Cognitive Linguistics*.

Edinburgh: Edinburgh University Press Ltd.

Fauconnier, Gilles 2007: "Mental Spaces". In Dirk Geeraerts & Hubert Cuyckens (eds.). *The Oxford Handbook of Cognitive Linguistics*, 351—376. Oxford: Oxford University Press.

Fauconnier, Gilles & Mark Turner 2000: "Compression and Global Insight". *Cognitive Linguistics* 11(3—4): 283—304.

Fauconnier, Gilles & Mark Turner 2002: *The Way We Think: Conceptual blending and the mind's hidden complexities*. New York: Basic Books.

Fillmore, Charles 1997: *Lectures on Deixis*. Stanford: CSLI Publications.

Fischer, Martin & Rolf Zwaan 2008: "Grounding Cognition in Perception and Action". A special issue of *Quarterly Journal of Experimental Psychology* 61(6).

Fodor, Jerry 1980: "Methodological Solipsism Considered as a Research Strategy in Cognitive Psychology". *Behavioral and Brain Sciences* 3(1): 63—73.

Fodor, Jerry & Zenon Pylyshyn 1988: "Connectionism and Cognitive Architecture: A critical appraisal". *Cognition* 28(1): 3—71.

Garcia, Erica 1975: *The Role of Theory in Linguistic Analysis: The Spanish pronoun system*. Amsterdam: North-Holland Publishing Company.

Gentilucci, Maurizio & Riccardo Dalla Volta 2008: "Spoken Language and Arm Gestures are Controlled by the Same Motor Control System". In Fischer et al. (eds.). 2008.

Gernsbacher, Morton & David Hargreaves 1988: "Accessing Sentence

Participants:The advantage of first mention". *Journal of Memory and Language* 27(6):699—717.

Gernsbacher,Morton,David Hargreaves & Mark Beeman 1989: "Building and Accessing Clausal Representations:The advantage of first mention versus the advantage of clause recency". *Journal of Memory and Language* 28(6):735—755.

Givón,Talmy 2001:*Syntax:An introduction*.Amsterdam:John Benjamins Publishing Company.

Givón,Talmy 2005:*Context as Other Minds:The Pragmatics of Sociality,Cognition and Communication*.Amsterdam:John Benjamins Publishing Company.

Gleason,Jean & Nan Ratner 1998:*Psycholinguistics*,2nd edition.Belmont CA:Wadsworth/Thomson Learing.

Haiman,John 1978:"Conditionals are Topics".*Language* 54(3):564—589.

Harnad,Stevan 1987:"Category induction and representation".In Stevan Harnad(ed.).*Categorical perception:The groundwork of Cognition*,New York:Cambridge University Press.

Harnad,Stevan 1990:"The Symbol Grounding Problem".*Physica D* 42(1—3):335—346.

Harnad,Stevan 1996:"The Origin of Words:A psychophysical hypothesis".In Boris Velichkovsky & Duane Rumbaugh(eds).*Communicating Meaning:evolution and development of language*.27—44.NJ:Erlbaum.

Harnad,Stevan 2000:"Minds,Machines and Turing:The indistinguishability of indistinguishables".*Journal of Logic,Language,* and *Information* 9(4):425—445.

Harnad, Stevan 2001a:"No Easy Way Out". *The Sciences* 41(2):36—42.

Harnad, Stevan 2001b:"What's Wrong and Right About Searle's Chinese Room Argument?". In John Preston & Mark Bishop(eds.). *Views into the Chinese Room : Essays on Searle's Chinese room argument*. 296—307. Oxford: Oxford University Press.

Hengeveld, Kees & Eva van Lier 2010:"The Implicational Map of Parts-of-speech". In A. Malchukov, M. Cysouw & Martin Haspelmath(eds.). Semantic Maps: Methods and applications. A special issue of *Linguistic Discovery* 7(1):129—156.

Hengeveld, Kees, Jan Rijkhoff & Anna Siewierska 2004: "Parts-of-speech Systems and Word Order". *Journal of Linguistics* 40(3):527—570.

Heyvaert, Liesbet 2009: "Compounding in Cognitive Linguistics". In Rochelle Lieber & Pavol Štekauer(eds.). *The Oxford Handbook of Compounding*. Oxford: Oxford University Press.

Higgins, Edward 1996:"Knowledge Activation: Accessibility, applicability and salience". In Arie Kruglanski & Tory Higgins(eds.). *Social Psychology : Handbook of basic principles*. New York: Guilford Press.

Hopper, Paul & Elizabeth Traugott 1993: *Grammaticalization*. Cambridge: Cambridge University Press. 2nd edition in 2003.

Horn, Laurence 1996:"Presupposition and Implicature". In Shalom Lappin(ed.). *The Handbook of Contemporary Semantic Theory*. Oxford: Blackwell.

Huang, Chu-Ren(黄居仁) 1987: *Mandarin Chinese NP de: A Comparative Study of Current Grammatical Theories*. Ph. D. diss. Cornell University, New York. Special Publication No. 93 of the Institute of History and Philology, Academia Sinica. 1989.

Huang, James(黄正德) 1984: "Phrase Structure, Lexical Integrity and Chinese Compounds". *Journal of the Chinese Teachers' Association* 19(2): 53—48.

Johnson, Mark 1987: *The Body in the Mind: The bodily basis of meaning, imagination, and reason*. Chicago & London: The University of Chicago Press.

Jones, Karen 1983: "Compound Noun Interpretation Problems". In Frank Fallside & William Woods(eds.). *Computer Speech Processing*. New Jersey: Prentice-Hall.

Keenan, Edward & Bernard Comrie 1977: "Noun Phrase Accessibility and Universal Grammar". *Linguistic Inquiry* 8(1): 63—99.

Kirsner, Robert 1979: "Deixis in Discourse: An exploratory quantitative study of the modern Dutch demonstrative adjectives". In Talmy Givon(eds.). *Syntax and Semantics* Vol. 12, London: Academic Press.

Kirsner, Robert 1993: "From Meaning to Message in Two Theories: Cognitive and Saussurean views of the modern Dutch demonstratives". In Richard Geiger & Brygida Rudzka-Ostyn(eds.). *Conceptualizations and Mental Processing in Language*. Berlin: Mouton de Gruyter.

Lakoff, George 1987: *Women, Fire, and Dangerous Things: What categories reveal about the mind*. Chicago & London: The University of Chicago Press.

Lakoff, George & Mark Johnson 1980: *Metaphors We Live by*. Chicago: University of Chicago Press.

Langacker, Ronald 1987: *Foundations of Cognitive Grammar I*. Stanford: Stanford University Press.

Langacker, Ronald 1991a: *Foundations of Cognitive Grammar II*. Stanford: Stanford University Press.

Langacker, Ronald 1991b: *Concept, Image, and Symbol: The cognitive basis of grammar*. Berlin: Mouton de Gruyter.

Langacker, Ronald 1993: "Reference-Point Construction". *Cognitive Linguistics* 4(1): 1—38.

Langacker, Ronald 1999: *Grammar and Conceptualization*. Berlin: Mouton de Gruyter.

Langacker, Ronald 2002a: "Deixis and Subjectivity". In Brisard(ed.). 2002, 1—28.

Langacker, Ronald 2002b: "Remarks on the English Grounding Systems". In Brisard(ed.). 2002, 29—40.

Langacker, Ronald 2008: *Cognitive Grammar: A basic introduction*. New York: Oxford University Press.

Larson, Richard 2009: "Chinese as a Reverse Ezafe Language". *Yuyanxue Luncong* [*Essays on Linguistics*] (《语言学论丛》) 39: 30—85. Beijing: Commercial Press.

Levelt, Willem 1989: *Speaking: From intention to articulation*. Mass.: MIT Press.

Levinson, Stephen 1983: *Pragmatics*. Cambridge: Cambridge University Press.

Levinson, Stephen 2000: *Presumptive Meanings: The theory of generalized conversational implicature.* Cambridge. Mass.: MIT Press.

Li, Charles(李讷) & Sandra Thompson 1974: "An Explanation of Word Order Change SVO→SOV". *Foundations of Language* 12: 201—214.

Li, Charles(李讷) & Sandra Thompson 1981: *Mandarin Chinese: A functional reference grammar.* Berkeley & Los Angeles: University of California Press.

Li, Audrey(李艳惠) 2012: "*de* in Mandarin ↔ *e* in Taiwanese". *Studies in Chinese Linguistics* 33(1): 17—39.

Lieber, Rochelle & Pavol Štekauer 2009: "Introduction: Status and definition of compounding". In Rochelle Lieber & Pavol Štekauer (eds.). *The Oxford Handbook of Compounding.* Oxford: Oxford University Press.

Littlefield, Heather 2006: *Syntax and Acquisition in the Prepositional Domain: Evidence from English for fine-grained syntactic categories.* Ph.D. Diss. Boston University, Boston.

Ljungqvist, Marita 2007: "*Le*, *guo* and *zhe* in Mandarin Chinese a relevance-theoretic account". *Journal of East Asian Linguist* 16: 193—235.

Lu, Bingfu(陆丙甫) 1999: *De as a Descriptive Marker.* Paper presented at the fifth international conference of Chinese linguistics, Taiwan.

Mardale, Alexandru 2011: "Prepositions as a Semilexical Category", *Bucharest Working Papers in Linguistics* 13(2): 35—50.

Markus, Hazel 1977: "Self-schemata and Processing Information about the Self". *Journal of Personality and Social Psychology* 35(2):63—78.

Marr, David & H. Keith Nishihara 1978: "Representation and Recognition of the Spatial Organization of Three Dimensional Structure". *Proceedings of the Royal Society of London. Series B, Biological Sciences* 200(1140):269—294.

Mayo, Michael 2003: "Symbol Grounding and its Implications for Artificial Intelligence", *ACM International Conference Proceeding Series, Vol. 35, Proceedings of the 26th Australasian computer science conference* 16:55—60.

McCawley, James 1992: "Justifying Part-of-speech Assignments in Mandarin Chinese". *Journal of Chinese Linguistics* 20(2):211—246.《汉语词类归属的理据》,张伯江译,《国外语言学》1994年第4期。

Mensink, Ger-Jan & Jeroen Raaijmakers 1988: "A Model for Interference and Forgetting". *Psychological Review* 95:434—455.

Meyer, Ralf 1993: *Compound Comprehension in Isolation and in Context: The contribution of conceptual and discourse knowledge to the comprehension of German novel noun-noun compounds*, Tübingen: Max Niemeyer Verlag GmbH & Co. KG.

Mortelmans, Taanja 2006: "Langacker's 'Subjectification' and 'Grounding': A more gradual view". In Angeliki Athanasiadou, Costas Canakis & Bert Cornillie(eds.). *Subjectification: Various paths to subjectivity*, 151—176. Berlin: Mouton de Gruyter.

Nikiforidou, Kiki 1991: "The Meanings of the Genitive: A case study in semantic structure and semantic change". *Cognitive Linguistics* 2(2):149—208.

Ning,Chun Yan(宁春岩)1993:*The Overt Syntax of Relativization and Topicalization in Chinese*. Ph. D. diss. University of California,Irvine.

Ning,Chun Yan(宁春岩)1995:"*De* as a functional head in Chinese". Paper presented at the annual forum of the Linguistic Society of Hong Kong,Hong Kong.

Östman,Jan-Ola & Mirjam Fried 2005: *Construction Grammars: Cognitive grounding and theoretical extensions*. Amsterdam: John Benjamins.

Paul,Waltraud 2005:"Adjectival Modification in Mandarin Chinese and Related Issues".*Linguistics* 43(4):757—793.

Payne,Thomas 1997: *Describing Morphosyntax: A guide for field linguists*.Cambridge:Cambridge University Press.

Pecher,Diane & Rolf Zwaan 2005:*Grounding Cognition: The role of perception and action in memory,language,and thinking*.Cambridge:Cambridge University Press.

Prem,Erich 1995:"Symbol Grounding and Transcendental Logic".In Lars Niklasson & Mikael Bodén(eds.).*Current Trends in Connectionism*.New Jersey:Lawrence Erlbaum Associates.

Prinz,Jesse 2005:"The Return Of Concept Empiricism".In Henri Cohen & Claire Lefebvre(eds.). *Handbook of Categorization in Cognitive Science*.Amsterdam:Elsevier.

Pylyshyn,Zenon 1984:*Computation and Cognition*.Cambridge:MIT Press/Bradford.

Quine, Willard Van Orman 1960: *Word and Object*. Cambridge: MIT Press.

Radden, Gunter & Rene Dirven 2007: *Cognitive English Grammar*. Amsterdam: John Benjamins.

Radden, Günter, & Kövecses, Zoltán 1999: "Towards a Theory of Metonymy"(revised edition). In Vyvyan Evans, Benjamin Bergen & Jorg Zinken (eds.). *The Cognitive Linguistics Reader*. London: Equinox Publishing, 2007.

Reboul, Anne 1997: "What(if anything) is Accessibility? A Relevance-oriented Criticism of Ariel's Accessibility Theory of Referring Expressions in Connolly". In John Connolly *et al.* (eds.) *Discourse and pragmatics in functional grammar*, 91—108. Berlin/NY: de Gruyter.

Rijkhoff, Jan 2002: *The Noun Phrase*. Oxford: Oxford University Press.

Sackmann, Robin 1996: "The Problem of 'adjectives' in Mandarin Chinese". In Robin Sackmann & Monika Budde (eds.). *Theoretical Linguistics and Grammatical Description: Papers in honour of Hans-Heinrich Lieb*. Amsterdam: John Benjamins.

Schachter, Paul & Timothy Shopen 1985: "Parts-of-speech Systems", In Timothy Shopen (eds.). *Language Typology and Syntactic Description*. Vol. 1, 1—60. Cambridge: Cambridge University Press, 2nd edition in 2007.

Searle, John 1983: *Intentionality: An essay in the philosophy of mind*. Cambridge: Cambridge University Press.

Seiler, Hansjakob 1978: "Determination: A functional dimension for interlanguage comparison". In Hansjakob Seilor (ed.). *Language Universals*. Tubingen: Gunter Narr Verlag.

Silverstein, Michael 1976: "Hierarchy of Features and Ergativity". In R. M. W. Dixon (eds.). *Grammatical Categories in Australian Language*, 112—171. Canberra: Australian Institute of Aboriginal Studies.

Simpson, Andrew 2001: "Definiteness Agreement and the Chinese DP". *Language and Linguistics* 2(1): 125—156.

Simpson, Andrew 2002: "On the Status of 'Modifying' *DE* and the Structure of the Chinese DP". In Sze-Wing Tang (邓思颖) and Chen-Sheng Liu (刘辰生) (eds.). On the formal way to Chinese languages, 260—285. Stanford: CSLI.

Sloman, Aaron 2007: "Why Symbol-grounding is Both Impossible and Unnecessary, and Why Theory-tethering is More Powerful Anyway", presentation at the University of Sussex 27 Nov..

Sperber, Dan & Deirdre Wilson 1986: *Relevance: Communication and Cognition*. Oxford: Blackwell. 2nd edition in 1995.《关联：交际与认知》, 蒋严译, 北京, 中国社会科学出版社, 2008, 第1版。

Sproat, Richard & Chilin Shih (石基琳) 1988: "Prenominal Adjectival Ordering in English and Mandarin". In James Blevins & Juli Carter (eds.). *Proceedings of NELS* 18, 465—489. Amherst, MA: GLSA.

Sproat, Richard & Chilin Shih (石基琳) 1991: "The Cross-linguistic Distribution of adjective ordering restrictions". In Carol Georgopoulos & Roberta Ishihara (eds.). *Interdisciplinary Approaches to Language. Essays in Honor of S.-Y. Kuroda*, 565—593. Dordrecht: Kluwer Academic.

Srull, Thomas & Robert Wyer 1978: "Category Accessibility and Social Perception". *Journal of Personality and Social Psychology* 37(6): 841—856.

Štekauer, Pavol 2005: *Meaning Predictability in Word Formation*. Amsterdam: John Benjamins Publishing.

Štekauer, Pavol 2009: "Meaning Predictability of Novel Context-Free Compounds". In Rochelle Lieber & Pavol Štekauer (eds.). *The Oxford Handbook of Compounding*. Oxford: Oxford University Press.

Talmy, Leonard 2000: *Toward a Cognitive Semantics*, Vol. 1&2. Cambridge: MIT press.

Talmy, Leonard 2007: "Attention Phenomena". In Dirk Geeraerts & Hubert Cuyckens (eds.). *The Oxford Handbook of Cognitive Linguistics*. Oxford: Oxford University Press.

Talmy, Leonard 2012: "The Attention System of Language". Paper presented at symposium on attention, Department of English and Linguistics, Johannes-Gutenberg University, Mainz, Germany, 16 Jul..

Taylor, John 1989: *Linguistic Categorization: Prototypes in linguistic theory*. Oxford: Oxford University Press.

Tang, Jane(汤志真) 1983: *On the Deletion of de in Chinese: Studies in possessive and modifying phrases*, National Taiwan Normal University, Taipei.

Tang, Jane(汤志真) 1990: *Chinese Phrase Structure and the Extended X-bar Theory*. Ph.D. diss. Cornell University, New York.

Tomasello, Michael 1999: *The Cultural Origins of Human Cognition*. Cambridge: Harvard University Press.

Tomasello, Michael 2008: *Origins of Human Communication*. Cambridge: MIT Press.

Tsai, Dylan(蔡维天) 2003: "Three Types of Existential Quantification in Chinese", In Audrey Li(李艳惠) & Andrew Simpson(eds.). *Form, Interpretation and Functional Structure: Perspectives from Asian Languages*, 161—179. London: Curzon/Routledge.

Tulving, Endel 2002: "Episodic Memory: From mind to brain". *Annual reviews of psychology* 53: 1—25.

Ungerer, Friedrich & Hans-Jörg Schmid 2006: *An Introduction to Cognitive Linguistics*, 2nd edition. London: Longman.

Ungerer, Friedrich 2007: "Derivational Morphology and Word-Formation". In Dirk Geeraerts & Hubert Cuyckens(eds.). *The Oxford Handbook of Cognitive Linguistics*, 991—1025. Oxford: Oxford University Press.

Verhagen, Arie 2005: *Constructions of Intersubjectivity: Discourse, syntax, and cognition*. New York: Oxford University Press.

Wallace, Daniel 1996: *Greek Grammar Beyond the Basics: An Exegetical Syntax of the New Testament*. Michigan: Zondervan.

Waugh, Linda & Barbara Lafford 2006: "Markedness". In Keith Brown (ed.). *Encyclopedia of Language & Linguistics*, 2nd edition. Amsterdam: Elsevier.

Wetzer, Harrie 1992: "'Nouny' and 'verby' adjectivals: A typology of predicative adjectival constructions". In Michel Kefer and Johan van der Auwera(eds.). *Meaning and Grammar: Cross-lin-*

guistic perspectives, 223—264. Berlin/New York: Mouton de Gruyter.

Xu, Yulong(许余龙) 1995: *Resolving Third-person Anaphora in Chinese Text: Toward a functional-pragmatic model*. Ph. D. diss. Hong Kong Polytechnic University, Hong Kong.

Yang, Se Uk & Kim Won-joong 2007: "Conditionals and Topics in Classical Chinese". Paper presented at IACL-15(May 27), Columbia University, New York.

Yue, Anne(余霭芹) 1998: "*Zhi* 之 in Pre-Qin Chinese". *T'oung Pao*(《通报》)84(4—5):239—292.

Zhang, Niina(张宁) 2006: "Representing Specificity by the Internal Order of Indefinites", *Linguistics* 44(1):1—21.

附录:"入场"的认知科学背景[①]

认知语法思索句法上的认知入场问题,不是出于偶然,而是从属于整个认知科学发展的潮流。认知科学中的其他分支学科,大凡涉及符号和意义之关系的,都多多少少对入场问题有所关注。Pecher et al.(2005)就是一部以入场问题为中心而涉及多学科的专题论集。

形式符号系统的意义表征,如何能成为系统内固有的,而不只是寄生在人脑中的意义?符号的形态是任意的,符号本身是无意义的,那么以无意义的符号进行操作可能得出意义来吗?其基础又是什么?如果试图学习英语,而可资参考的却只有英英词典的话,如何才能摆脱从符号到符号的旋转木马?符号的意义如何能扎根于事物,而不只是无意义的符号呢?这些问题都可以归结为符号入场(symbol grounding)问题,也就是能否让无所凭依的符号进入认知的场地,找到某个符号能之所以拥有某个的意义的根据。自从 Harnad(1987,1990,1996,2000,2001a,2001b)提出该问题,他本人及其他学者提出了多种解决方案,但无一成功。该问题触及认知科学哲学的根本,甚至可能决定认知科学的发展方向,因此一直是国际学界的热点。

一、符号与符号系统

符号入场问题的提出是出于对认知主义和联结主义的反思。认知

[①] 附录部分由我与我从事哲学研究的妻子张华副教授合作完成,初稿以《符号入场问题及其哲学意义》为题发表于《哲学动态》2010 年第 1 期,长摘要收录于《中国哲学年鉴》(2011)哲学研究杂志社 2011 年版,326 页。

主义是第一代认知科学的核心理念,始于1956年达特茅斯会议提出的基于规则的信息处理认知模式。其理论三要素是表征论、形式论和基于规则的转换论,假设心灵中有计算机似的符号编码表征系统用作解决问题的机制。心灵是符号系统,认知是符号运算,这种观点造就了第一代认知科学的辉煌,但也限制了认知科学的进一步发展。

符号,是作为符号系统的一部分的任何客体,不和符号系统相关联的孤立符号是无意义的。符号系统可定义为:(1)具有任意性的物理记号的集合,可以写在纸上,也可作为事件发生在计算机里;(2)明晰规则基础之上的操作;(3)规则和符号串都是任意的;(4)受规则管辖的符号操作纯粹是基于形制而不是意义;(5)规则是纯句法性的,符号由规则组合及重组;(6)有些符号具有基本粒子的性质,也有些符号串是复合的;(7)整个系统及其部分在语义上是可解释的;(8)描写事态时,句法可以被系统地赋值以代表客体的意义。总之,符号系统就是所有符号和以形制为基础的操作规则的集合。符号的意义可以得到系统解释,但其形制和意义的关系却是任意的(Harnad 1990)。

曾经认为,一项工作只要可形式化,以符号系统为基础的人工智能就能承担。但是,即使从当前(基于规则的)电脑翻译软件的步履维艰来看,也能知道符号系统尚不能胜任此类工作,更不用说感知、运动或学习任务,乃至生活化的行为能力了。为解决此类问题,联结主义日渐兴盛。然而在联结主义系统中,是否存在符号表征却有争议(罗姆·哈瑞 2006)。联结论架构的网络可由符号系统模拟,符号系统也可用连结论架构实现,但这并不意味着两者等同。尽管联结论网络的行为和内部状态可以被赋予独立的语义解释,但是却不符合上述符号系统的标准(7)复合性和标准(8)系统性,联结模式并不能由可被赋予系统语义解释的形式句法所分解、组合或重组。相反,网络看起来执行的是非符号的工作。连接主义可以和符号系统相辅相成,却不能代替后者。

福多（J. Fodor）和佩利舒（Z. Pylyshyn）认为该问题非常严峻（Fodor et al. 1988）。很多人类行为能力看来是符号性的，那么要设想生成行为能力的内隐认知过程，最自然的就是它也是符号性的。语言能力就是一个最基本的例子，很多其他技能好像也是符号性的，比如逻辑推理、数学、弈棋，也许还有高层的认知和运动技能。联结主义并不利于把这些认知能力模型化。这就是一个矛盾。解决方案之一是把联结主义网络符号化，这似乎不太可能。解决方案之二是回到符号系统的道路上来，可是这在模拟人类智能时已遭到很多障碍和限制，尤其是在模拟人类心智的符号系统中必须用到许多特设（ad hoc）的符号知识。这一矛盾促使哈纳德开创了符号入场问题的研究（Harnad 1987）。然而随着研究的进展，问题却离他的初衷越来越远了。

二、符号系统的入场问题

各种符号系统都表现出符号入场问题，下面是几个常见的例子。

（一）自然语言

以转换生成语法为代表的形式语言学是第一代认知科学的一员，把自然语言当作形式符号系统，通过规则操作具有任意性的词语。既然仅仅通过英英词典不能学会英语，那么自然语言作为符号系统也存在入场问题。

从弗雷格（1892）起，语言哲学就区分词语的所指和意义。比如（1）"孙中山"、（2）"中华民国临时大总统"和（3）"宋庆龄的丈夫"三者所指相同，而意义不同。有人认为，若要指出词语的所指，就必须依赖于其意义。在这方面，（2）和（3）比较相近，都直接表现意义，因为它们看起来比较明确的陈述了找到词语所指的方法。不过这还不能解释符号入场，因为它们的内部组成也面临所指对象的问题。（1）没有这样的问题，因为它直接指向所指。但这是如何做到的呢？如果是词语的意义决定找到词语所指的规则,这个规则又是什么？如何才能进入不可分解的成分？意义,从广义上讲包括所指本身以及指明所指的手段。对大脑而言,词语在其中而客体在其外。如果把词语的意义当作指明其所指的手段,那么意义就在大脑中。不过如果词语所处的实体不是头脑而是一沓纸呢？那么它的意义在哪里？显然,纸上的所有指称词语也都有意义,正如它们都有所指。

有一个属性是大脑中的符号所有,而静态的纸或是动态的电脑上的符号所无的,那就是能够辨认出其所指。如果思想没有通过其内部手段指明所指对象以传递意向性,那么在纸上的勾勾画画和有所意指的所指对象之间其实并没有联系。这就是入场。孤立的符号系统,不管是静态还是动态,都不具备这个能力。所以纸上的词语的意义没有入场,而头脑中的词语的意思是入场的,并因此充当在纸上的词语与其所指对象之间的媒介。辨别所指对象不是可计算的属性,而是非独立执行(implementation-dependent)的动态属性。要入场,就必须使用非符号性的感觉运动能力来扩展符号系统,这是一种独立自主地与世界中客体、事件、属性和状态互动的能力,而对符号的解释必须和所指对象一致。换句话说,符号需要与其所指直接联系,这种联系必须不是仅仅依赖于由像我们一样的外在解释者的头脑所做的联系。Cangelosi et al.(2001)认为,不管在大脑中实际上进行的过程怎样,单独的符号系统因为不具备这样的能力以直接入场,所以不可能替代人类大脑。

那么古文字家或密码学家破译古代文字或者密码是不是在符号未入场的情况下完成的呢？显然不是,他们的成功也是建立在其母语及真实世界的经验和知识基础之上的。

(二)数学

数字也是符号;数学,哪怕是最简单的算术,也是可解释的符号系统。关键是,符号操作规则是基于符号的形制而不是意义,然而符号及其以规则为基础的组合都可以得到有意义的解释。形式算术的案例表明,尽管符号有其意义,可意义却是在人脑里而不在符号系统中。在计算器里运行的符号和进行手算时在纸上写下的符号都没有意义。意义只存在于人的心灵里。这么说并非反对系统的可解释性。我们严格选择并设计出形式符号系统,目的是想知道并且使用其系统属性,在纸上所写下的笔画和宇宙间数量的对应是极其有用的属性。但是这毕竟和意义不一样,意义是我们心灵中某种东西的属性。

(三)计算机

计算机内的词语的意义是像纸上的词语那样的静态系统一样,还是像头脑中的词语那样的动态系统呢?计算主义(computationalism)认为计算机更像大脑,或者大脑更像计算机,坚信未来关于大脑如何辨认词语所指的理论一定是个纯粹的计算理论,并最终能得到认知神经科学的证明(Pylyshyn 1984)。计算理论的理论性是就软件而言的,本质上是一个计算机程序。软件是独立执行的(implementation-independent)而和意义无关。执行过程中的物理细节与计算无关,任何能运行的硬件都能做。由于计算机能做任何计算,所以计算主义者相信只要一旦找到合适的计算机程序,计算机就能完成如同在大脑中意义的发生那样的工作,意义就出现在电脑里了。那么怎么能知道得到了合适的程序了呢?图灵(1950)提出的测试办法是,如果计算机有能力和任何人做一生的笔友而和一个真正的人类笔友没有差别,就可以认为计算机像人类读书写字一样理解了它所处理的符号的意义。

为证明计算主义的错误,塞尔(1980)以中文屋为例进行了反驳(Chinese room argument)。他不懂汉语,那么如果以汉语来对他进行图灵测试,他所做的就和计算机一样,执行同样的程序而并不需要真正懂得所处理的词语。在此过程中,塞尔所做的事情符合前述符号系统的标准。看起来他通过了测试,而事实上他只是做机械的形式化操作,却根本不明白所操作的意义。因为塞尔不懂汉字符号的意思,所以知道当他执行图灵测试时并没有什么意义在他大脑里发生。和纸上未入场的符号一样,他大脑里的汉字也是未入场的。同理,即使计算机通过了图灵测试,它执行程序的时候也是独立执行的,所处理的符号也是如同写在纸上的了无生气的字符一样是未入场的。

符号和符号操作,都是基于形制而非意义,却可以在系统上做出有意义的解释。但是,如同书上的符号的意义不是固有的,解释也不是符号系统本身内部固有的,而是寄生于一个事实:符号对我们有意义,是源自于我们大脑。那么,如果符号系统的意义是外来的,而不是如同人脑中的意义那样是固有的,那么以它为人脑中的意义的模型就不可行。所以,认知不可能只是符号操作。Harnad(2001b)认为,如果塞尔正确他就可以得出两点结论:第一,纸上的词语和运行中的计算机程序中的词语本身都没有意义。第二,因此不管大脑是怎样生成意义的,都不可能只是独立执行的计算。

(四)机器人

符号必须入场,否则符号就没有意义,那么当前基于符号运算的人工智能将永远不可能具有真正的智能。Harnad(2000)认识到了符号入场的必要性,把纯粹符号运算的笔友式图灵测试发展为机器人式图灵测试。这是一个符号动觉混合式(hybrid symbolic/sensorimotor)构想,其中意义入场于机器人探测、识别、针对语句所指的事物的行动之上。不过,如果入场性是实现意义的必要条件,那么是否足够呢?显然不。即使机器人能够通过图灵测试,终其一生都毫无差别的生活在人类中间,其"大脑"也很有可能并没有真正感知到感觉,会意到意义。这就涉及另一个属性——意识。Harnad(2001a)使用这个术语指出而不是暗示机器人必须符合具备某种功能的能力,认为对意识而言拥有某种独立的功能角色是不可能的。所以最终他也无法认定机器人图灵测试是否足以证明强人工智能的实现。

三、符号系统能否入场

既然符号本身并不入场,那么符号的意义从何而来?符号主义者的标准回答是,符号的意义来自符号系统和世界"以正确的方式"联系了起来(Fodor 1980)。显然,这种说法的问题等同于认知本身的问题。如果英英词典中的每一个词条的定义都和世界"以正确的方式"联系了起来,我们就不需要下了定义的词了。许多符号主义者相信认知就是符号处理,是一个自主的功能模块,只需要和周边机制结合起来,就可以看到符号所指的或可系统解释所指的客观世界。不幸的是,这根本就低估了辨识符号所指的世界中的客体、事件和事态的困难性,亦即轻视了符号入场问题的严重性。

Cangelosi et al.(2001)提出一个可能的解决方案是符号与非符号的混合系统(hybrid nonsymbolic/symbolic system)。其中基本符号入场于两种非符号表征,后者从近感知投射(proximal sensory projection)中辨识出符号所指的远客体范畴。该模型包括模拟投射和变形(analog projections and transformations)、离散化(discretization)、定量侦测(invariance detection)、联结网络和符号操作。这些都曾由其他学者分别讨论过,但哈纳德的模型把它们以自下而上的(bottom-up)方式配置整合在一起。后来,哈纳德发展并完善了该模型,分出符号入场的三个基本层次:拟象化(iconization)、范畴化(categorization)和识别(identification)。前两者是非符号表征,而后者是符号表征。他还提出符号入场的两个方式:动觉苦力(sensorimotor toil)和符号偷换(symbolic theft)(Cangelosi et al. 2001)。

该方案走的是表征主义路径,此外,学者们还提出了半表征主义路径和非表征主义路径。前者希望证明,表征主义路径所需要的表征可以通过基于行为的机器人来完成。Davidsson(1993)认为表征有三个组成部分:指示符(designator),用于指示某个范畴的名称;认识表征(epistemological representation),用于认定范畴的实例;推论表征(inferential representation),是关于某范畴及其成员的已知百科知识的集合,用于表述或指认非知觉信息。该路径本质上仍然是表征主义的,只不过人工智能代理(artificial agent)所使用的表征来自基于行为的机器人的输入。而Brooks(1991)等提倡的非表征主义路径更激进,认为可以通过具身的和情境的人工智能代理与环境互动达成智力行为,需要的只是动觉交感,而符号表征是不必要的,符号入场问题也就不存在了。

四、哲学意义

(一)人工智能哲学视角

符号入场问题及其解决方案对于实现人工智能的道路与方向的实践意义是显而易见的,Mayo(2003)提出计算机可以仅操作于指称的层面之上。该思路的基础是皮尔斯(C.S.Peirce)的指号(sign)理论。皮尔斯把指号分为三类:因内在相似性而和客体联系的任意性拟象符(icon),和客体有自然联系的引得符(Index),仅由符号使用者用来表征客体的标志符(symbol)。现在的数字计算机只操作于标志符层面,而指称计算机将运行在入场于世界的最基本的符号元素之上。其感知装置,乃至拟象记忆(iconic memory),基本上需要的是模拟(analog)信号而非数字信号。它不把传感到的数据转换成比特流,而是直接处理传感数据本身,把数据和范畴相配,再把对应的拟象表征传导到模拟工作记忆中。这样,入场的机器人的记忆将是世界的拟象化表征本身。一旦符号及其拟象被置于记忆,并且传感数据被范畴化,推理过程就变成对依赖其拟象的符号的处理。换句话,机器人记忆中关于情境的足够丰富的拟象表征将足以应付理解与解决问题。

计算主义认为任何事物，只要能形式化就可以由计算机来完成，反之要由计算机来处理的事物就必须形式化。这就带来许多限制与损耗。比如自然语言的计算机处理要经过一个把句法和语义形式化的过程，而现在的计算语言学的研究发现，形式化之后的结果并不能完全等同于自然语言，其中所牺牲的那部分就不能为当前的数字计算机处理。但是，如果基于半表征或非表征路径的解决方案能够促成非数字式计算机的形成，形式化限制就将被打破。

（二）语言哲学视角

其一，对机器人而言，意义之意义为何？现有的答案包括：第一，对输入做出的适当反应。第二，智能代理知道自己为什么会在一定的输入和已知情景下做出特定的反应。第三，符号获得意义的唯一依据基于它们所联系的其他符号。第四，系统所包含的概念或表征在与环境相配时是可辨识的。不过这些回答都有问题。

既然符号入场问题涉及符号和意义的关系，那么就可以借助入场概念来定义"意义"。据前文，"入场"可定义为：符号表征入场的条件是，智能代理能推理出被表征的实体的所有可感知特征，并且能够建构该范畴的一个实例。据此，"意义"可定义为：某个已入场的表征和其他已入场的表征之间一切可能的关系，如逻辑的、时间的、空间的、隐含的等等。

其二，词语的起源。Quine(1960)曾讨论过彻底翻译(radical translation)的问题。要翻译一种完全不了解的外语，译者又无法借助词典、参照其他的翻译或者参考对该语言的研究，那么唯一可以着手的就是当前直接指向刺激条件的句子。比如，看到一只兔子跑过，土著人说出"gavagai"。译者可以猜测是指"兔子"，然后把这种猜测用于证明其他情形，再试图弄清土著人是否同意。从此过程中得到的顶多是有效的假设,却无法肯定翻译一定正确。

符号入场问题所面对的也是如此,必须要找到感知图像里的某个确定的东西就是我们在特定情境中脱口而出的那个特定符号。我们说出的特定词语不仅表达来自客观的感官刺激,还有来自主观的目标、情绪和倾向性。那么,是否那个相关信息确实就是那个传感来的数据呢?如此反对符号入场问题的联结主义者并不鲜见。对此,Dorffner(1993)的回应是,对语言的解读不过是一种描写行为,只是和语言的本相比较近似而已。只要对语词符号的基本描写特征的认识足够清楚,对语言其他方面的认识就会丰富起来。这对语言起源的研究很有意义。Harnad(1996)明确提出,词语起源于感知范畴的名称,以及对感觉范畴明示(ostensive)的经验。这给符号提供了入场的可能,可以进入对更高范畴的描写。这可以解释在真实世界中并非实有的名词的指称问题,比如独角兽。

(三)逻辑视角

现代逻辑不只是形式逻辑。皮尔斯就曾把逻辑定义为研究符号能够有所指称的条件的科学。追问某符号的意义究竟从何而来,就进入了探讨直观知识来源、可靠性和界限的先验逻辑(transcendental logic)领域(Prem 1995)。符号入场问题和逻辑的共性是基于这个假设:在亚里士多德和柏拉图哲学源头上,推理是一个基于概念层级树的过程,但更具有发现新知识的意图,而不只是已经周详的隐含在前提中的纯粹可以演绎而来的东西。

根据皮尔斯的指号三分法,标志符的任意性的特点在符号入场问题中降低为一种必要条件,即任何感觉数据都可以映射到任何形式标志符上。不过,多数符号入场模式中把相似的输入映射到相似的输出上而没有任何约束。也就是说,在皮尔斯的术语体系中,它们确实可以变成拟象,因为一些内部的相似性把符号和客体联系了起来。由于联结主义映射的持续性,在符号入场中必须展示如此的拟象性。

那么,符号如何与客体产生联系呢?拟象符和客体联系靠的是据以识别客体的内部性质。表征符号与被表征的客体与其符号间的信息交互(negotiation)的相似性在于,它们都拥有同一个属性 P。用更加形式化的手段表达就是,客体集 M,符号集 Q,M 和 Q 属于集合 P。这使得它们可以相互代表:M 是 P,Q 是 P → M 是 Q。这完全符合三段论的不明推论式(abduction),即皮尔斯所谓的回溯推理(retroduction)。在符号入场格局中,回溯推理的基础 P 通常相当于符号与其意谓(significatum)的适时并发。

符号是客体的一般表征,两者具有任意性的联系。这种任意性,对于人工智能而言是中心性的,意味着仅仅是指号本身和意义相关涉。换句话,符号表征了内涵和外延,确保两者的联系。用一种心理学的解释,这种双层的表征变成了主观内在世界和客观外在世界的一幅画面。这种观察的基础是把符号视为沟通的手段。符号处于个体(客体)和一般(意义)之间,这就是为什么符号关涉和推理有相似之处。不同的符号不过是一系列理论考虑的结果。客体具有某种属性,或者不;符号指称某个所指,或者不。这遵循排中律。

(四)康德哲学视角

虽然 20 年来对符号入场问题的研究基本上是建设性和开拓性的,但最近也招致一种批评。Sloman(2007)认为这不过是概念经验论(concept empiricism)这种对词语及符号是如何被理解这一问题的最早也是最流行的解答的翻版。他认为可以用康德在《纯粹理性批判》中对概念经验论的批判来反驳符号入场问题。康德试图解答在何种情况下某物有可能有对客体的颜色、形状等的经验。他提出除非一个人已经具有比如对形状、颜色、空间组织、变化等的概念,他不可能拥有经验。所以,并不是所有经验都能从实例经验中得来。有一些概念受到先天的或先验的(apriori)决定，即使它们在因经验而激发出行动前并未被激活。他还援引了亨普尔、卡尔那普、波普等的观点，认为二十世纪的科学哲学早已证明概念经验论不能解释大多数深层的科学理论术语，比如"电子""化学价"等等。

不过我们认为，符号入场问题招致此类批评是必然的，其根本原因甚至并非来自理论，而是来自信仰。西方哲学史从来就是理性主义者和经验主义者之间的辩论。前者重视内在的概念、先验理性的力量以及知觉的不可靠性。而经验主义者却认为感知是概念的源泉和获得知识的首要手段。从柏拉图和亚里士多德时代起，哲学就在这两个立场之间摇摆前进。符号入场问题，从根本上讲是经验主义的。而随着认知科学的发展，经验主义正经历着一场历史的回归(Prinz 2005)。所以，从理性主义立场出发的批评并不影响符号入场问题的深入研究。

后　记

　　一本小书，八年辛苦！

　　还记得考博复试那天，沈老师亲切的走到会议室门口跟我握手，在面试中考了我关于"N之V"的问题，并鼓励我继续思考。我当时就知道，这将是我博士论文的方向；而当时不知道的是，这竟然成了协助沈老师完成《也谈"之字结构"和"之"字的功能》的开始。蒙沈老师慨允，我把这一篇改写为博士论文的一章。从这一篇开始，沈老师手把手教我思考语言现象，教我享受语言研究的乐趣，使我明白做学问"当以事实决事实，而不当以后世的理论决事实"①。沈老师教了我太多太多，然而要是用一个词来点睛的话，我想应该是——品位。读书、思考、研究、写作，乃至做人，都应该有鉴赏和创造艺术品那样的眼光。一个有品位的人，应该是言语不多，却句句在理，发人深省；不忙忙碌碌，却在悠然淡定中成果丰硕；不给人压力，却提供无穷的动力。这就是沈老师。每次去沈老师家问道，都是怀揣着沈老师的智慧和师母的热情，满载而归。

　　博三开题在即，却因为沈老师周游列国去了而许久未能问学，心中不免有些发慌。这时候，是张伯江老师给了我莫大的支持和帮助。那一个下午，在那张小小的书桌前，张老师先是用一杯茶稳定了我的心神（那只在台湾挑选的别致茶杯现在还仿佛在我眼前飘着茶香）。接着，张老师又用苏格拉底助产术式的提问，帮我理清了思路。张老师对语

---

　　①　语出《王国维全集·书信·致林泰辅》。

言的敏感令我惊讶,对理论的理解令我望尘莫及。也许这两点可以归之于先天,而后天的学养则更是实实在在的。我自幼好读书不求甚解,直到听了张老师的课,才真正明白什么叫作精读。不过知易行难,自此当以"务求甚解"为训诫,才不枉受了张老师的教诲。

近代汉语是我的弱项。开题前夕,我就"底"的有关问题请教了吴福祥老师。每次给吴老师电邮,他的回复总是中肯而快捷。最佩服吴老师的就是这一个"快"字,思维快、动笔快、读书快、走路快、打球快,甚至吃饭也快。"快即是美"①,吴老师用"快"阐释"全方位的无限",我却只有在后面遥望的份儿。

开题中,刘丹青老师给了我很多有启发的建议。开题后,我又专门向刘老师请教了论文中的诸多问题。这又是一个令我没齿难忘的下午。刘老师博闻强记,他在满墙的图书中信手抽出一本本对我大有裨益的书籍资料,随口举出一条条启发我深入思考的方言材料。吕叔湘先生曾把自己的治学原则总结为"广搜事例,归纳条例"。这一点,我在刘老师身上看到了鲜活的范例。

方梅老师和张国宪老师在开题前后也给了我很多有益的意见和建议。曹广顺老师没有给我们讲过课,平素接触也不太多。然而,当我求教时,曹老师不仅非常耐心的听了我的设想,还细心指导我研究。

很惭愧,尽管有这么多老师谆谆教导,我还是只能拿着一本毛坯论文战战兢兢通过博士答辩。博士论文后记的第一句话就是:"真希望博士能够读四年!"现在看来,我当时还真是不自量力过于乐观了。实际上,我又花了五年时间,才完成了这本小书。有些内容是缝缝补补,但更多的另起炉灶。变化之大,实属始料未及。

"君子和而不同,小人同而不和。"我在论文中提出了一些和前人不

---

① 著名物理学家 Freeman Dyson 的科学人文名作 *Infinite in All Directions* 的第八章以此为题。

同的想法,其中包括陆丙甫教授。当我斗胆去信请教时,素未谋面的陆老师非常大度、客观的给我回信,启发我思考,并热心推荐我参评商务印书馆语言学出版基金。同样,袁毓林教授也没有介意我文中观点的不同,通过种种渠道给了我很多建设性意见。胡建华老师和蔡维天、邓思颖二位教授是汉语形式句法界的中坚,却丝毫没有门户之见,多次给我指导和帮助,即使不同意我的观点,却依然捍卫我说话的权利。前辈学者果然是君子之风,山高水长!

我还要感谢商务印书馆的朱俊玄、凌云二位编辑为我参评2013国家社科基金后期资助项目奔走相助;感谢本书的责任编辑俞必睿女士严格审校,修正了我的很多错误。

师门温暖,时时感怀。宋文辉师兄在我考博前指点迷津。大师兄王伟,其时虽身在美国,仍常打越洋电话和我讨论,帮我搜集资料,批阅初稿。王远杰师兄提供了他的博士论文及其他资料,我很大程度上只是沿着他的脚印向前走。王冬梅师姐和曹秀玲师姐也对我关心爱护有加。陈敏哲、肖治野与我同入沈门,他俩在京访学有年,我们常常同去沈老师家,切磋功课,情同手足。

硕士三年是在南京大学度过的,我对郁郁南园怀有深厚的感情。我曾在校史馆吕叔湘先生的照片前遥想当年,也曾在藏书宏富的南大图书馆笔耕夜读,是吕先生的著作指引我一步步走到语言所。然而最使我怀念的不是已然留在南大的往事,而是常驻我心的老师。感谢我的硕士导师盛林老师以及杨锡彭老师,是他们指引我走进语义和语法研究的大门;感谢德高望重的李开老师推荐我报考社科院语言所;感谢滕志贤老师在我离开南大后还给我寄来新作;感谢薛遴老师在我硕士毕业时给我的鼓励和期望!

幼子启玄,不仅非常懂事,而且常常提供给我母语习得的好材料。伴侣张华,一直承受着生活的重担,鼓励并陪伴我走上学术道路。我要把最深切的感谢留在最后,没有父母的理解和支持,我不可能在多年后重进菁菁校园。寸草春晖,亲恩难报,唯以重振家门为念,永志不忘!

于永安里望吕阁

增订本补记

衷心感谢陆丙甫教授和张伯江教授推荐拙作参评商务印书馆2012年度语言学出版基金!非常感谢张敏教授和袁毓林教授客观中肯的评审意见!四位先生的大多数批评与建议都已经落实到定稿中。

本次增订补充了第十章。这是我多年来打算解决的一个问题,却百思不得其解。去年金秋,翻检吕叔湘先生旧作,忽有所悟,遂成此篇。非常感慨,前辈大师留给后人的真是一座思想宝库!

借此机会也改正了几处讹误。感谢汪维辉教授、帅志嵩研究员和应学凤副教授指正!

再次感谢俞必睿女士精心细致的编校工作!

专家评审意见

张 敏

"的"的性质与功能是汉语语法研究中的核心问题之一,相关研究汗牛充栋,观点各异,成为学界长期争议不休的一个老大难问题。这个问题的难度体现在多个方面。高频词语往往用途繁多,在 GB2312—80 的 6763 个汉字里使用频率排名第一的这个"虚字",可用于名词、动词、形容词、副词等词语之后,甚至句尾。以往的研究赋予它各色各样的名目,如名词化标记、领格标记、定语标记、关系小句标记、限定语、标句词、副词化标记、时体标记、语气词等等,不一而足。这些用途的"的"到底该分该合?如何分合?在分合间如何避免陷入捉襟见肘、顾此失彼的窘境?既为"标记",在可被标记的结构中它却时常可以自由隐现,隐现的规律和条件是什么?有"的"无"的"的结构有何实质性的差别?这些都是颇为棘手的问题。而且,数十年来的研究积累了相当丰富的成果,所尝试的解决方案涉及方方面面,似已穷尽各种可能,在此基础上若想有所突破,殊为不易。

本书直面"的"的性质与功能这一难题,从极为新鲜的角度切入立论,以别开生面的分析扎扎实实地取得了突破性的创新。无论是从研究的广度还是深度而言,本书都是近年来相关研究中不可多得的佳作。

就广度而言,本书各章论题的涵盖面远超近年来的同类研究。头四章集中讨论了"的"在名词短语这一典型使用环境中的作用。作者在

第一章①从全新的"认知入场"视角阐述了"的"在名词短语中的基本功能;第二章基于复合词连续统、概念整合等观念探讨了"的"字隐现的规律,尤其是"的"的隐没对相关构造语法意义的影响;第三章从反映即时言语认知场景的语篇中寻找制约多项定语的名词短语中"的"的隐现和位置的规律;第四章以全书对"的"基本功能的认识为据,即在"参照体—目标"构式中提高指别度,考察了"N的V"中"的"在篇章中的隐现和位置问题。第五、六章转向历代汉语,分别探讨了"的"的前身——上古汉语的"之"和中古近代汉语的"底"——的性质、功能及来源。第七章将分析触角延伸到非典型环境中的"的",即事态句句末的"的"。第八章在跨语言比较视野中考察了"的"的分合问题,以词类功能专门化的观点为据论证了"的"的非词尾属性以及几个"的"之间的共性。第九章旁及生成语法,以"的"字的后置词方案为"的"字结构的中心语问题做出新解。这些议题由今至古,从词法到章法,从认知语法、类型学到生成语法,看似纷繁驳杂,背后仍有清晰一致的内在脉络。能自如驾驭这样的议题,充分反映了作者多方面的理论素养和经验分析能力。

就深度而言,各章的分析多能发人之所未发,在盘根错节的现象中抓住关键所在,从新的角度将相关问题分析得清晰透彻。这较充分地体现在头几章对指称性短语(名词短语及"N的V")中"的"字作用的辨析和申论。有关名词短语中"的"的基本功能,以往的研究多纠结于区别性、描写性之辩,在分析中也用过限定性、非限定性,内涵性、外延性,分类性、称谓性等一系列术语来判别"的"的作用,令人眼花缭乱。作者

---

① 原稿第一章修订为定稿第二章,原稿第二章修订为定稿第三章,原稿第三章修订为定稿第五章,原稿第四章修订为定稿第四章,原稿第五章修订为定稿第九章,原稿第六章在定稿中删去,原稿第七章修订为定稿第六章,原稿第八章修订为定稿第七章,原稿第九章修订为定稿第八章,原稿附录一修订为定稿第一章。本书2016年商务印书馆第1版(国家社科基金后期资助项目)正文共九章,2018年商务印书馆增订版(商务印书馆语言学出版基金)增补第十章。

在第一章的讨论中不囿于以上术语带来的迷局,指出这些分析都管不住所有用例,并巧妙地运用"什么样儿的"测试式说明"X 的 Y"中"的"字定语的本质是描述"Y"的特征"X",而这种描写性不是词汇语义层面的,而是句法层面,更是认知和语用层面的概念。作者进一步以"认知入场"观念化解了区别与描写之争,提出区别(指别)和描写是一体的,都是认知入场的手段:"的"在指称性短语中的基本作用是提高参照体的指别度,而它同时也是一个描写性入场标记,"指别、描写"二者的统一体现在"的"使用描写入场策略达成明确指称的目的。显然,这样的分析较之以往更具概括力,也更为深入、可信。类似的精到分析亦见于其余多章。例如,论及名词短语中"的"的隐现问题,即为什么在有些组合里"的"可有可无,有"的"无"的"有何差异,以往许多学者从不同角度入手都达致同样的结论,即无"的"的时候是复合词,有"的"的时候是短语。本书第二章也认同"复合词观",但其论证另辟蹊径。首先根据Fauconnier 等人的"概念整合理论"讨论了复合名词的在线整合问题,继而从整合差异的角度提出复合词连续统,再进一步探讨了整合程度的游移,并就多项定语结构中"的"字的"尽前省略"原则以对"的"字结构基本认知属性的贯穿全书的认识(即"参照体—目标"结构)做出了合理的认知解释。在同类研究中,上述讨论无疑达到了新的深度。又如第五章对"'之'的性质和功能"的探讨。该章的讨论重点是上古汉语的"主之谓"结构,这是古汉语语法学界着墨甚多的一个热点问题,不容易谈出新意来。该章首先逐一检讨了先前研究提出的"词组化—名词化—指称化"说、"黏连"说、"定语标记"说、"语气—文体"说、"其、厥类推"说和"高可及性"说,指出诸家说法各自的症结,尤其是诸说不易解释的"之"字在主谓间可隐可现的问题,进而将"N 之 V"结构也认定为"参照体—目标"结构,提出"之"和"的"具有一致作用的看法,即提高"指别度"。若就此打住,本章只不过是作者为其对现代汉语"的"的分析提供一个来自古汉语的印证而已。更精彩的是,作者接下来将古汉语文本里的例证放在上下文环境中,从并列形式、两个时代的同指形式、同一文献的同指形式、话语直指等四个方面对相关观点做出了别出心裁、令人信服的论证。这样的论证在古汉语语法的专论中也是不多见的。

综观全书,本项研究最突出的贡献乃是为解决"的"的性质和功能问题找到了新的切入点,以"参照体—目标"认知结构和认知入场观念为据,对"的"的各类用途做出了颇富概括力的统一解释。以简驭繁的理论自然是好理论,因此对"的"的诸多用法做出统一的解释是以往不少同类研究的共同追求,但往往会出现顾此失彼、就其一(如典型环境2的"的")则不及其二(如非典型环境中的"的")的局面。本书研究所得出的统一解释,即"的"字结构的基本认知属性是参照体—目标结构,"的"的基本功能是提高参照体的指别度,可施之于各类句法环境中的"的",包括事态句末常被人认作语气词、体标记的"的",以及古代至近代汉语里的"之""底"等,并无彼此不相顾之患。此外,认知入场理论近年来在认知语言学界受到高度关注,但用之于汉语语法研究者寥寥。实际上,汉语句法研究中认知入场观念的运用具有极广泛的前景,可为指示、量化、体态(如"了$_1$、了$_2$")、情态等一大批重要句法现象的考察带来新的启迪。作者在"的"字性质和功能的研究中对认知入场理论的成功运用,在这一方面应能起到导夫先路的作用。

本书的另一个突出特点是对语篇材料的有效利用。以往的同类研究多在孤立的短语、句子层内展开,虽有使用语篇资料者,但不仅少,而且性质与本书不同。本书对多数论题的讨论一以贯之地注重语篇,从第二章的复合名词在线整合、话语框架中参照体和目标体的蜕变,第三章的指示词定语漂移的篇章认知因素,第四章的"参照体—目标"关系链,第五章的"之"字结构文本分析,到第七章讨论事态句中"的"时对其

"交互主观性"的分析,都是在纯句法层面之外将语篇、话语里的上下文因素引入考察视野。这并非选取语料来源的方便之举,它既与作者对"的"字固有属性的认识有关,也与所采纳的主要理论框架有关,更是在方法论层面上颇有意义的抉择。认知入场本身就是一个由不在线到在线的过程,因此该理论的采用离不开对即时语言处理过程在线分析的重视。可以说,本书的成功在很大程度上得益于对语料的在线分析。这对将来其他汉语句法现象的研究亦不无启迪。

综上所述,本书具有相当高的学术质量,建议商务印书馆列为基金丛书出版。

以下就本书可改进之处提一点看法,供作者在修改时参考。

本书最后一章"结论和展望"有如下一段:

> 在参照体—目标结构中,"之"和"的"相比,起到的是直接提高目标体的指别度的功能。"之"来源于指示词,本来指别功能就比较强,且指示词的用法一直存在,所以作为目标体标记的"之"的指别功能始终比较强。而"的"的指别功能一直就比较弱,是因为它的前身结构助词"底"来源于有指示功能但比较弱的处所、方位词。在"V 底 N"中充当参照体标记是"底"语法化的环境和动因。这个来源有助于解释"的"同时具有提高参照体的指别度和描写入场这两个功能的统一性,也能够说明"的"提高指别度的功能仅限于在参照体—目标结构。这个来源还是联系名词短语中的结构助词"的"和所谓时体助词、语气词用法的关键。

这一看法极有意思。在最后一章中它应属于结论而非展望,但反观第五、第六章,却未见对这一问题的讨论。第五章着重讨论的是"主之谓"里的"之",第六章是对"底"的语法化来源提出新说。这两个问题自然很有意义,但更契合全书主旨的,恐还是上一段提出的分析。此外,上古汉语典型环境中的"之""者",中古汉语里功能扩大之后的

"者",都与本书主旨更为相关。若能在第五、第六章对这些问题略做讨论,当为本书增色不少。

第六章"结构助词'底'来源新探"问题较大,或应重新考虑。[①] 该章的讨论不无值得称道之处,如基于"同时语料"的要求对唐宋语料的严格拣选、对前贤例证的细致辨析、对"N 底 N"说弱点的评述、对参照体标示功能泛化的分析等。但该章提出的新说,即"底""先在高频的'V 底 N'结构中发展出标示动作结果的用法,继而才泛化为结构助词",存在一个较大的麻烦,即相关演变缺乏合适的语法化环境:"重新分析"只能发生在相同的表层形式中,但表层相同、深层有异的"V 底 N"或为历代汉语所不容。鉴于晚唐五代文献中结构助词"底"主要见于"V 底 N"结构,新说认定其语法化起自"V 底 N"结构而非江蓝生(1999)提出的"N 底 N"。问题是,作为语法化来源结构的"V 底 N"里"底"的语法属性只有两种可能,一是方所名词(处所词),一是方位词(方所后置词),但这两种逻辑可能在历代汉语所容许的"VXN"句法槽里都难以实现。如作者所言,较早(如敦煌变文中)的"V 底$_{结构助词}$ N"用例里的"动名之间都有语义上的动宾关系",例如"修底因、修底行、发底愿、见底光"。若语法化来源结构"V 底 N"里的"底"是方所名词(仅为逻辑可能,作者并未如此声称),即"V 底$_{结构助词}$ N"<"V 底$_{方所名词}$ N",其中 VN 之间具有语义上的动宾关系,那么在语法化产生之前就应能见到"V 底$_{方所名词}$ N"的实例,在语法化初期也不难见到"V 底 N"形式有"底$_{结构助词}$/底$_{方所名词}$"歧解的用例。但该章未能提供这两种情况的例证。晚期中古汉语和近现代汉语"V+方所名词"构造里的 V 多为位移动词,如"太子此来下界"(敦煌变文·八相变)、"各自至营"(敦煌变文·李陵变),而位移动词(除非是致移动词)无法带受事/结果宾语,因此

[①] 原稿第六章初稿曾发表于《语法化与语法研究》(六),商务印书馆 2013 年版。

"V$_{位移动词}$底$_{方所名词}$N"是不大可能的来源格式。若V为非位移动词(一般的动作动词),例如"见",单独后接方所名词(如"见底")或其他名词(如"见光")都是可能的,但二者无法共现,即不大可能有"见底$_{方所名词}$光"一类结构。第二种可能是"V底N"来源结构里的"底"是方位词(方所后置词),这正是作者的看法("方位词'底'成为语法化为结构助词'底'的起点",p.81)。但这种可能的可能性更小:方位词仅后接于名词性成分,因此也不大可能有"V底$_{方位词}$N"这种来源结构。

  作者似已意识到来源结构的问题,在阐述"V底N"语法化过程时指出,"'底'发展为结构助词时的最初的功能是标示动作的结果,具体来说,就是标示一个动作进行到'底'之时产生的结果";"'底'在敦煌变文的时期,已经从表达物体最下部的空间处所发展出了表示一个事件发展在时间上的尽头的意义。所以,'修底因'中的'底'是'斗不着底'中的'底'的进一步虚化。"(p.82)此处"斗不着底"(《庐山远公话》)里的"底","代表更进一步的事件的尽头,这个'底'就如同'将革命进行到底'中的'底'"(p.80)。问题是,若说"斗不着底""将革命进行到底"这类结构中出现了标示某个动作进行到"底"之时产生的结果或标示事件发展到了尽头意义的虚化形式,那么虚化也应是发生在动词性的"着底""到底"之上,而非"底"。换言之,支持作者上述分析的应该是"斗底""将革命进行底"这类形式,而非上引形式。在历代汉语里,"VX"/"VXN"格式中的X若能虚化出标示动相、动态之类的功能,这个X原本都是动词性的,如中古、近代汉语里的"讫、已、却、了"等以及现代汉语的"完(吃完饭)""上(扯上二尺红头绳)""下(说下一门亲事)"等(其中"上、下"是与方位词"上、下"同源的动词)。

  相较之下,语法化来源结构的问题在"N底N"旧说里并不成问题。无论是方所名词还是方位词,"NX"/"NXN"里的X都是其适切的位置。在此位置上,X形式甚至即使未经"方所名词>方位词"的中转演变也有发展出领格用法的潜能,如某些客家话、粤语、江淮官话变体里的方所名词"家""屋"与人称代词合并之后成为所谓领格人称代词。不过,"N 底 N"旧说仍留有未解之疑,亦即本章所强调的"N 底 N"用例在唐宋文献中的出现频率远低于"V 底 N",但释疑的途径未必只能是转向疑点更大的"V 底 N"。作者在修改本章时若能着重考虑如下一些因素,或可达致更圆满的解释。首先,若如作者所言,以敦煌变文为代表的晚唐时期是结构助词"底"的产生时期而《祖堂集》的五代时期是其蓬勃发展期,那么代表发展期的《祖堂集》里结构助词"底"所能出现的六种句法环境("V 底 N、V 底、A 底 N、A 底、N 底、N 底 N"),其实已悉备于产生期的唐代语料中。换言之,产生期和发展期(以及作为进一步发展期的宋代)的差异不在于结构助词"底"所居句法环境的"类(type)"的数目,而在于不同环境中"例(token)"的出现频率。值得注意的是五代之前的唐语料中不仅有作者认定的"N 底_{结构助词}"形式 20 例,也有确凿的"N 底_{结构助词} N"用例(《法华经玄赞要集》里的"在山北近山下,不是在<u>山底头</u>",p.77 误归入"N 底"类)。更进一步看,历代文献统计数据中既有"变",也有"常"。若将本章 pp.78—79 表一统计数据加以重组,则"底"在名、代词后和"底"在动词后用例的数目和相对比例是:唐代 21 例(14%)/129 例(86%),五代 18 例(10.5%)/171 例(89.5%),南宋 699 例(25.6%)/2029 例(74.4%)。中晚唐至南宋有数百年跨度,"底"名词性、动词性成分之后的分布自然会有差异,但恒常的是"底"在动词后的用例一直是大比数地超越"底"在名代词后的用例。不仅如此,尽管绝对值有变化,但在这个时间跨度内"V 底 N"—"V 底"—"N 底"—"N 底 N"几类用例的相对比例关系("多—少—更少—最少")也是恒定的。这不由得令人想到 Kroch(1989)提出的语言演变的"恒常比率假说(the constant rate hypothesis)"。如何解读创新形式在不同句法环境中分布比率的历时差异,是一个复杂的问题。作者基于产生期的

"底"高频出现在"V 底 N"格式这一观察,将其视为语法化起点,这一思路不无道理,也暗合为许多历史语法学者所采信的 Bailey(1973)的历时演变第二原则,即"What is quantitatively less is slower and later; what is more is earlier and faster"。但 Kroch(1989,2000)的研究显示 Bailey 的看法过于简单,句法演变在不同环境中的历时播散可有多种方式。一种情况是,创新产生之后在不同句法环境中以不同速率播散,一如 Bailey 所言。另一种情况是,创新形式也有可能在起初不太理想的环境(less favoring context)中发展得更快。还有一种情况是,表面上看新形式在不同环境中的出现频率有明显差异,但实际上其在不同环境中的播散速率是恒定的(可由逻辑回归分析看出),表面的频率差异或为不同句法环境起初的分布差异的反映,而简单的历时算术值差异或具有欺骗性。由此可见,"底"在唐宋时期不同句法环境中的分布差异到底属于何种情形,尚待推究。此外,结构助词"底"的产生发展是否单纯为语法化的结果,亦值得进一步考虑。唐宋时期"V 底 N、V 底、N 底、N 底 N"几类格式相对比例关系的恒定性是否与吕叔湘(1955)、冯春田(1991)、曹广顺(1995)、吴福祥(1996)所论中古晚期"者""底"分布特征和句法功能的高度一致性有关?江蓝生(1999)提到的"底"发展过程中语法化之外的几种因素,如"者、之、所、许、底"间的功能沾染、类化作用、词汇兴替等因素是否与上述谜团相关?为增加论证的可靠性,这些都是作者在修改本章时值得考虑的问题。

第九章将"的"与英语的附缀"-'s"和前置介词"of"做了很精彩的比较,提出"的"与"of"更具句法平行性,"的"同样可分析为介词(后置词),相关讨论不无道理。不过,本书多处用"的"的"可隐可现"现象批评以往观点,如第七章用"'的'字不必有"质疑事态句末"的"的名词化标记分析(p.87),第八章以"用于标明词性的'词尾'是整个词的一部分,显然不应该是可有可无的"(p.101)批评"词尾"说,等等。实际上后置词说同样面对"的"字隐现的问题，在这一点上与英语的"of"并不平行。作者如何化解这一问题？是否可从"上、下、里"之类方位后置词的隐现规律中得到帮助？此外，第九章还有一个小问题。文中 pp.111—112 引了 Larson(2009)的一些英语例子；作者在谈到"的"和"of"的句法平行性时说，"二者都表现出比-'s 更强的组合能力，对定语词类的要求更为包容"，并举出如下用例：

  (15) 青色的原野   field of blue
  (16) 你选择的书   book of your choosing
  (17) 张三的昨天的报纸 newspaper of yesterday of Zhangsan
  (18) 漂亮的衣服   clothes of pretty
  (19)(对)麦克的嫉妒 envious of Mike
  (20)(对)金钱的渴求 desirous of money

这恐非 Larson(2009)原意。"对定语词类的要求更为包容"是汉语含"的"结构的特点，而英语的"of"结构正相反，它对中心语词类的要求更为包容（名词、形容词、甚至介词都可以，如在 19、20 里便是形容词），而定语一般只能是名词性的（这一点作者在 p.119 也提到了），如(15)(16)（来自 Larson），其中的"blue、your choosing"Larson 明言"the modifier itself is nominal"。(17)(18) 里的英语例子并不合法，应改正。

  本书各章内容的安排布局也可做小小的调整。一些章节或因曾拆作单篇发表的缘故，存在重复之处，如第一章已介绍了作者对"的"基本功能的认识及认知入场观念，第三章(pp.35—36)又重复介绍认知入场，等等。建议将相关内容集中在第一章详细介绍，后续章节涉及相关内容时前指即可。另外，有些论述的顺序或可调整，如第四章"定中关系是'参照体—目标'关系"的部分亦不妨前移。

  最后，书中偶有笔误，定稿前要改正，如 p.2 最后一行"观察和思考"缺句号,p.120"phrase"误作"phase"。参考文献也有少许误漏,如正文提到的 Abney(1987)未列入参考文献,正文的 Larson(2009),参考文献引为 Larson(2010),正文仅有陈玉洁(2007),参考文献则列有陈玉洁(2007a、2007b、2007c)等。

参考文献:

Bailey, Charles-James. 1973. *Variation and Linguistic Theory*. Washington: Center for Applied Linguistics.

Kroch, Anthony S. 1989. "Reflexes of Grammar in Patterns of Language Change." *Language Variation and Change*, 1:199—244.

Kroch, Anthony S. 2000. "Syntactic Change." In Mark Baltin and Chris Collins eds., *The Handbook of Contemporary Syntactic Theory*, pp.629—739. Malden, MA: Blackwells.

专家评审意见

袁毓林

书稿《"的"的性质与功能》主要运用认知语言学等功能主义方法，兼及生成语法等形式主义方法，从认知入场这一特定的理论视角，来审视和分析汉语虚词"的"的句法、语义功能；作者认为"X＋的＋Y"是一种"参照体—目标"结构，"的"是一个参照体标记，主要的功能是提高参照体的指别度，由此派生出了诸多其他的功能。比如，在指称性短语（包括一般的名词性短语和通常所认为的"N 的 V"）中，"的"提高了参照体的指别度，继而也起到了提高目标体的指别度的功能。从认知入场的角度来看，"的"同时也是一个描写性入场标记，标示"的"前的组件是对"的"后的组件的描述，因为对特征的描述本身也可能充当参照点，所以最终能达成明确指称对象的目的。描写和指称因此而得到统一。从形态来看，"的"是附缀；从句法功能来看，"的"是后置介词，是从方位领格介词发展而来的可以表达广义领格中的大多数语法意义的一级介词，表达物与物的相互关系。

这些见解都是很有启发性的，并且也经过了比较仔细的分析和论证。整个书稿理论色彩鲜明，语言材料丰富，讨论比较深入，论题集中又有一定的广度，兼及了"的"的前身"底"、古代汉语中的"之"等相关问题，创见较多，是一部高质量的书稿，可以出版。

审稿人在阅读时随手批注了一些问题，提出来跟作者讨论：

（1）第 7 页，对于标记的理解，可以像作者这样狭义地理解为具有改变被标记成分"的"的功能，类似于算子、函项，具有强制性；其实，也可以广义地理解为一种标识（flag），比如"连（小学生都懂）、是（明天出发)",具有可选性。

(2)第 11 页,有的问答对子不妥当。比如:

(29)问:你 V 什么样儿的 Y? 答:X 的(Y)。(＊X。)

a.问:你种什么样儿的树? 答:大的。

b.问:你买什么样儿的房子? 答:安静的。

c.问:你喜欢什么样儿的衣服? 答:漂漂亮亮的。

d.问:你喜欢什么样儿的风格? 答:西式的。

e.问:你买什么样儿的桌子? 答:木头的。

f.问:你用什么样儿的电脑? 答:这样的。

g.问:你喜欢什么样儿的笑容? 答:你的。

h.问:你看什么样儿的材料? 答:辅导的。

i.问:你学什么样儿的技术? 答:开车的。

j.问:你爱吃什么样儿的菜? 答:妈妈做的。

k.问:你脸上有个什么样儿的疙瘩?答:蚊子咬的。

l.问:你做什么样儿的计划? 答:出国旅游的。

a—f 好像没有问题,g.的回答很怪异,如果是我,我会说"你那样的"。下面 h—l 的回答也多少有点儿怪异。

(3)第 12 页提到:"的"的这种"描写性"是句法层面的,因为具有一定程度的句法强制性;但更是认知和语用层面的,因为这种程度是由认知和语用因素控制的。

这一段总结性话语,让人觉得不好捉摸。

(4)第 22 页,一组平行变换格式:

(4)大树　　　高高的【大树】　　　＊【高高的大】树

　　漂亮姑娘　特别的【漂亮姑娘】　＊【特别的漂亮】姑娘

　　北大学生　有名的【北大学生】　＊【有名的北大】学生

　　学生宿舍　很好的【学生宿舍】　＊【很好的学生】宿舍

280 "的"的性质与功能

    学习文件 周三的【学习文件】 *【周三的学习】文件
    参考资料 考研的【参考资料】 *【考研的参考】资料

其中,"*【高高的大】树、*【考研的参考】资料"没有可比性和对比价值,因为"【高高的大】、【考研的参考】"本身不是一个合格的组合,自然无法作为一个直接成分去跟另一个直接成分组合。

（5）第24页提到:"大树"是未入场的型概念,"这棵大树"则是入场后的概念实例;"树"是未入场的型概念,"大的树"则是入场后的概念实例。

说"大树"是未入场的型概念,"这棵大树"则是入场后的概念实例;"树"是未入场的型概念比较好懂;但是说"大的树"是入场后的概念实例则不好懂。比如,"两个工人想找几棵<u>大树/大的树/大一点儿的树</u>",其中画线部分在指称上是差别不大的。

（6）第27页,说"而本文认为,只要概念整合允许,短语就可以省略"的"成为复合词。尽管有些复合词用例不多,只能算是特设复合词,但这正是语言创新形式的增长点"。

审稿人同意这种观点,甚至认为只要说话人（社群）认为 X 是可以作为划分 Y 的一种重要的标准、或者 X 是可以作为提示、激活 Y 的一种重要的线索或参照,那么"X＋的＋Y"都可以说成"X＋Y"。例如:

    皮鞋酸奶、头发酱油、地沟油炸鸡、三聚氰胺奶粉。

（7）第43页,说:"吕叔湘(1985:214)指出,b 式的构造是'（定语＋这、那）＋名词',而 a 式的构造是'这、那＋（定语＋名词）'。因此,在 b 式中,'定语＋这、那'构成一个单位,共同担当参照体,所以具有足够的显著度。"

审稿人对于"（定语＋这、那）＋名词"这种层次构造难以理解。例如:

    （1）a.那位戴眼镜儿的先生是谁？——"戴眼镜儿的"是描写性。

b. 戴眼镜儿的那位先生是谁？——"戴眼镜儿的"是限制性。

吕叔湘(1985:212)也有类似的论述："一般说，这、那在定语之后，那个定语就显得有决定作用；这、那在前，那个定语就显得只有描写的作用。"并且，该文还指出频率的差异："与由形容词或不含动词的短语构成的描写性定语同用，这和那同样普通，位置大多在前"。指示词在前的真实用例很多，不烦赘举。而在后的用例则较少，文中的例子是：

　　(2)水蛇腰的那个东西叫作袁宝珠。(《儿女英雄传》32.11)

　　审稿人认为，我们无法证明"戴眼镜儿的｜那位""水蛇腰的｜那个"，一定是从"戴眼镜儿的‖那位｜先生""水蛇腰的‖那个｜东西"上省略来的。

　　(8)第60页，说："主谓结构既可以是陈述语也可以是指称语，而之字结构基本上只能是指称语。所以我们可以说"之"字的作用是"去陈述性"，但是不能说它的作用是"指称化"或"自指化"，因为主谓结构本来就可以用作指称语。"。

　　这种论证逻辑比较奇怪，当一个"X＋Y"既可以表示陈述、又可以表示指称；但是加上"之"变成"X＋之＋Y"之后，只能表示指称时，说"之"字的作用是"去陈述性""指称化"或"自指化"都是可以的，就像动词"表演"加上"者"以后转指其施事，于是可以说"者"的作用是转指化。但是，动词"导演"可以直接派生出名词"导演[者]"。这种零标记情况的存在，不能否定"者"是转指标记。

　　(9)第84页，说"从数量比例和语义联系的表现来看，可以相信在这几个例子中的"V底N"结构中，更具有基础性和原型性的情况是，名词是动词在语义上的结果宾语。而"底"发展为结构助词时的最初的功能是标示动作的结果，具体来说，就是标示一个动作进行到"底"之时产生的结果。由上文可知，"底"在敦煌变文的时期，已经从表达物体最下部的空间处所发展出了表示一个事件发展在时间上的尽头的意义。所以,"修底因"中的"底"是"斗不着底"中的"底"的进一步虚化。"

作者假设"的"的前身"底"是从时间尽头"[进行到]底"上引申出来的,论证是不够充分的,说服力还不强。

(10)作者在分析例(50)时说:

(50)当然,我气坏了。特别是你这么撒腿一跑,这是他妈电影里的路子,怎么发生在我头上了?你怎么那么傻呀?吵架归吵架,跑什么?不知道城里的坏人天一黑就都出来了,专门收容你这种离家出走的妇女?真出了事你找谁哭去?

我没跑远,(请注意/?确实)本来想去我姨妈家的,走了一段路,心里害怕又回来了,加了衣服一直在小花园坐到天亮。(王朔《过把瘾就死》)

言者想向听者表明她没有打算离家出走,去姨妈家也还是一种"家"。

这种解释太随意,正如张伯江先生所指出的,这里的"的"倒可能是"来着(的)"的紧缩形式。

(11)审稿中有多个引用文献在"参考文献"中没有列出,书稿中还有不少文献的年代跟"参考文献"中的不一致。

(12)在章节安排上,似乎可以调整:第3、4章应该对调;因为第3章讨论定中结构要用到第4章的定中结构是"参照体—目标"结构的学说。

另外,书稿的标题也太突兀,只说了研究对象,没有交代研究方法或视角。可以扩充成:《从认知入场视角看"的"的性质与功能》。

以上意见,仅供参考。

袁毓林